Eight Highlights
of Finance in China

中国金融八论

陈云贤 ◎ 著

中国金融出版社

责任编辑：张翠华
责任校对：潘　洁
责任印制：丁淮宾

图书在版编目（CIP）数据

中国金融八论（Zhongguo Jinrong Balun）/陈云贤著．—北京：中国金
融出版社，2018.10

ISBN 978 - 7 - 5049 - 9712 - 8

Ⅰ.①中…　Ⅱ.①陈…　Ⅲ.①金融—研究—中国　Ⅳ.①F832

中国版本图书馆 CIP 数据核字（2018）第 194722 号

出版
发行　**中国金融出版社**

社址　北京市丰台区益泽路 2 号
市场开发部　（010）63266347，63805472，63439533（传真）
网 上 书 店　http://www.chinafph.com
　　　　　　（010）63286832，63365686（传真）
读者服务部　（010）66070833，62568380
邮编　100071
经销　新华书店
印刷　保利达印务有限公司
尺寸　169 毫米 × 239 毫米
印张　18.75
字数　216 千
版次　2018 年 10 月第 1 版
印次　2018 年 10 月第 1 次印刷
定价　56.00 元
ISBN 978 - 7 - 5049 - 9712 - 8
如出现印装错误本社负责调换　联系电话（010）63263947

Eight Highlights
of Finance in China

中国金融八论

中国金融，在国家经济发展和国际金融体系与秩序中扮演着重要角色。

有别于相关的金融著作涉及的一般国家金融事务问题，本书从国家金融发展最核心而又最迫切需要解决的八大方面问题入手，即在国家金融的顶层布局与监管模式选择之后，纵向涉及中央与地方、横向涉及离岸与在岸的金融发展难题，并面对世界各国的金融崛起，中国金融如何超越？面对世界人工智能＋区块链高科技的突飞猛进，中国金融如何应对？金融的永恒主题是安全、流动和盈利，如何防范和处置中国系统性或区域性金融风险？中国面对国际金融群雄，如何构建并推动国际金融新体系和国际金融新秩序？这些都是中国金融最高层面必须面对的课题。

首先，根据西方各国尤其是美国一方面在理论界极力宣扬自由经济，另一方面又在国家层面频频挥舞金融大棒的矛盾现状,本书观点鲜明地提出应从五个方面提升中国金融的顶层布局。第一、第二方面是在金融理念上;第三、第四方面是在金融举措上;第五方面是在组织机构上——围绕中国金融体系定位属银行主导型发展或向资本市场主导型倾斜的问题,在公说公有理婆说婆有理、各方各执一词的情形下,中国金融应结合本国的实际给予一个方向性的选择与定位。在构建现代金融体系框架时,中国金融应完整地从现代金融市场体系、现代金融组织体系、现代金融法治体系、现代金融监管体系、现代金融环境体系和现代金融基础设施六个方面着手去构建。围绕"大金融"的视野,中国货币政策在确定了"锚"的定向后,货币政策的目标和政策工具的选择与运用,应及时根据国家的产业政策,与财政政策、汇率政策、监管政策有效结合起来互动实施。在思考中国金融"国策"时,应清晰分析强势人民币国策的短期、中期和长期利弊,并抢占天时地利适机推行。而所有这一切的实现,都有赖于国家层面应有一个能主事协调国家金融事务的机构,它能左右着中国金融的重大决策和未来发展。

现在,世界各国金融监管体制大致可分为三类:一是单一监管体系;二是多元监管体系;三是双峰监管体系。利弊对比分析之后,如果中国选择的监管模式是"双峰监管体系",即把功能监管与行为监管严格分开,把宏观审慎监管与微观审慎监管有机融合,并在央行原有货币政策委员会的基础上,再产生形成一个金融稳定发展委员会,以有效协调国家金融监管与金融发展的各项事务,那么,至关重要的是:第一,金融稳定发展委员会要能够贯彻国家金融顶层的声音,责权分明;第二,要界定好金融稳定发展委员会与功能监管局和行为监管局的责权对应关系；第三，要界定好宏观审慎监管与微观审慎监管之间、功能监管与行为监管之间的责权关系、互动关系和协调关系。

在中国金融纵向层面的发展监管中，有一个中央与地方的责权分界问题——"金融自由化"直接导致国家经济金融不稳；"金融压抑"又产生地方经济金融不活的状况。要结合中国发展的层次和经济、金融、科技、产业发展的实际，既要有效界定清晰中央与地方的金融责权，又要充分发挥中央与地方的积极作用，并保持统而不死、放而不乱的格局，就需在中央与中央派驻地方的金融监管分支机构的关系上制定明细规则，在中央派驻地方金融监管分支机构与地方金融监管部门间制定明确的协调机制、协调内容和协调措施，从而既能严控金融风险，又能促进发展。

在中国金融横向层面的发展监管中，有一个离岸金融与在岸金融的互动对接问题。20 世纪 80 年代初，美国联邦储备委员会为了解决这一问题，专门设置了一个叫做 IBFs（International Banking Facilities）的特殊账号，并赋予使用这一特殊账号的国内外银行特殊权益，从而解决了美元离岸在岸的便利问题；日本在 1986 年设立了 JOM（Japan Offshore Market）作为特别账号，并在东京划出一块地域，作为离岸市场的在岸交易结算中心，从而解决了日元的离岸在岸互动问题。中国货币要走向国际化，要从支付结算货币演变为储备货币，再演变为锚货币，这样离岸在岸互联互通的政策举措、法规法制就显得特别重要。中国人民币要加快国际化步伐，设置离岸在岸联通账号，并借助香港作为人民币离岸中心的桥头堡；有效地与新加坡、伦敦连接，将能促进人民币加快国际储备货币的步伐。

世界各国，金融群雄，傲崛一方。中国金融要弯道超车，需要有弯道超车的要素和能力。要素主要是大宗商品交易、能源交易；其能力主要是天时地利、抢抓机遇。18世纪、19世纪的英国经济崛起时，其"煤炭交易"捆绑"英镑结算"，使英镑一举击溃当时雄踞一方的荷兰盾，成为首屈一指的世界货币；第二次世界大战后，美国抢抓机遇，"石油贸易"捆绑"美元结算"，使美元一举击败英镑，成为至今为止还是头号的国际交易结算货币和国际储备货币。中国是世界上最大的碳排放国之一，且2020～2030年将达到高峰，如果中国着手致力于标准化碳交易市场建设，健全碳现货市场，发展碳期货市场，加速"碳排放权交易"捆绑"人民币结算"，那么，基于"煤炭""石油"之后的又一大宗能源交易，"碳排放权"交易捆绑人民币结算，覆盖亚洲、连接国际，将是实现人民币国际化"弯道超车"的好路径。届时，著名的诺贝尔经济学奖得主罗伯特·蒙代尔教授提出的世界货币体系构想——美元、欧元、人民币成为国际"货币稳定三岛"就易早日实现。

目前，国际货币体系中，美元仍"一币独大"，人民币作为国际储备货币占比不足1%，以美元为主导的世界货币体系是否动摇，还取决于未来美元、欧元、人民币的发展方向和实力对比。国际货币体系的未来发展有三种可能：一是超主权的单一货币出现；二是SDR共同成为国际货币；三是全球标准的新型数字货币取代主权货币成为超主权货币。其中，由于缺乏一个"世界政府"来有效推动，出现超主权的单一货币几乎不可能；因为涉及当前主权货币国家的巨大利益牵制，SDR共同成为国际货币的概率也较小；只有人工智能＋区块链产生法定数字货币，作为世界的高科技发展突飞猛进，全球标准化的新型数字货币产生颠覆性的影响的可能性是存在的。因此，面对网络金融的发展，中国一方面应加快建立行之有效的网络金融清算体系、法规体系和风险防控体系，另一方面应抢抓网络金融的知识产权保护和标准化发展，推动人工智能＋区块链形成法定数字货币的应用和推广。

中国和世界，防范、化解和处置金融风险，永远是金融的头号主题。美国从多次国际金融危机处置中，摸索出货币政策与财政政策、监管政策、法律法规和一揽子经济振兴计划相结合的危机处置、行业扶持、产业振兴方式，值得中国借鉴。

然而，当今世界，经济全球一体化，金融市场国际化，客观趋势无一不呼唤国际金融体系更加健全，国际金融秩序更加稳定，它需要金融市场的国际化、金融工具的国际化、金融参与者的国际化，同时又是金融活动"游戏规则"的国际化和金融监管风险防范的国际化，等等，这些也是中国金融不可回避的课题。

本书研究中国金融的监管与发展，研究中国金融的中央与地方、离岸与在岸协调，研究中国金融的弯道超车路径及高科技冲击带来的机遇与挑战，研究中国乃至国际金融的风险防范和国际金融体系、国际金融秩序的改革与创新等，这些将成为中国金融发展之必然。中国应加强金融顶层设计，更加关注金融业的现在和未来。

Eight Highlights
of Finance in China

中国金融八论

目 录

Eight Highlights
of Finance in China

中国金融八论

一 论

"大金融"理念与强势人民币国策

——中国金融顶层布局政策探讨

中国金融顶层设计的目的：一是用于金融规划、指引；二是用于金融遵循、参与；三是用于金融布局、实施。

在西方发达国家，国家金融顶层布局其实早在其中。对于发展中国家，经济往来常由"商品贸易"向"一般服务贸易"再向"高端服务贸易"推进；经济开放则常由"经常项目"向"资本项目"推进；就连许多国家尝试设立的"经济自由贸易区"（Free Trade Zone），也是第一步由"贸易便利化"向第二步"投融资便利化"再向第三步"资本项目可兑换"推进。由此可见，一国进行金融顶层设计，势在必行。

那么，如何进行中国金融顶层设计？这应从"认识上""结构上""政策上""措施上"全面推进。

一、 现代金融体系定位

（一）现代金融体系概述

现代金融体系是一个经济体中资金或资产在专门体制机制和制度规范约束下流动与交易的基本框架，是资金流动的工具（金融资产）、市场参与者（中介机构）和交易方式（市场）等各金融要素构成的综合体。经济学家 Jordi Canals 第一次把工业化国家金融体系分成两种类型：银行主导型和资本市场主导型。由银行等金融中介机构主导融资，即间接融资方式是企业主要外部资金来源的金融体系，被定义为银行主导型金融体系，以德国、日本、法国等为代表；而企业直接从资本市场通过发行股票、债券等获得资金，即直接融资方式是企业主要外部资金来源的金融体系，被定义为市场主导型金融体系，以美国等为主要代表。从数量分布上看，目前除了美国突出表现为市场导向型，其他大多数主流国家的金融体系是银行主导型或混合型（见表1-1）。

表1-1 现代金融体系划分

金融体系的类型	市场主导型	银行主导型
金融市场	规模大、高流动性	规模小、低流动性
在股票交易所上市公司的股票	多	少
风险分担	市场：跨部门	银行：跨期
所有权和控制	分散	集中
影响的方式	退出	披露
公司控制市场	敌意接管频繁	敌意接管罕见
主要代理冲突	股东和管理层	管理层和少数股东
银行在外部融资中的作用	少	非常大
债务/股票比率	低	高

（二）世界金融体系的两种类型

现实中，发达国家金融体系之间一个显著的区别体现在不同国家中资本市场与金融中介的重要性上，这里存在两个极端，一个是美国，资本市场作用很大，而银行的集中程度很小；另一个是德国，几家大银行起支配作用，资本市场较不重要。这两个极端之间是其他大多数国家，如日本、法国传统上是银行为主的体制，但是近年来资本市场发展很快，而且作用越来越大；加拿大与英国的资本市场比德国发达，但是银行部门的集中程度却相对高于美国。

1. 以美国为代表的资本市场主导型金融体系。美国是市场主导型金融体系的代表国家，直接融资是企业的主要融资方式，资本市场在为实体经济提供金融服务方面起到非常重要的作用。美国市场主导型金融体系的形成与奉行自由主义的经济政策有紧密关系。在市场层面，美国政府鼓励经济主体之间竞争，政府在决定资本和劳动相互作用方式上起有限作用，资本积累的决策权主要在私人公司，它们可以最大限度地追求短期利润目标，通过金融市场获得资本。企业自由发展、优胜劣汰、追逐利润，激烈的市场竞争和利润最大化的股东资本形成了弹性很大的劳动力和产品市场。政府对经济的干预主要是对市场间接调控，防止企业垄断造成市场价格扭曲，保证市场充分发挥功能。

正是由于美国在市场层面奉行的自由主义经济模式，企业为了在激烈的市场竞争中占据优势地位，就必须通过多渠道融资扩大经营规模，保持竞争力。1933 年，美国通过《格拉斯—斯蒂格尔法案》（*Glass - Steagall Act*），禁止商业银行从事投资银行业务，同时，银行的跨区域经营和存款利率也受到严格限制。这项法律与自由主义的经济模式相结合，推动了资本市场迅速发展，银行机构遭遇了挑战和危机。1999 年，美国颁布了《金融服务现代化法案》，金融业重新回到混业经营模式，但市场主导型金融体系已经形成，品种丰富的债券市场和多层次的股票市场构成了美国资本市场体系。多样化的资本市场也为投资者提供了多种选择，大多数居民手中都持有公司的股票、债券。与此相比，美国商业银行的主要业务为提供短期工商企业贷款、住宅贷款、农业贷款及同业拆借，对经济影响相对较小。

2. 以德国为代表的银行主导型金融体系。德国是银行主导型金融体系的代表国家，银行贷款在公司负债中占较大比例，是德国公司最重要的融资手段，特别是德国三大全能银行——德意志银行、德国商业银行和德累斯顿银行更是在银行体系中占有举足轻重的地位。在市场层面，相对银行体系，德国资本市场规模较小，流动性相对不高。具体来说，德国的银行体系是以全能银行为基础，以专业银行为补充。全能银行包括商业银行、储蓄银行和合作银行，其中商业银行是核心，可以全面参与各种金融活动，包括吸收存款、发放贷款、承销证券、直接投资包括股票在内的各种证券，即既从事传统商业银行业务，又开展投资银行业务，还可以通过代理股东投票、获得企业监事会席位等方式，进一步施加对上市公司的影响，是一种多功能、全方位的银行。德国的专业银行提供的金融服务少于全能银行，如专门从事抵押贷款、农业信贷或中小企业信贷的银行等。德国的股票市场相对不太重要，国内债券市场尽管发展良好，但参与的主要是政府和银行，一般工商企业很少发行债券，企业外部融资主要依赖银行贷款，贷款证券化程度也比较低。

德国金融体系的形成及演变与其工业化进程和面临的经济发展环境有密切关联。德国产业化工业化进程晚于英国和美国，所以必须以超速发展本国产业，才能赢得发展空间。为此，德国采取了国家调节下的市场经济模式，政府采取了控制价格形成、参与企业投资等直接和间接干预手段调节经济运行中的问题，经济发展路径更着重解决就业的诉求，更依赖实体产业，同时实行积极的劳动力市场福利政策。与此相对应，其银行主导型金融体系相比市场主导型的更为简单，特别是对法律体系的要求相对较低，中小投资者利益受到全能银行的有效保护，不像美国的小股东利益必须由十分健全的法律体系来保障。而且德国的银行全力发展与企业的关系，不仅对企业提供长期资金，还对企业经营提供其他支援。从历史进程看，银行主导型金融体系为德国发展经济赶上英美作出了重要贡献。

由此可见，一个国家选择何种适合自身的金融体系，或其金融体系内在结构演变，是与其历史发展路径、产业经济基础和现实国情约束不可分割的。而其评判标准是能否在特定的时空条件下实现"效率"和"稳定性"的平衡。在效率机制的安排上，诸如信息披露、公司治理、透明度要求等方面必须要有完善的传导机制和实现机制；在稳定性机制的安排上，诸如存款保险、风险管理、破产机制等在金融体系内部不同单元之间应该有相应的实现方式，使金融体系作为一个整体形成多层次、多维度的抗冲击能力；良好的社会信用文化和社会信用体系建设，也是现代金融体系必不可少的组成部分。

(三) 银行主导型金融体系仍是当下世界各国的发展主流

在市场层面，尽管发展资本市场主导型金融体系的声音不断壮大，但不容忽视的是，近百年来发生的历次全球性金融危机无不源自资本市场或与资本市场有直接重大关系，这使各国在金融顶层布局上，不得不认真审视银行主导型与资本市场主导型金融体系的得与失、长与短、功与过，由此得出，银行主导型作为当今世界金融体系的主流模式并非偶然，而是具有一定的内在原因及其合理性。

1. 金融体系演变的内在规律揭示，在相当长时期内银行处于金融体系的主导地位。根据耶鲁大学经济学家雷蒙德·W. 戈德史密斯对金融发展规律的描述，现代金融增长以银行制度的发展为发端，经历了三个阶段：在第一阶段，一个国家或地区金融相关比率较低，金融工具比较单一，债务凭证远远高于股权凭证，商业银行在金融机构中的主导地位比较突出。在第二阶段，这些国家或地区的债权资产在金融资产总额中依然占据绝大部分，银行在金融机构中仍然发挥主导作用，而且出现了不少大型股份公司。在第三阶段，股权资产占金融总资产的比例不断提高，金融机构的多元化趋势发展明显，银行在市场中的地位有所下降但仍占大头，证券、保险等非银行金融机构的市场地位逐渐上升。

2. 银行主导型金融体系有利于工业化产业化加速发展。一般而言，银行主导型的金融体系由于具有明显的规模经济效应，容易解决投资过程中所面临的信息不对称问题，同时银行和企业之间存在着一种互相依赖的长期合作关系，能为产业发展特别是快速工业化提供强有力、可持续的资金支持。从各国的工业化进程看，德国、日本等国工业大规模发展普遍与其银行业在金融体系中占据主导地位密切相关，其工业发展所需的巨量资金主要由银行系统提供，资本市场起到辅助作用。而诸如巴西、印度尼西亚等国，虽然资本市场发展较快，近年直接融资比例达到 70% 以上，但工业化进程一直相对滞后，经济始终没有从泥潭中走出来。

3. 银行主导型相比资本市场主导型更有利于风险管理与金融稳定。在资本市场主导型的金融体系中，市场动荡的起因是资产价格的剧烈波动，市场危机源于资产价格与基本面的偏离和持续性的资产泡沫。美国 1987 年股灾、2000 年网络泡沫和 2008 年金融危机中，危机的诱发因素都是资产价格泡沫。诸如泰国、墨西哥等市场主导型金融体系在金融危机中受到冲击也远远大于银行主导型国家。值得注意的是，资本市场主导型金融体系下，各项金融业务的界限模糊，不同种类的金融机构组成了金融风险链条各个环节，资本市场由于杠杆操纵和过度交易等带来的风险，自然地转移分散到银行市场之中，演化为整个金融体系风险。尤其是在金融创新和信息技术革命的推动下，国际金融市场更加一体化，市场范围和影响不断外扩，金融风险不断积聚、转移并分散。如 2008 年次贷市场出现问题后，迅速蔓延至整个住房抵押贷款市场和中介机构（投资银行、抵押贷款担保机构等），进而冲击持有抵押贷款证券化产品的金融机构（商业银行、保险公司、共同基金等），最后升级演化为全面金融危机。而以银行为主导的金融体系中，银行系统承受了主要的金融风险，主要表现为因经济不景气带来的大量企业违约风险，使短时间内银行坏账急速增加，如果能及时获得资金注入，就可能避免更大的危机。比如次贷危机发生后，德国即成立了 5 000 亿欧元的金融稳定基金，主要为金融业的拆借提供担保、强化银行自有资本、帮助银行处理不良资产等，有效缓解了大银行的流动性危机，金融风险得到明显化解。

综上所述，作为中国金融顶层布局，应谨慎考虑：一是由于金融市场的不确定性风险，资本市场主导型金融体系面临更高的风险控制要求，也可能带来更大的系统性危机。由于健全完善的资本市场不是一朝一夕就能发展起来的，展望未来一段时间，银行主导型金融体系仍将占据主流地位。二是在考虑建立何种金融体系时，应充分考虑经济发展水平、金融市场深度、风险管理能力和监督管理能力等方面的现实情况，选择适合中国国情的金融体系。三是金融体系适时的自我改革、演进是十分必要的，不管是银行主导还是资本市场主导的金融体系，目标明确、手段有效、信息充分的监管体系都是不可或缺的，及时调整金融监管、运行机制和风险管理机制是非常重要的。

二、 现代金融体系结构

（一）金融市场体系

金融市场是资金供求双方运用各种金融工具、通过各种途径实现货币借贷和资金融通的交易活动总称，包括货币市场和资本市场。货币市场主要包括金融同业拆借市场、回购协议市场、商业票据市场、银行承兑汇票市场、短期政府债券市场、大面额可转让存单市场等。资本市场主要包括中长期信贷市场和证券市场，其中，证券市场是通过证券的发行与交易进行融资的市场，包括债券市场、股票市场、基金市场、期货市场等。不论何种市场，风险的流动和分散、经济增长的财富分享机制都是金融市场具有深厚生命力和强大竞争力的原动力。此外，外汇市场的健全、稳定、有序发展，将在国家金融市场体系中发挥出越来越重要的作用。

（二）金融组织体系

金融组织是整个现代金融体系的细胞，其体系包括商业组织、管理组织（央行及相关金融监管组织）、政策性组织（如政策性银行）等。归属国家监管的商业性金融组织主要为全国性商业银行、证券公司、基金公司、保险公司等传统金融机构。具有庞大规模、海量资金的传统金融机构，往往无法满足具有差异化金融需求的金融消费者，因而对传统金融机构补充的地方性金融机构和新型业态应运而生，如小额贷款公司、融资性担保公司、P2P融资平台等，这些地方性金融机构和新型组织更像是毛细血管，能够更好地深入传统金融机构无法满足的"三农"、小微企业、私营企业等领域。健全的金融组织体系应当从满足多样化的金融需求入手，完善各类不同功能的金融组织业态，为金融消费者提供更多创新型产品和服务。

（三）金融法制体系

市场经济本质上是法治经济，金融作为现代市场经济的核心，必须始终以法治为基石，不断完善现代金融法治体系，包括金融立法、金融执法、金融司法、金融法制教育等多个方面，特别是推进依法监管，确保金融市场的公正与效率。广义的金融法治，还涵盖了金融市场和金融活动的通行规则、惯例、秩序等方面。对于中国特别是探索自贸区等改革创新、先行先试的各项金融机制，是推进国家金融法制进步的重要助力。

（四）金融监管体系

完备的金融监管体系是分散金融风险，维护金融稳定的必要条件。主要包括：对金融机构设立的监管，对金融机构资产负债业务的监管，对金融政策法规执行落实情况的监管，对金融分业的监管，对金融市场的监管如市场准入、市场融资、市场利率、市场规则等。金融监管职能依据事权分属于中央和地方。地方政府的主要职能是维护区域金融稳定，守住不发生系统性、区域性金融风险的底线。

（五）金融环境体系

金融环境体系是现代金融体系得以发挥有效作用的土壤，是软件部分，包括经济基础、现代产权制度、社会信用体系、现代公司法人治理结构等因素。构建良好的金融环境体系一般应遵循以下途径：一是良好的实体经济基础。脱离了实体经济的金融，将是无水之源，必然导致金融发展的泡沫化，进而引发经济危机。二是健全的社会信用体系。社会信用体系为金融业的发展构建了良好的外部生态环境，促进金融业态的不断升级演进。三是完善的公司治理结构。通过完善的公司治理结构理顺政企关系，更好实现现代金融体系的市场化发展。

（六）金融基础设施

金融基础设施是现代金融体系发挥有效作用的基础条件，它既包括硬件部分——搭建稳健的支付清算体系、安全的科技信息系统、便捷的金融服务网络，以及配套设备技术等，如网上职能终端、POS 机、ATM 等。互联网技术的飞速发展，如远程支付、人脸识别开户、移动交易等，极大提升和扩展了金融功能和手段，推动金融基础设施硬件建设发生革命性的进步；同时，它又包括软件部分——与硬件相对应的金融业法律、会计、审计、评估、信用、规则、程序、标准等的设立、确定与实施。它也是金融基础设施的重要组成部分，并结合金融基础设施的网络化、虚拟化、智能化，成为现代金融体系建设的重要方向。

因此，中国在金融顶层设计与布局中，应全面把握现代金融体系结构，也就是说，它至少应从六大方面来设计、布局，以推进现代金融体系的形成与完善。

现代金融体系至少包括六大部分：

（1）金融市场体系——主要包括货币市场和资本市场、外汇市场；

（2）金融组织体系——主要包括管理组织（比如中国的"一行两会"）、商业组织（各金融机构）、政策性组织（各政策性银行）；

（3）金融法制体系——主要包括金融立法、金融执法、金融司法、金融法制教育等；

（4）金融监管体系——主要包括对机构、业务、市场、政策性法规执行等监管；

（5）金融环境体系——主要包括实体经济基础、社会信用体系、企业治理结构等；

（6）金融基础设施——主要包括支付清算体系、科技信息系统、金融服务网络、配套设备技术，以及与之相应的金融法律、会计、审计、评估、信用、规则、程序、标准等。

构建与完善现代金融体系，能促使其金融功能发挥出重要作用。

三、 现代金融体系政策

（一）财政政策

我是主张"大金融"概念的。当我们实施货币政策等金融政策时，首先需要涉及财政政策——积极的财政政策、紧缩的财政政策或中性的财政政策的选择问题。财政政策与货币政策相互作用至少体现在两个主要方面：一是积极财政政策或紧缩财政政策→财政赤字→国债（建设公债与赤字公债）→国债利率，从而形成国债利率与货币基准利率浮动利差的互动作用，直接影响和调节着日常经济活动。而财政弥补赤字的路径主要有三种：增加税收、发行国债和变动基础货币。于是就有了财政政策与货币政策相互作用的第二个主要方面。二是财政在货币供给形成机制中占主导作用→（如果）变动基础货币→铸币税→直接影响货币供给量。另外，在金融危机处置时，财政手段将发挥至关重要的稳压器作用……中国金融顶层设计，应将财政政策纳入其中一并考虑，一并互动。

（二）货币政策

1. 货币政策包括三方面基本内容：货币政策目标、货币政策工具和货币政策效果。

2. 货币政策目标。单目标——稳定物价（控制通货膨胀）；双目标——发展经济、稳定物价；多目标——充分就业、经济增长、稳定物价、国际收支均衡。

3. 货币政策工具。中国在选择和运用货币政策工具时，首先应确定货币的政策准则，即货币政策的"锚"在哪里。世界各国发展中形成了三种"锚"的类型：其一，以某种货币总量（或它的变化率）为目标准则——让汇率和价格水平适应货币供应量；其二，以某种价格水平（通胀或通缩水平）为目标准则——让汇率和货币供应量适应价格水平；其三，以汇率为目标准则——让货币供应量和价格水平适应汇率目标。这里，蕴含着货币政策的三大要素——货币供应、利率、汇率问题。中国货币政策工具的选择，首先要结合国家经济金融发展的客观实际，比较、分析、选择好三大要素，确定其货币政策的"锚"，并根据货币政策的"锚"选用其相关货币政策工

具。中国货币政策的"锚"应放在哪里？举例来说：美国依靠坚定地盯住通
货膨胀率为其货币准则，并运用利率要素来有效地调节稳定经济。美联储也
对基础货币确定出市场基准利率，从而在单一货币政策目标（稳定物价、控
制通胀）的指引下，确定货币政策"锚"，结合"利率"作为主要货币政策
考虑要素，有效运用"公开市场操作""贴现与再贴现""存款准备金率"
等"利率"调节工具来实现经济稳定和增长。这里不妨碍我们中国货币政策
目标的多元性问题，只要其切合国家的经济发展水平、市场成熟度、对外的
开放性状况，有效地选择确定了货币政策的"锚"，也许其对货币政策三大
要素——货币供应、利率、汇率的调节工具选用是混合的、重叠的。这里至
关重要的是看其货币政策效果。

　　4. 货币供应量在世界许多国家仍然是一个重要因素。由于其经济的发展
程度、市场的成熟度和对外的开放度进程不一，多国央行仍然把货币供给总
量作为重中之重的要素来考虑，或把货币供应量作为货币政策"锚"，作为
货币政策目标准则来使用。（1）传统的货币供应量有三大影响因素：基础货
币、存款准备金率和商业银行存款通货比例。（2）各国央行基础货币发行主
要有四个渠道：在二级市场上购买国债（美国通常用此方法）；向金融机构
发放再贷款（包括再贴现和向货币市场拆入资金）；购买黄金增加黄金储备；
外部盈余创造外汇占款。（3）各国央行调节货币供给总量时，应清晰地明确
调控 M_0、M_1、M_2、M_3 的哪一层次货币，并充分关注其相互的关联性影响问
题。（4）货币供给总量调控实际存在两个环节。其一，对基础货币的调控；
其二，对货币乘数的调控，即在货币政策三大工具中，用通货发行还是用储
蓄存款来购售债券，产生的乘数效应不同。因此，此时货币政策工具的选

择，除了三大货币政策工具外，中国可根据实际情况结合使用其他可选择性工具，如消费者信用控制、证券市场信用控制、不动产信用控制、定向降准、预缴进口保证金等。

5. 要注意货币政策的时滞问题。在货币政策工具实施的过程中，存在"内部"时滞——启动政策的时间（"Inside" lags—Time to Initiate the Policy）和"外部"时滞——政策显效于经济的时间（"Outside" lags—Time for the Policy to work on the Economy）。而"内部"时滞又存在"认知时滞"（Recognition lag—see the problem）、"决策时滞"（Decision lag—Decide to Act）和行动时滞（Action lag—Undertake the Action）；"外部"时滞则主要是由环境因素影响产生的时滞。因此，中国"自动"启动应对措施很重要，包括实施货币政策的"逆周期调节"措施，等等。

（三）汇率政策

比如说新兴市场国家对汇率政策的顶层设计或选择问题。正如克鲁格曼（Krugman）所揭示的三元悖论（the Impossible Trinity）或三元冲突（Trilemma）一样（见图 1–1）。

图 1–1　三元悖论或三元冲突

它的逻辑结论是：固定汇率（a Fixed Exchange Rate）、自由资本流动（Free Capital Movement）和独立的货币政策（Independent Monetary Policy）三者不可能同时实现。于是世界各国央行就存在着三种政策组合选择——固定汇率和自由资本流动组合（舍弃独立货币政策）；独立货币政策和自由资本流动组合（舍弃固定汇率）；固定汇率和独立货币政策组合（舍弃自由资本流动）。世界各国的顶层金融设计，有一个政策组合的选择问题。中国作为资本项目还没有完全开放的国家，其政策组合选择第三种比较适宜，即固定汇率和独立的货币政策组合。当然，从我个人分析的角度，这种"固定汇率"，不是纯属"固定"的，它应结合中国的国情和资本项目逐渐开放的进程，选择一种具有上下限空间的"固定汇率"，即居于固定汇率和浮动汇率之间的一种"管理浮动汇率"为宜。至于上下限浮动的空间多大，则根据国家金融顶层布局要求与中国资本项目不断开放的进程而定。中国货币在国际化的进程中，也需要自身内部金融市场与金融制度的不断提升和完善。涉及开放进程中国家宏观经济发展与金融稳定如何应对资本流入的政策时，考虑到一国的货币政策与宏观审慎政策很难进行国际协调，因此，在运用和均衡衔接宏观审慎政策（Macro—Prudential Policies，MPP）与资本流动管理（Capital Flows Management，CFM）工具时，应进行三方分类选择：实施宏观审慎政策（MPP）、实施资本流动管理（CFM）和实施"外汇相关审慎措施"（FX—Related Prudential Measures），即按照资本流的币种区别对待，并把它运用于受监管的金融机构，主要是银行中。从中国的实际情况分析，更多的实施"外汇相关审慎措施"应该是现阶段明智的选择。

（四）监管政策

2008 年美国金融危机及与之随行的欧洲债务危机后，世界各国金融监管之争随之而起。它主要表现为金融稳定之挑战——"打压"与"清理"之争（the "Lean" versus "Clean" Debate）。这里涉及世界各国的金融"宏观审慎政策"（Macro - Prudential Policies）需要哪类类别和配套政策工具？怎样平衡这些工具之间的关系？谁来管理？谁来负责？等等。持"打压"（Lean）观点者认为，货币稳定和金融稳定之间的关系要比先前想象的还要密切。价格稳定是必要条件，但必须在稳定价格的同时，佐之以强健的审慎的宏观监管框架，并以此影响货币政策的实施。如果审慎的宏观工具不足以实现金融稳定的话，货币政策就难以在灵活性（Flexibility）和可信性（Credibility）之间作出选择。于是，美国提出了压力测试（Stress Testing）。在 2008 年金融危机之后，面对金融危机管理，美联储于 2009 年初选择了 19 家最大金融企业，进行全面资本分析和回顾，并于 2010 年底 2011 年初首次进行压力测试（Stress Testing at the Federal Reserve）。它包括 29 项内容的压力情景（Stress Scenario）变量、分析框架、定价模型、宏观情景比较市场情景（Macro Scenario versus Market Scenario）、资本计划规则、连贯压力测试（Coherent Stress Testing）、反向压力测试（Reverse Stress Testing）等。压力测试补充了风险价值管理（VaR）所缺少的信息，为金融风险管理增加了新的元素。2014 年，《多德—弗兰克法案压力测试 2014：监督性压力测试与结果》和《全面资本分析与回顾 2014：评估框架与结果》为美联储监督性资本评估与金融危机管理发挥了作用。欧盟在巴塞尔协议Ⅲ和巴塞尔协议Ⅳ中加强了对风险管理的作用（Basel Ⅲ and Basel Ⅳ：Implications for Risk Management）。相对于巴塞尔协议Ⅱ，巴塞尔协议Ⅲ第一支柱（Pillar 1）强化了最低资本和流动性要求；第二支柱（Pillar 2）强化了监督审查流程，用于全公司风险管理和资本规划；第三支柱（Pillar 3）强化了风险披露和市场纪律性。巴塞尔协议Ⅲ推出了更高的资本要求并提高了资本比率，推出了新的流动性和杠杆比率，强化了针对交易账簿组合的对手方信用风险和市场风险的监督制约机制。而巴塞尔协议Ⅳ目标力图全面改善市场风险框架，在2015年终稿之后，促成的监管理念与措施以及业界影响达到了一个新的高度。

世界各国在确定了宏观金融目标后，把典型的宏观风险冲击分为四类：国内风险与国外风险（Domestic "Internal" versus Foreign "External"），需求冲击与供应冲击（Demand Shocks versus Supply Shocks）。并由此对四类风险逐一和交叉组合分析，提出了宏观金融风险管理的五种工具：货币政策、汇率政策、稳定性（紧缩）财政政策、促进性（积极）财政政策和监管控制（监管政策）。这从单一机构的角度加强了微观审慎监管，从整体金融市场的角度提出了宏观审慎监管。宏观审慎监管与微观审慎监管既相互联系，互为补充，同时又存在三点主要差异：（1）监管对象不同。宏观审慎监管主要侧重于整体金融市场，微观审慎监管主要侧重于单一金融机构。（2）监管目标不同。宏观审慎监管高度关注系统性金融风险，微观审慎监管侧重防范和处置个体风险。（3）监管机理不同。宏观审慎监管聚焦于市场的资产价格、信贷总量、机构杠杆率；微观审慎监管聚焦于金融企业的资本充足率、流动性、不良贷款率等，资本留存缓冲，逆周期资本缓冲等措施也得以运用和加强。宏观审慎监管与微观审慎监管相结合，成为世界各国金融顶层布局中加强金融监管的有效手段。

　　我们来看看现阶段加拿大的金融监管框架。加拿大实施联邦和省级两级平行金融监管体系。联邦层面对银行体系的金融监管主要集中在金融风险体系；省级层面的金融监管主要集中在金融服务体系。就联邦层面而言，财政部（DOF）、央行（BOC）、存款保险公司（CDIC）、银保监会（OSFI）、金融消费局（FCAC）五个部门组成监管框架，直接向内阁二把手兼财政部长汇报工作。其高效有力的监管举措很大程度上取决于五个部门间成立的三个金融监管委员会这一架构上。一是高级顾问委员会（Senior Advisory Committee，SAC），由财政部常务副部长主持，侧重金融战略制定和金融立法等事项；二是金融机构监管委员会（Financial Institution Supervisory Committee，FISC），由银保监会（OSFI）主持，侧重微观审慎金融监管；三是在 2008 年国际金融危机后，针对资本市场与衍生产品发展，成立了"金融首脑委员会"（Heads of Agents，HOA），由央行（BOC）主持，四大省证监会参加，侧重宏观审慎资本市场监管等事宜。其相互独立、高度协调、职责清晰、有效监管的运作机制促进了加拿大金融的稳定和发展……当然，我们也不难发现，加拿大乃至世界金融，仍然存在着诸多需要进一步解决的问题。比如说影子银行（Shadow Banking）的界定、发展与监管问题。它是否有广义与狭义之分？对影子银行的后备支持（Backstop）是否应该既包括业务的促进，又包括对其风险的防范两大方面？强调后备支持是影子银行活动的根本需求，又如何来加强对其监督和监管，尤其是如何来协调处置好影子银行的后备支持与沃尔克法则（Volcker Rule）的强有力实施问题？比如说世界各国央行宏观审慎政策的确定与政策工具的有效选择问题。现在西方主要发达国家，都基本上采取了混业经营、混业管理、内外经营、跨国管理的一种金融业态。原有的以传统银行业务为主体的宏观审慎政策及其工具和资本流动管理及其工具，就明显地存在难以全覆盖问题。再比如说世界各国金融发展和监管模式的目标确立问题。金融发展是以银行业为主体兼容资本市场发展为佳，还是两者齐头并进，甚至资本市场超越银行业发展？金融集团是以国内业务为主体兼容国际业务发展为佳，还是两者齐头并进，甚至国际业务超越国内金融业务发展？金融监管是以国家、地方双层监管为佳，并形成各监管主体协调有效的运作机制，还是单一的国家监管为主？等等。这些都是在中国金融顶层设计或布局中需要进一步厘清并予以解决的问题。

四、 现代金融体系发展

（一）货币区

现代金融的发展必然由一国走向国际，现代金融体系的发展也必然从国内走向国际。著名国际金融专家、美国诺贝尔经济学奖获得者蒙代尔教授（Robert A. Mundell）就现代金融体系发展、国际货币体系改革提出了著名的创建美元、欧元、人民币三位一体"货币区"的论断，并建议三者之间形成固定汇率 1:1.2 或 1:1.4 之间……

这里，蒙代尔教授提出了由不同国家或区域组成，实行单一货币或虽有几种货币但相互之间汇率永久固定、对外统一浮动的货币联盟区的概念。货币区是货币一体化的高级表现方式。货币一体化是一种在特定区域内的国家或地区之间进行货币合作的趋势，根据货币合作的程度分为区域货币合作

（Regional Monetary Cooperation）、区域货币联盟（Regional Monetary Union）和货币区三个层次。货币区是货币合作的高级形式，其明显特点是：（1）成员货币之间的名义比价相对固定；（2）成员货币中某种货币占主导地位，并作为该区域货币汇率的共同基础；（3）主导货币与成员货币之间可相互自由兑换，甚至统一为单一货币，而对其他国家则采用联合浮动汇率形式；（4）有一个适当的协调和管理机构，当然，成员的货币主权受到一定的削弱。货币区的提出，创建美元、欧元、人民币三位一体"货币区"的设想，为世界探索现代金融体系发展和国际货币体系改革作出了积极贡献。

（二）强势美元"国策"

一国货币强势特征表现在该国维持币值不贬值，稳中有升，汇率表现出强势。其中有两个鲜明特点：一是持续吸引外资流入。这不仅体现出国内的低成本筹资便利，而且促进了金融繁荣支持实体经济发展。二是提升外国投资者对本币的持有。这将推动本币成为国际主要货币币种的实质演进。当然，强势本币同时带来出口困难和贸易逆差等问题，但"两利相权取其重，两害相权取其轻"，比较强势币种政策带来的利弊分析，其收益应该远远大于成本。

1944 年 7 月美国"布雷顿森林会议"、1948 年 4 月美国"马歇尔计划"以及其后美国政府的一系列措施，促使美元一跃成为公认的世界货币，至今仍左右着国际货币体系。当前的国际金融秩序基本架构总体上仍然延续了第二次世界大战后的布雷顿森林体系，即以美元主导的国际货币体系，国际货币基金组织、世界银行这两大支柱在现代金融体系发展和国际货币体系改革中拥有绝对的领导权和话语权，美国在国际货币基金组织及世界银行等机构运行中拥有绝对的决策权或重大事项的否决权。

1993 年，美国推出强势美元"国策"，促使了建立在布雷顿森林会议和美元主导体系基石上的世界现代金融体系的发展和国际货币体系的改革，在经济增长的大势下遮盖了其天然存在的"缺陷"和实际运行中的"诟病"，使美元及其相关机构仍然主导并维系着世界金融秩序。

（三）强势人民币国策

中国金融顶层设计或布局，在确立了现代金融体系定位，全面推进现代金融体系结构建设，有效运用财政政策、货币政策、汇率政策、监管政策等现代金融政策体系，促进中国经济和现代金融体系可持续发展的情形下，就不能不思考中国货币的发展趋势、现在与未来，不能不思考中国货币在国际经济事务中的地位和作用了。趋势已明，措施何定？中国是否加快人民币国际化进程，或步入强势人民币"国策"？

中国的"十三五"期间，面临的主要挑战之一或经济强国制约的瓶颈之一，是金融深化改革和人民币国际化。世界银行宣称的经济大国四项指标：GDP 总量占世界总额的 5% 以上；进出口贸易总量占世界总额的 5% 以上；世界 500 强企业占其国内 GDP 总额的 5% 以上；本币作为国际储备货币占世界总额的 5% 以上。现中国前三项指标早已实现，唯有人民币作为国际储备货币比重差距较大。

中国金融改革与发展应加强顶层设计，除应进一步推进现代金融体系建设，建立与完善财政政策、货币政策、汇率政策和宏观审慎监管政策协调统一管理体系，加强与完善现代金融体系管理和法规制度建设等外，其重中之重的就是加快推进人民币国际化发展，探寻强势人民币"国策"的可行路径。

1. 应有规划和举措，研究和推进蒙代尔教授提出的关于创建美元、欧元、人民币三位一体"货币区"的设想，探讨强势人民币"国策"的利弊分析，促使人民币真正作为"可自由使用的国际货币"发挥作用，并借此逐步推进资本账户开放、发展有深度和流动性的金融市场、逐步放开利率和汇率，以及加强监督和完善监管框架，从而实现人民币与美元、欧元、日元、英镑四大币种并列，发挥出国际货币的作用。

2. 应建立人民币离岸与在岸的互动机制，借助自贸区试验田建立人民币离岸业务在岸交易结算中心。（1）设立自贸区特别账户（如 China International Banking Facilities，CIBFs），逐步促使贸易便利、投融资便利、资本项目可兑换；逐步促使离岸在岸互动、本币外币互换、内企外企参与、经常项目向资本项目深化开放。（2）建立与完善离岸人民币支付清算系统（类似于美国 Chips 系统）。应逐步改革目前通过代理行进行人民币离岸业务支付清算方式，让独立完善的离岸人民币支付清算系统真正发挥其清算结算体系、规划标准体系和法律监管体系等与离岸多区域、多市场对接的功能。（3）国家自贸区首先应加强与香港离岸中心对接，共建全球性人民币离岸金融市场。逐步形成一个掌握离岸人民币定价权，开展双向投融资汇兑、监管联动，离岸在岸有序输出、健康回流和体外循环的人民币离岸业务国际管理中心。

3. 借助于国际金融发展新业态，弯道超车，加快人民币国际化进程。比如，网络金融发展是一例；建立标准化的碳现货与期货交易所，捆绑人民币作为结算货币,又是一例。通过 21 世纪海上新丝绸之路,借助碳现货与期货交易辐射东南亚乃至亚洲,促其成为继 19 世纪煤炭捆绑英镑作为国际结算货币、20 世纪石油捆绑美元作为国际结算货币之后,21 世纪碳排放权交易捆绑人民币作为国际结算货币、实现人民币国际化弯道超车的一个成功案例。

五、 建立中国金融顶层布局机构

综上所述,当今美国主导国际货币体系和金融事务,靠军事、信息技术、金融业发展。而军事、信息技术背后的支撑是靠现代金融体系的强大。

先看中国,第三产业占 GDP 比重不足 50%,距世界各国平均水平的 55% ~60% 和先进发达国家、地区的 70% 以上至少还有 20% 以上的增长空间。现代金融体系发展必在其中扮演重要角色。在中国改革开放四十年进程中,1983 年确定中国人民银行作为中央银行行使职能,1995 年颁布《商业银行法》确定中国金融监管体系实施分业经营分业管理,2003 年完成银行、证券、保险业务分业监管组织模式……如今,跨国域金融发展急迫,促增长金融事务繁多,助转型金融任务艰巨,其时间之短、变化之大、发展之快,使得中国金融顶层布局重任已迫在眉睫。

再看世界,第三次工业革命呈现个性化、分散化、智能化的特征,服务业被认为是主要的经济新增长点。而现代金融业与科技业的融合创新发展将成为其核心。

因此,中国应考虑建立国家金融顶层布局机构,以有效应对国内国际金融重大事务,形成国家金融顶层设计、金融重大事务调剂、金融重大事项决策和金融系统性风险防范的领导、议事、协调机构,促进中国金融业健康稳定可持续发展。

　　作为中国金融顶层设计布局机构，属国家制定重大金融政策和重要金融举措的咨询议事决策机构，其在国内国际金融宏观调控、金融政策制定和金融突发事件应对中发挥重要作用。其组织机构：可考虑由国家分管财政、金融的领导和财政部、中国人民银行、银保监会、证监会，银行、证券、保险金融机构金融专家，以及北京、上海、广东（即中国主要金融区域）分管金融负责人约 15 人组成；国家分管财政、金融领导是主席主要人选。机构设立秘书处作为日常处事办公室。其工作职责：在综合分析国内外宏观金融形势的基础上，依据国家宏观金融设计和调控目标，讨论重大的金融政策制定和调整以及与之相连的金融政策的目标、工具和举措的形成，从而成为国家金融顶层布局、重大金融事务调剂、重大金融事项决策与重大金融风险防范的领导、议事、协调和决策机构，直接向中央负责。其工作程序：可考虑实行例会制度，在每季度的第一个月召开例会，主席或 1/3 以上成员联名，可提议召开临时会议。会议由主席主持。主席因故不能履行职务时，由副主席代为主持。成员提出的议案，经出席会议的 2/3 以上成员表决通过，形成建议书。报请中央批准有关金融政策重要事项的决定方案时应将建议书或者会议纪要作为附件，一并报送备案。金融政策与措施一旦报经中央批准，该机构则立即领导、组织、协调、督促相关金融组织予以实施。

　　比如讨论美国量化宽松货币政策直接影响中国庞大的美元储备和贸易出口状况，从而直接影响中国经济的稳定与可持续增长的问题。中国不仅需要调整与改善国家的外汇储备结构，而且更需要在推动人民币国际化的进程中，抓紧确立本币作为国际主要结算币种之一的地位发挥其作用，从而赢得国际金融事务的话语权和主动权。

比如讨论在美国金融危机和混业经营监管的嘈杂声中，中国是否继续坚持分业经营、分业管理的金融政策与道路问题。我认为，中国应根据自身的客观实际作出选择，即中国应在今后的一段时间内，继续实施分业经营、分业管理的监管政策。从时间上看，中国完成分业经营、分业管理体系时间尚短，尚待总结、提高与完善；从业务上说，商业银行有巴塞尔协议提出的资产负债比率以及资本充足率作为参照实施监管，而证券业及其衍生品种尚需完善监管标准；从防范金融风险的角度看，成长中的中国金融市场更需要有效的金融"防火墙"。因此，对已存在的金融混业集团，应监管其内部从制度至技术上实施分业经营、分业管理的措施；对新产生的金融业务，应迅速界定其性质，有效地归属到分业经营、分业管理的发展与监管框架上。中国金融发展的路径应该是规划下促竞争，稳定中求发展。

比如讨论中国人民银行是否应该扩大、提升与完善其职能的问题。我认为，央行不仅要履行货币供应、流动性调剂、外汇事务等专项职能，还应扩充其对银行、证券、保险市场的一定调剂与监管职能，例如将证券、保险投资基金纳入货币发行、调剂的基础因素考虑，运用货币市场基金有效调剂证券、保险市场，对证券、保险投资信用比例列入货币政策工具之一加以运用，等等，也包括对中国金融机构海外业务的延伸调节与监管，从而借此提升中国央行在现代金融体系发展中的主导、核心地位。

再比如讨论中国央行是否应该迅速建立相关的辅助金融监管机构，以全面完善金融监管体系的问题。例如成立中国储蓄保险公司，像美国的 FDIC（联邦存款保险公司）一样保护投资者与消费者权益。例如成立中国央行掌控的货币市场共同基金，有效调剂银行、证券、保险投资市场的稳定发展，等等。

再比如讨论中国是否应该更加注重金融法制建设与组织完善，构建市场化的金融风险承担和损失弥补机制的问题。这包括中国央行和金融监管部门的职能在行使货币政策、金融稳定和金融监管之间的关系融合与协调统一；构建包括差别准备金、逆周期资本要求、前瞻性拨备要求等在内的逆周期金融宏观审慎管理制度；制定更加严格的包括对额外资本要求、流动性要求、大额风险暴露的监管标准，加强对系统性重要金融机构的监管；等等。除此之外，应讨论是否还要建立健全的组织形式和长效机制，例如上述涉及的除国家财政部和央行以外，建立类似于美国存款保险公司（FDIC）的公司。这个公司将对金融机构实施有效的监督，并对系统性重要的金融机构开展有序清算职责，其科学设计的存款保险制度，会成为国家应对金融危机的综合处置平台，以维护公众信心，促使金融体系总体保持稳定。另外，应用市场化处置方式也是降低金融风险处置成本、提高处置效率的可选途径。它包括建立股东人和债权人的风险共担机制，损失首先是股东承担，其次是债权人；高管层要承担经营失败的责任；建立存款保险制度，减少对公共救助资金的依赖；对系统性重要的金融机构建立恢复和处置计划；等等。通过这些，从而建立和完善金融风险市场化有序处置的机制。与此同时，要加强金融风险监测、评估和预警，从而真正有效保护中小投资者利益，处置金融风险。

再比如讨论中国参与国际事务的途径之一是进出口贸易，但中国不仅仅要作为一个贸易伙伴，而且还应作为一个低碳政策的经济伙伴（比如交通系统与水资源管理、区域公共资源管理等），从更深远更广阔的视角来看，中国更应成为国际经济金融事务的积极参与者的问题。比如亚洲，占有全球资金储备的百分之六十。中国应该思考如何进入这一领域，是否可以组建类似于"亚洲货币基金组织"的机构，并以此为切入口（框架可以类似 IMF），既可充分循环利用亚洲庞大的外汇储备，在贸易流通市场发生波动时有效地运用资金需求调节，又可以此为平台，聚集、稳定亚洲各国经济体，互助互利，谋求合作，共同发展，从而真正提升中国和亚洲在国际金融事务中的"话语权"等。

加强中国金融顶层设计，更加关注国内国际现代金融体系的现在与未来，建立和完善中国金融顶层布局机构必不可少；健全国内国际现代金融体系的建设与发展，建立和完善中国金融顶层布局机构时不我待。

Eight Highlights
of Finance in China

中国金融八论

二 论

金融监管"双峰"模式

——中国金融监管协调措施探讨

中国金融监管主要理论依据有二。一是金融风险论。金融属高风险行业，存在利率风险、汇率风险、流动性风险和信用风险等；金融具有发生支付危机的连锁反应；金融直接影响货币制度和宏观经济稳定。二是投资者利益保护论。由于市场信息不对称，投资者需要公平、公正的投资环境。

这里涉及中国金融监管政策措施的完善和金融监管模式的顶层设计与选择问题。

一、 美国金融监管体系

美国金融监管体系比较错综复杂。其金融监管是由分业管理走向混业管理。

1933 年，美国颁布《格拉斯—斯蒂格尔法案》（*Glass - steagall Act*），确定金融监管四大原则：（1）实行商业银行与投资银行分业经营、分业管理；（2）禁止银行直接从事证券和国债的承销与自营交易业务；（3）禁止投资银行开展吸收存款业务；（4）禁止美联储的附属机构及其关联银行开展证券业务。与此同时，成立了联邦存款保险公司（FDIC）等相关金融监管辅助机构。

1999 年，美国颁布《格雷姆—里奇—比利雷法案》（*Gramm - leach - bliley Act*），正式以法律形式废除了严格限制了金融业几十年、当然也争议了几十年的银行业与证券业分业经营、分业管理的规定（《格拉斯—斯蒂格尔法案》），允许通过建立下属控股公司（Financial Holding Company，FHC）参与全方位的银行、证券承销与自营业务以及保险业务。

2010 年，美国颁布《多德—弗兰克华尔街改革与消费者保护法案》（*Dodd - Frank Wall street Reform and Consumer Protection Act*），从政府监管机

中国金融八论 | Eight Highlights of Finance in China

构设置、系统性风险防范、金融细分行业及其产品、消费者保护、危机处理等方面全面加强金融监管，形成了美国在 1929~1933 年大萧条之后进行的最大金融监管变革法案。（1）设立新的联邦监管机构——金融稳定监督委员会（FSOC），有权向金融机构采集信息，向美联储和其他监管机构提出审慎标准相关建议，等等。（2）扩大美联储监管范围。赋予美联储制定其对监管机构符合审慎原则的监管标准，允许美联储监管金融机构间的证券产品支付、清算、结算事项。（3）实施"沃尔克"规则。将商业银行投资对冲基金和私募股权基金的规模限制在基金所有者权益和银行自有资本的3%以内，等等。（4）扩充联邦存款保险公司（FDIC）的作用。（5）关闭储蓄管理局。将其功能移交美联储、货币监理署（OCC）和存款保险公司（FDIC）。（6）强化证券交易委员会（SEC）对证券公司、上市公司和信用评估机构的监管职能。建立私募基金备案制度。在 SEC 下新设投资者律师局、投资者咨询委员会和信用评级局。（7）给予商品期货交易委员会对衍生产品和掉期等交易更多监管权力。（8）成立财政部管辖的联邦保险局。在联邦层面监管由原各州自行监管为基础的保险行业，等等。这些促使完整的金融监管体系有效运作，有利于识别和防范系统性金融风险，及时处置可能发生的紧急风险与事件，保持金融市场稳定（见图 2-1 和图 2-2）。

图 2-1 和图 2-2 表明，在 2008 年国际金融危机之前，美国各个监管机构之间关系复杂，没有协调性；同一机构受好几个监管机构监管（低效能）；证券交易委员会曾经是主要的行为监管机构，缺乏对投资银行（贝尔斯登、雷曼兄弟）进行审慎监管所需的能力和专业知识；州级别的保险监管，缺乏对复杂的产品，比如 AIG 卖的 CDS 进行监管的专业知识；太多的监管机构，

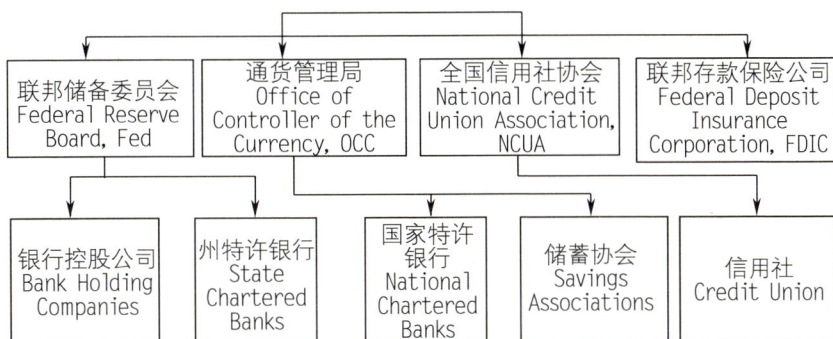

```
┌──────────────┐  ┌──────────────┐  ┌──────────────┐  ┌──────────────┐
│ 联邦储备委员会  │  │ 通货管理局     │  │ 全国信用社协会  │  │ 联邦存款保险公司 │
│ Federal Reserve│  │ Office of     │  │ National Credit│  │ Federal Deposit│
│ Board, Fed    │  │ Controller of the│ Union Association,│ Insurance    │
│              │  │ Currency, OCC │  │ NCUA          │  │ Corporation, FDIC│
└──────────────┘  └──────────────┘  └──────────────┘  └──────────────┘
```

| 银行控股公司 Bank Holding Companies | 州特许银行 State Chartered Banks | 国家特许银行 National Chartered Banks | 储蓄协会 Savings Associations | 信用社 Credit Union |

资料来源：根据公开资料整理。

图 2 - 1　2008 年国际金融危机前

美国金融监管体系——存款机构

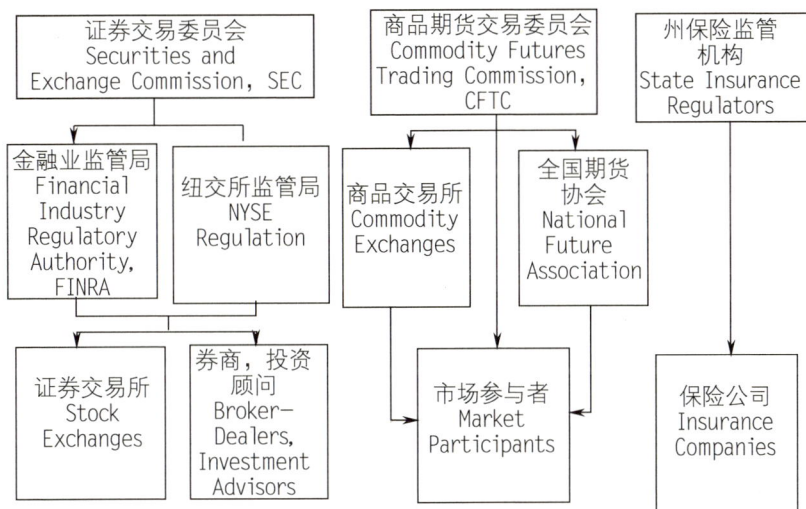

| 证券交易委员会 Securities and Exchange Commission, SEC | 商品期货交易委员会 Commodity Futures Trading Commission, CFTC | 州保险监管机构 State Insurance Regulators |

| 金融业监管局 Financial Industry Regulatory Authority, FINRA | 纽交所监管局 NYSE Regulation | 商品交易所 Commodity Exchanges | 全国期货协会 National Future Association | |

| 证券交易所 Stock Exchanges | 券商，投资顾问 Broker-Dealers, Investment Advisors | 市场参与者 Market Participants | 保险公司 Insurance Companies |

资料来源：根据公开资料整理。

图 2 - 2　2008 年国际金融危机前

美国金融监管体系——证券、期货及保险

却几乎没有问责制。

图 2 – 3 表明，2008 年国际金融危机后，美国于 2010 年 7 月颁布了《多德—弗兰克法案》并生效。该法案最大的变革在于重组了金融监管体系，对美国整体的金融监管框架进行了改革修正，以防范系统性金融风险。（1）美国金融业长期以来缺乏全国性、全面性的监管体系和法律制度框架得到了修正。（2）设立了金融稳定监督委员会（FSOC）。围绕促进金融稳定三个核心——防范系统性风险、消费者保护、改善问责制和提高透明度，赋予了其三类职能：一是识别危及美国金融稳定的各类风险；二是促进金融市场的自我约束，降低对政府救助的期待和道德风险；三是有效应对危及美国金融体系稳定的各类新风险。授予其三类权力：一是推进信息的收集与共享，并以此促进监管协调。二是从美国金融市场实际出发，全面加强系统性金融风险识别与防范。在金融机构层面，认定具有系统重要性的非银行金融机构并将其纳入美联储监管范围；在金融市场层面，有权认定具有系统重要性的金融市场设施和支付、清算与结算系统；在金融监管标准方面，有权建议对规模较大、关联性强的机构实施更为严格的审慎监管标准，对于美国金融稳定形成严重威胁的机构，可以强制分拆。三是有权建议美国国会修改法律，减少监管空白。（3）理顺重组了原有监管机构并加强了分业监管机构间的合作。一是在财政部内新设了联邦保险办公室（FIO），试图扩大联邦政府对保险机构的监管权力。二是在美联储内设立了金融消费者保护局（CFPA），它将原本分散在 Fed 和 SEC 等机构的金融保护职能集中起来，对包括银行、信用社、证券公司、抵押贷款服务机构等金融机构进行监管，保护金融消费者利益免遭不公平或欺诈性金融交易的损害。三是撤销了储贷监理署（OTS），

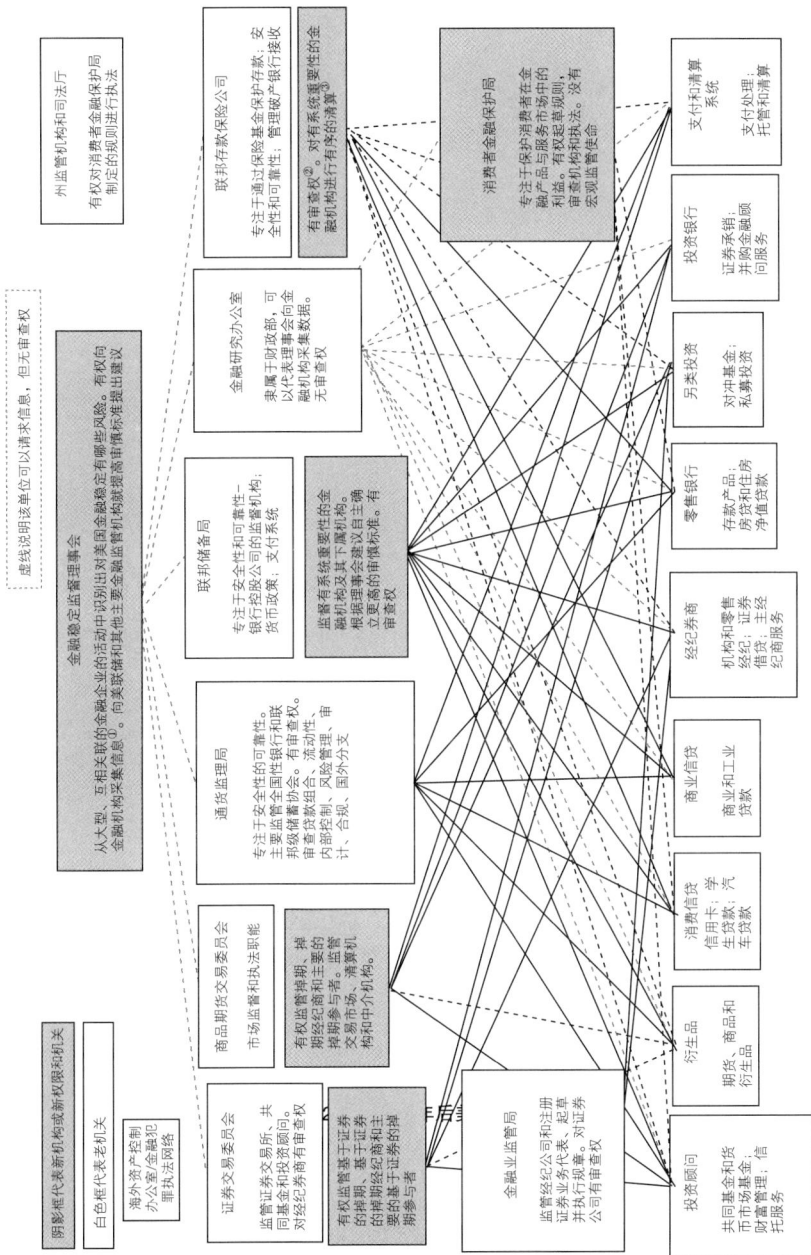

图2-3 2010年后美国金融监管体系

虚线说明该单位可以请求信息,但无审查权

阴影框代表新机构或新权限的机关

白色框代表老机关

海外资产控制办公室/金融犯罪执法网络

州监管机构和司法厅
有权对消费者金融保护局制定的规则进行执法

联邦存款保险公司
专注于通过保险基金保护小存款;安全性和可靠性;管理破产银行接收

有审查权①
对有系统重要性的金融机构进行有序的清算②

消费者金融保护局
专注于保护消费者在金融产品与服务市场中的权益。有权起草规则,审查机构和执法。没有审查机构和执法。宏观监管使命

金融稳定监督理事会
从大型、互相关联的金融企业的活动中识别出对美国金融稳定有哪些风险。有权向金融机构采集信息①。向美联储和其他主要金融监管机构提高审慎标准提出建议

金融研究办公室
隶属于财政部,可以代表理事会向金融机构采集数据。无审查权

联邦储备局
专注于安全性和可靠性-银行控股公司的监管;支付系统;货币政策。有审查权

监管有系统重要性的金融机构及其下属机构,根据理事会建议主动设立更高的审慎标准。有审查权②

通货监理局
专注于安全性和可靠性。主要监管全国性银行和联邦级储蓄组合、审查贷款和内部控制、风险管理、流动性、会计、合规、国外分支

商品期货交易委员会
市场监督和执法职能。有权监管掉期-期经纪商和主要的掉期市场参与者。监管期货市场中小机构和清算机构。

证券交易委员会
监管证券交易所,共同基金和投资顾问。对经纪商有审查权。

有权监管基于证券的掉期和基于证券的掉期市场主要参与者和基于证券的掉期交易商

金融业监管局
监管经纪公司的注册,证券业务规章,起草并执行交易规则和规范。对经纪公司有审查权

投资顾问
共同基金和货币市场基金;财富管理;信托服务

支付和清算系统
支付处理;托管和清算

投资银行
证券承销并购金融服务;回购融资

另类投资
对冲基金;私募投资

零售银行
存款产品;房贷和住房净值贷款

经纪交易商
机构和零售经纪;证券借贷;证商服务

商业信贷
商业和工业贷款

消费信贷
信用卡;学生贷款;汽车贷款

衍生品
期货、商品和衍生品

① 理事会通过金融研究办公室的办公室,可以向各种重要性BHC提出请求。
② 联邦存款保险公司对这些BHC,以执行其有序清算的职能,但是对金体的BHC机构采取行动。
注:(1)从SEC和CFTC延伸出的虚线代表各种重要性金融机构的权限。不仅包括持有FDIC保险存款的实体,也涵盖了银行控股公司。
(2)本图假设这类系统重要性是某一家有系统重要性的掉期控股公司(BHC)中进行的。

37

并将其大部分职责归并到货币监理署（OCC）。（4）扩大了美联储权限。强化其在伞形金融监管体系中的核心地位，成为全面监管者，在对金融机构、金融产品、金融市场实施稳健监管和全面监管方面发挥出更为重要的系统风险监管者的作用。（5）危机后的美国金融监管体系同样复杂。

二、 英国金融监管体系

英国金融监管体系是由完全的"自我管制"到央行干预、混业经营，再到分业经营、分业监管。

1979 年，英国颁布第一部英国银行法案，限定了吸存公众存款的机构需要审批执照。

1987 年，英国颁布的银行法案增加了英格兰银行监管条款，包括有权审查银行股东，有权对银行高管开展调查，等等。

1998 年和 2000 年，英国先后颁布《英格兰银行法案》和《金融服务和市场法案》。前者赋予了英格兰银行货币政策的决策权，一是围绕政府的通胀目标设定利率，二是监管储蓄资金流向。后者确定了混业经营、混业监管规则，并将担保和保险业务也纳入了监管范围，以确保金融系统稳定，保护投资者利益和打击金融犯罪，等等。

2012 年，英国颁布《金融服务法案》（*Financial Services Bill*）。其包括两大部分含义：一是内容。这主要涉及在 2019 年完成实施银行业与证券业分业管理；确保储蓄人在银行破产时获取优先赔偿；政府有权保护银行处置亏损；建议对分业后的银行设置更高资本充足率标准。二是监管体系。这一体系主要由英格兰银行、金融政策委员会、审慎监管局和金融行为监管局四个主体组成。（1）英格兰银行（Bank of England）。议会通过法律形式赋予央行权力，实行理事会制度，制定和实施央行货币政策、微观审慎和宏观审慎监管以及金融市场基础设施监管，等等。（2）金融政策委员会（Financial Policy Committee）。设在央行内，由13人组成（6人来自央行，5人来自独立专家，1人来自金融行为管理局，1人来自财政部）。初始目标是负责审视金融系统可能的风险，并为专职监管机构提供策略方向；其次目标是拥有使用宏观审慎工具（比如限制银行杠杆率、强制不同类型资产的资本需求等）权力抵冲金融系统风险，支撑政府经济政策；终止目标是对区别、监控、防范系统性金融风险采取行动总负责。金融政策委员会能引导与责成审慎监管局和金融行为监管局采取措施减轻风险；能对央行的流动性事项提出建议，并有权查巡支付系统、结算系统和清算公司；能对财政部提出调整行业资本需求等建议。重心集中在解决威胁金融稳定性的关键问题和实施宏观审慎政策的潜在障碍问题。（3）审慎监管局（Prudential Regulation Authority）。其由央行下属法人机构组成。重点对银行业和保险业审慎政策实施情况进行监督管理，判断其是否健康运行，评估其现在和未来的可能风险，尤其对涉及金融系统性稳定和对客户可能导致最大风险的银行和保险机构或事项采取防范措施。（4）金融行为监管局（Financial Conduct Authority）。属独立监管机构，主管由财政部任命，向财政部和议会负责。监管以资本市场为主的各类金融机构（包括咨询公司）的经营行为，重点是：有效监管资本市场活动；调节利益冲突；有序处置客户资产；维护市场信用，反对市场欺诈，防范系统风险和金融犯罪；客户利益至上；防止倾销，保护零售消费者利益；促进有效竞争。主要措施有：审批或取消公司执照；个人禁入；暂停公司或个人承销资格；对公司或个人实施罚款；对违法竞争的公司进行惩处；规则执行前提示公众知情；向法院申请破产秩序；惩罚金融犯罪、内幕交易等；对网络违规等公司或个人发出警告；等等。其目的在于保护投资者权益，维护金融稳定，促进有效竞争（见图2-4）。

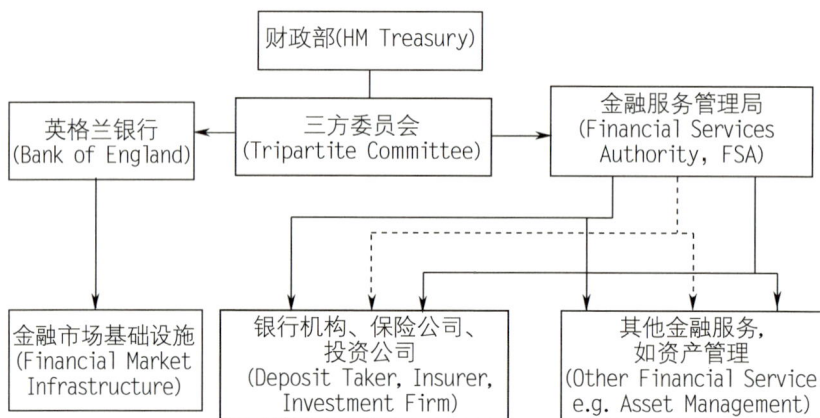

资料来源：根据公开资料整理。

图2-4　2008年国际金融危机前英国金融监管体系——三足鼎立模式

图2-4显示，英国在2008年国际金融危机之前：（1）三方协调弱，没有一家机构担负着对金融系统的整体监管责任。（2）1998年与2000年金融监管体系不是真正的整合，金融服务管理局只起着内部组织的作用。（3）在金融服务管理局中，行为监管的众多工作使金融服务管理局没有足够精力进行深入的审慎监管，其只选用勾选方法进行审慎监管。（4）其在推动伦敦成为全球金融中心的目标中，分散了在金融稳定性问题上的注意力。（5）1997年FSA的工党公告由于没有通过咨商程序而缺乏合法性，公告的发布引起了很大的震动与争议。

从图2-4和图2-5分析可见，英国从监管软弱不力走到了双峰监管的

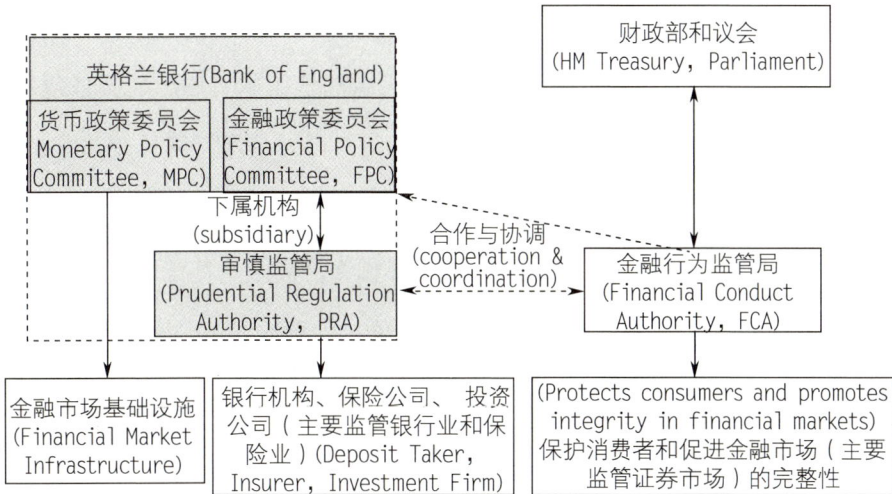

资料来源：根据公开资料整理。

图2-5 2012年英国金融监管体系——双峰模式

体系。其金融监管伴随金融业经营模式的转变，沿着自我管制—央行干预监管—混业经营双峰监管的路径演变（见表2-1）。

表2-1 英国金融监管主要历史阶段

时间	经营模式	监管模式	监管变更的背景	结果
1987年前	分业	自我管制	1986年"金融大爆炸"，金融服务自由化	银行业和证券业通过金融集团实现混业
1987~2000年	混业	央行干预监管	对银行集团监管薄弱，监管漏洞频出，1991年国际商业信贷银行倒闭，1995年巴林银行倒闭	1998年金融服务局（FSA）成立，2000年《金融服务和市场法案》颁布，统一监管框架确认并付诸实施。直至2004年，统一监管实现
2012年后	混业	双峰监管	2007年次贷危机冲击英国金融业，北岩银行、RBS等陷入危机。2008年雷曼危机后英国经济金融雪上加霜	2012年《金融服务法案》、2011年《金融监管新方法：改革蓝图》白皮书颁布。2013年PRA和FCA运作：双峰监管模式确立

资料来源：根据公开资料整理。

其中，2012 年英国出台了新的监管框架——《金融服务法案》颁布。它作为英国金融监管改革的关键，对监管组织的法定职责做出了具体规范，并建立以央行直属的审慎监管局（PRA）和财政部与议会直属的金融行为监管局（FCA）为两翼的"双峰"监管架构。PRA 实施审慎监管，主要负责银行业与保险业市场；FCA 向议会和财政部负责，实施消费者保护，主要负责证券市场监管；而 FPC 则为央行内设机构，主要应对系统性风险，并对 PRA 和 FCA 工作进行指导。

英国的双峰监管模式：（1）将审慎监管与行为监管有效分离，解决了监管目标的冲突；（2）有助于强化问责制；（3）形成了政策协调与信息共享机制；（4）货币政策与审慎监管协同；（5）宏观审慎与微观审慎监管互动；（6）证券市场行为监管与消费者利益保护有机统一；（7）英国现有监管模式存在严重缺陷，即在国家顶层缺乏对审慎监管与行为监管产生冲突以及处理重大经济金融危机的协调机制。

三、 欧盟金融监管体系

欧盟金融监管体系（2012 年）分为宏观审慎监管与微观审慎监管两部分。欧盟金融监管是由混业监管走向分业监管（见图 2-6）。

宏观审慎监管由欧盟系统风险理事会负责。（1）它由欧洲央行、欧盟各国央行、欧盟监管局和欧盟委员会作为成员单位组成；（2）欧洲央行行长担任欧盟系统风险理事会主席；（3）其宏观审慎监管职能主要由欧洲央行执行，欧洲央行除实施央行货币政策等职能外，还于 2015 年建立起专一监管机构，围绕欧盟共有 127 家大商业银行的状况，专门成立了 127 支

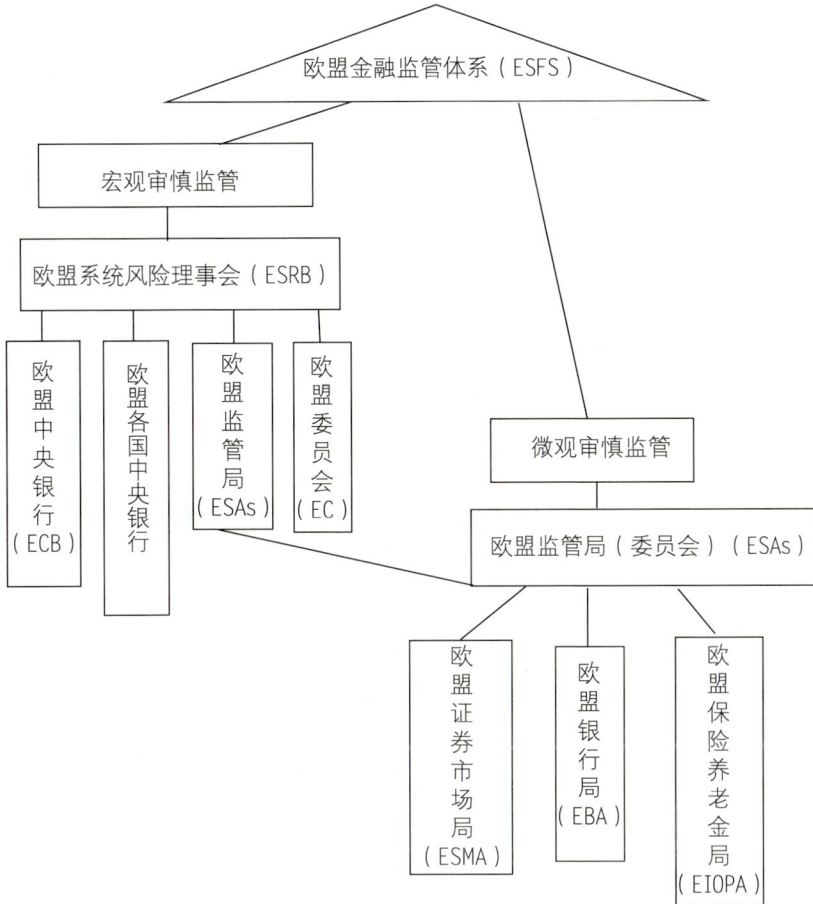

资料来源：根据公开资料整理。

图 2-6 欧盟金融监管体系图

联合监管队伍，各自专门监管一家大商业银行。127 支联合监管队伍对欧洲央行负责。（4）欧盟系统风险理事会决定防范和减轻系统性金融风险事宜，并负责对内其他监管机构和对外比如国际货币基金组织（IMF）对接协调与合作。

微观审慎监管由欧盟监管局负责。（1）该委员会主席由欧盟系统风险理事会副主席担任。（2）欧盟监管局下设证券市场局、银行局和保险养老金局三部分。（3）欧盟证券市场局负责监管证券市场业务；欧盟银行局通过欧盟各国监管主体对各国中小商业银行实施监管；欧盟保险养老金局负责监管保险业务和退休养老基金投资管理业务。

欧盟金融监管体系改革刻不容缓。欧盟债务危机前，已经充分暴露了其金融监管体系中的缺陷和不足——各成员国在金融监管方面各行其是，缺乏统一宏观监管手段，难以应对系统性风险的综合评估和处置。针对成员国主权债务危机蔓延、欧盟国际货币话语权走弱、欧盟经济一体化深入等客观现实，欧盟加快了推动建立统一金融监管体系。

欧盟金融监管体系改革主要内容：一是创设系统性风险监管机构，核心是设立欧洲系统性风险管理委员会（ESRB）。其主要职责是负责监测和评估欧盟金融市场上可能出现的宏观风险，并及时发出预警，提出相应的政策建议。二是建立超国家金融监管机构。根据法案，欧盟成立三个超国家金融监管局：（1）欧盟银行业监管局；（2）欧盟证券与市场监管局；（3）欧盟保险与雇员养老金监管局。其主要职能均有肩负监督成员国遵守相关法规的责任，并可以超越成员国监管机构，直接对相关金融机构行使执法权，它拥有比各国监管机构更权威的最终决定权。三是确立"消费者保护"为金融监管的中心目标，以防范和打击金融消费中的非理性行为和欺诈行为……

欧盟金融监管体系改革的核心精髓在于在深化微观审慎监管的基础上力倡构建宏观审慎监管框架。根据宏观审慎与微观审慎在监管对象（整体金融体系与单个金融机构）、监管目标（系统性风险与个体风险）和监管机理

（资产价格、信贷总量、机构杠杆率等宏观指标与资本充足率、流动性、不良贷款率等微观指标）上的差别，欧盟的这种宏微观审慎有机结合的监管安排成为后危机时代国际金融监管立法变革的主旋律。

现实中，欧盟各国不愿意放弃监管权力，统一的金融监管体系难以有效发挥作用。

四、 金融监管体系异同

比较英美欧金融监管体系的演变与发展现状，其主要共同点是：

（1）金融监管立法变革成主旋律。经历了 1929～1933 年世界经济大危机后，美国颁布了金融分业经营分业管理根本大法《格拉斯—斯蒂格尔法案》；面对 20 世纪 80 年代和 90 年代国际金融业的激烈竞争，美国颁布了重新混业经营管理的《格雷姆—里奇—比利雷法案》；面对 2008 年国际金融危机，美国又颁布了严格监管限制的《多德—弗兰克华尔街改革与消费者保护法案》。在始终贯穿"自我管制"理念的英国金融市场，1979 年颁布了第一部对吸存公众存款机构实施非常有限的监管法案；1987 年颁布了英格兰银行参与监管条款的银行法案；1998 年与 2000 年先后颁布了《英格兰银行法案》和《金融服务和市场法案》；2012 年在经历了国际金融危机后颁布了《金融服务法案》。欧盟在 2012 年和 2015 年通过立法不断完善金融监管规则。英美欧通过立法形式不断推进金融监管体系的改革和完善。

（2）构建宏微观审慎并重的监管协调机制。微观审慎监管关注的是单个金融机构，考察的是资本充足率、流动性、不良贷款率等微观指标，防范的是个体风险；宏观审慎监管关注的是整个金融体系及其与实体经济的关联度，考察的是资产价格、信贷总量及机构杠杆率等宏观指标，监管重心在于整个金融市场及那些系统重要性金融机构（SIFIs）和"影子银行"（Shadow Bank）体系，防范的是系统性风险。2008 年国际金融危机后，英美欧法案都在深化微观审慎监管的基础上，力倡宏观审慎监管，并促其二者有机结合。美国 2010 年设立了金融稳定监督委员会，有权对金融机构采集信息，向美联储和其他主要金融监管机构就提高审慎标准提出建议；英国 2012 年设立了金融政策委员会，有权对审慎监管和行为监管提出意见和采取措施。同时，英国还专项设置了审慎监管局，着手实施宏微观审慎监管。欧盟金融监管体系直接划分为宏观审慎监管和微观审慎监管两大部分，推动宏微观审慎监管并重。

（3）强化对金融消费者权益的保护。国际金融危机使金融监管部门饱受对消费者保护不足的批评，因此，各国政府深刻吸取此次金融危机的经验教训，采取了一系列措施加强消费者保护。美国成立了专门保护消费者权益的消费金融保护机构——消费者金融保护局（Consumer Financial Protection Bureau，CFPB），金融消费保护局有权制定规则、从事检查、实施罚款等惩戒措施。此后，美国又推出了《金融消费者保护机构法案》（*Financial Consumer Protection Agency Act*）。英国《金融服务法案》对英国金融监管体制进行了彻底改革，设立了专门的机构——金融行为监管局专门负责金融消费者权益保护工作。国际金融危机后，欧盟建立一系列新的监管机构，如欧盟系统风险理事会、欧盟证券和市场管理局、欧盟银行管理局、欧盟保险和职业养老金管理局。这些机构把金融消费者保护列为工作的重要核心。

比较英美欧金融监管体系的演变与发展现状，其主要区别点是：

（1）美国由分业走向混业，英国与欧盟从混业走向分业。美国1933年开始金融业分业经营、分业管理；20世纪90年代重新走回混业经营的状态，监管体系（可能是历史与现实形成的结果）采取"多头并立"，呈现监管重叠及监管真空；2010年《多德—弗兰克华尔街改革与消费者保护法案》赋予新成立的"金融监管委员会"（FSOC）拥有协调和促进监管机构信息共享等特别权限，但其并未能对机构在监管上的推诿或重合作出实质性的整合，它呈现的是一条"危机导向""补丁升级"之路。这就形成了理论界的质疑。此法案能确保美国多长时间不再出现类似1929～1933年或2007～2008年的系统性金融危机?! 英国2012年《金融服务法案》明确规定，2019年完成银行业与证券业的分业管理。英国已在监管框架上形成了"审慎监管局"和"金融行为监管局"，以分别监管银行业和证券业。英国从几次危机处置中走出了自己的金融风险防范之路。欧盟2012年开始也在实施分业监管的路径和办法。

（2）对"影子银行"监管实施金融技术"防火墙"。美国金融创新最典型的特征就是跨业创造衍生产品，被称为"shadow bank"——金融危机产生之前，大量专项投资银行公司 SPV（Special Purpose Vehicle）、资产抵押证券化 ABS（Asset‐Backed Securitization）、住房抵押贷款证券化 MBS（Mortgage‐Backed Securitization）、美国信托凭证 ADR（American Depository Receipt）等产生；金融危机爆发前期，居民住房抵押证券 RMBS（Residential Mortgage‐backed Securities）、商业不动产抵押证券 CMBS（Commercial Mortgage‐Backed Securities）、信贷违约掉期 CDS（Credit Default Swap）、债务担保证券 CDO（Collateralized Debt Obligation）等大量涌现，商业银行、投资银行、保险公司

等金融机构纷纷投入其中。金融危机爆发后，美国根据沃尔克法则（Walker Rule），制定了严格的跨业投资限定，建立了严格的现场监管与非现场监管相结合的检查制度，控制金融产品的杠杆率，及时披露包括衍生产品设计、销售、交易等信息。英国实施审慎监管与行为监管相分离的制度。欧盟实施混业经营、分业监管。英美欧各国措施各异。然而，实践表明，各国在法律条款、账户、清算结算基础设施上确保银行业与证券业分业管理，建立金融监管的技术"防火墙"，将能厘清分业监管或混业监管的质疑。这就是说，在技术上，各个国家应始终设立银行业与证券业之间的"防火墙"，以从根本上有效防范系统性金融风险；而在监管机构上，银行、证券、保险三者并存或三者合一或银行保险归央行、证券单独监管，可根据实际需要来确定，但其都不影响金融"防火墙"的作用。技术屏障是关键，机构变动只是个成本与效率问题。在证券业及其衍生产品尚欠宏观审慎与微观审慎监管标准，并需在实践中进一步探讨与完善的世界各国金融市场中，实实在在需要行之有效的技术上的金融"防火墙"。对各个国家已存在的金融混业集团，应监管其内部从制度到技术上实施分业经营、分业管理的措施；对新产生的金融业务，应迅速界定其性质，有效地归属到分业经营、分业管理的技术（账户、清算结算体系）框架上来。世界各国金融发展和监管的路径应该是规划下促竞争，稳定中求发展。

（3）2012年的英国《金融服务法案》监管框架明晰。英国由一个金融市场"自我管制"的国家，逐步走上法制监管健全的国家。在20世纪90年代先后经历了BCCI（The Bank of Credit and Commerce International）和巴林银行（Barings）倒闭事件，以及在2008年国际金融危机中经历了苏格兰皇家银行（The Royal Bank of Scotland）等事件后，英国最终把加强宏观审慎监管与分业监管摆在了防范金融风险的首要地位，并用明晰的金融监管框架 "双峰" 监管体系确定下来，这为英国进一步巩固与提升全球金融市场地位奠定了法律基础。欧盟的金融监管框架也逐渐明晰。而美国历史和现实存在的 "多头并立" 的监管体制，的确更多的是体现出一种 "危机导向" "补丁升级" 的监管体系。

五、 中国金融监管模式选择

（一）金融监管 "双峰" 模式

概括地说，世界金融监管体系存在三种模式：（1）单一监管体制（Single Regulatory Regime），即由一家金融监管机构对金融业实施高度集中监管（英国 1998 年之前是这样，现世界大多数中小国家也是如此）。（2）多元监管体制（Mutiple Regulatory Regime），即不同机构主体监管不同金融业务（比如美国）。（3）双峰监管体制（Twinpeaks Regulatory Regime），即把审慎监管与行为监管区分开来，前者主要监管银行业与保险业市场，后者主要监管证券业市场。国家的金融机构既可分业经营、分业监管，又可混业经营、分业监管（例如现在的英国、加拿大、澳大利亚）。

比较不同类型的金融监管体系，没有绝对的 "最佳" 模式，但其中有被证实为更加有效的模式。衡量某一监管模式成功的关键取决于该监管模式的实际效率、专业技术、协调性与合法性以及问责制。首先，效率来自于协调（Coordination）。法律规定各个监管机构之间能有效共享信息和分析；跨监管部门的各级工作人员能经常相互工作，达成共识和信任——这在紧急处置金融危机时刻尤为关键。同时，金融监管部门还有畅通的机制保持与金融机构间良好的对话，等等。其次，效率来自于专业技术（Competence/expertise）。该类金融监管机制能有利于吸引、保留和培养人才，发挥专业人才的作用，并有利于各监管机构之间专业人才的聘用、提拔与交流。最后，效率来自于问责（Accountability）。金融监管机构成员尤其是委员会决策成员，应避免随大流思维，要不断扩大视野和考量，增长多样化的见识。问责制——对内，向委员会或董事会负责；对外，向议会或国会负责、向社会公众负责。协调性与合法性、专业技术、问责制成为监管效率的关键，而监管效率（尤其在紧急处置突发性重大金融危机时）成为衡量某一金融监管模式成功与否的关键。

我们来比较一下英美欧金融监管体系与模式，看看2008年国际金融危机前英国、美国和欧盟的监管框架到底在什么地方出了错。(1)与美国邻近的加拿大金融监管体系，却在危机中应对良好。我们来看看加拿大金融监管体系（见图2-7）。由于加拿大的银行业在20世纪80年代经历了自己的金融危机，1987年，加拿大政府成立了新的审慎监管机构——金融机构监管署（OSFI）。它被赋予了更大的权力（包括抢先行动权）和资源，设定了更高的资本标准，注重监督，并推行强有力的监管合作。改革形成金融监管的"双峰模式"。(2)澳大利亚金融监管体系也实行"双峰模式"（见图2-8）。它使每个监管主体都有明确的使命、重点以及实施监管的工具，推动有效监管。(3)2012年英国的金融监管体系改革，选择的是监管"双峰模式"。它把审慎监管和行为监管分离出来，并以行业为依据把对商业银行、保险行业与资本市场的监管分离出来。其监管简单明了，既有分工，又有协调，更有问责，对于中国来说，这应该是一种更具效率的监管模式。

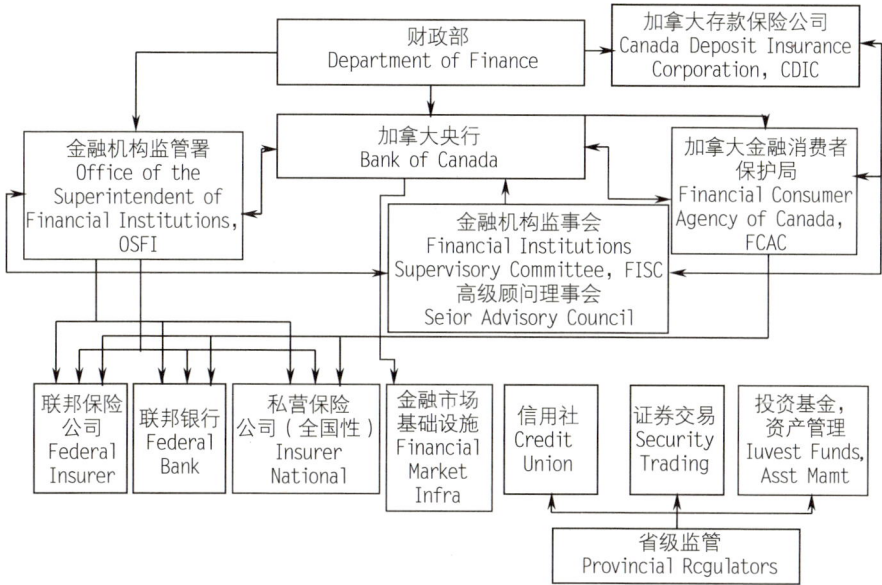

资料来源：加拿大多伦多大学罗特曼管理学院。

图2-7 加拿大金融监管体系——双峰模式

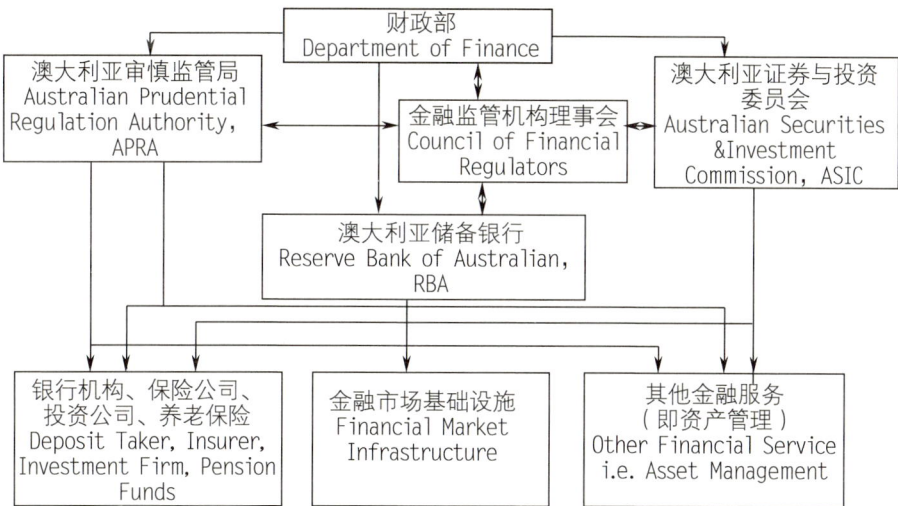

资料来源：加拿大多伦多大学罗特曼管理学院。

图2-8 澳大利亚金融监管体系——双峰模式

（二）国家顶层决策机构

有了金融监管模式设计或金融监管体系构建，至关重要的是要有国家顶层的金融监管协调、处置、决策机制。为应对可能再次发生的系统性金融危机，美国于 2010 年成立了金融稳定监督委员会（FSOC），英国于 2012 年成立了金融政策委员会（FPC），欧盟于 2012 年成立了欧盟系统风险理事会（ESRB），代表政府统筹协调金融监管机构、政策措施、信息共享、危机处置等事宜。中国也于 2017 年成立了国家金融稳定发展委员会。现阶段，中国要有效解决金融监管一系列重大事宜，应有效运用此机构，并抓好以下工作：（1）确定其功能定位。（2）确定其委员会成员组成结构。比如，仿照英国央行的 FPC 由 13 人组成，6 人来自央行（英国央行除制定货币政策等外，已实质监管银行业和保险业），1 人来自证券监管局，1 人来自财政部，5 人来自独立专家。功能的确定和委员会成员的结构比例决定了其协调、政策、处置问题的导向。

（三）金融监管政策互动

我们仍然提倡"大金融"的概念。中国金融要加强宏观审慎监管和行为监管，开发各种监管工具，制定各种监管规则，推出各种监管措施，防范和处置各类金融风险，需要其财政政策、货币政策、汇率政策与监管政策互为协调、互相补充、相互配套、共同作用。这尤其体现在处置国家重大金融事务之时。比如，货币政策和宏观审慎监管拥有不同的政策目标和政策工具，而且两者难以相互替代，因此，加强货币政策与宏观审慎监管之间的配合就显得非常必要。事实上，中国中央银行所面临的核心问题不是徘徊于物价稳定与金融稳定之间的取舍关系，而是如何在当前的经济稳定与未来的经济稳定之间做出决策，即政策的实施必须通过对物价稳定和金融失衡的双重视角来全面评估经济状况。当中国经济过热迹象出现时，如果货币政策仍然宽松，则任何后续的宏观审慎工具都难以奏效。换言之，宏观审慎监管的结构性调节优势必须以适当的货币总量调节为基础。因此，为了维护金融环境的稳定，在制度设计上或在国家顶层金融决策机构的金融监管联席会议上，对金融运行中的重大问题或金融监管中的重大事项，应及时磋商，并互相通报财政政策、货币政策、汇率政策与金融监管的政策执行情况及取向；加强相互之间的信息共享，防止金融机构从规避金融监管的角度，随意转移金融资产，进行违规操作；要以提高透明度、引导公众预期为手段，定期公布相关金融政策和金融监管的运行情况，向公众表明国家和金融监管当局对当前金融运行的态度和看法，有效处置各类重大金融事件，防止或减缓金融市场对金融政策预期产生的震动，保持中国金融市场的稳健运行。

（四）系统重要性金融机构监管

中国可对系统重要性大型金融机构采取"一对一"的监管措施，即类似于欧盟，排查确定存在127家重要金融机构后，专门成立127支联合监管工作队，实施"一对一"专责监管，实施问责制，并对上级监管主体负责。只要能够不断完善相关措施，"一对一"监管大型重要金融机构将有利于相关规则的实施，并把金融行业风险或系统性风险遏制在萌芽状态。

（五）国际金融监管合作

一国金融发展与一国金融风险并存。跨国域金融发展与跨国域金融风险并存。中国金融监管既应构建中国金融监管体系，又应寻求国际金融监管合作。在现有的四大国际金融监管协调组织中，巴塞尔委员会（Basel Committee on Banking Supervision，BCBS）于 1974 年成立，主要协调监管银行业；国际证券委员会组织（International Organization of Securities Commissions，IOSCO）于 1983 年成立，主要协调监管证券业；国际保险监督官协会（International Association of Insurance Supervisors，IAIS）于 1994 年成立，主要协调监管保险业；全球系统重要性金融监管协调机构 G20 金融稳定理事会（Financial Stability Board，FSB）于 2009 年成立，它将更加实质性地推动制定和实施促进金融稳定的监管政策和措施，解决金融脆弱性问题。中国的金融监管体系，既在本国金融监管中强化，又在国际金融监管合作中完善。

Eight Highlights
of Finance in China

中国金融八论

三 论

地方经济发展需要金融支撑

—— 中国金融层级发展规则探讨

金融发展对中国经济增长有不可或缺的作用。金融压抑（Financial Repression）主要表现为金融资产单一、金融机构形式单一、金融环境条件不配套、过多管制、金融基础设施落后、金融效率低下等，从而抑制了创新、抑制了经济发展。金融自由化（Financial Liberalization）最主要就是两个字——"放松"。金融发展涉及利率、汇率、货币市场、资本市场、机构、工具、衍生产品、制度规则等，如果金融当局一味地"放松"管制、"放松"限制、"放松"审批、"放松"惩罚、放任自由……金融自由化政策与举措在一定时间内能产生储蓄效应、投资效应、就业效应和发展效应等，但在更长时间内更多的则会产生通货膨胀、金融危机、经济衰退。

一、"金融自由化"国家不稳

20 世纪 80 年代末，面对世界经济衰退，世界各国呈现经济增长率萎缩、经济增长动力不足、需求不振、人口增长率下降、经济全球化波折、金融市场动荡、国际贸易和投资持续低迷等，1990 年，由美国国际经济研究所出面，由位于华盛顿的三大机构——国际货币基金组织、世界银行和美国政府参与的"华盛顿共识"（Washington Consensus）提出十条政策措施：（1）加强财政纪律，压缩财政赤字，降低通货膨胀率，稳定宏观经济形势；（2）把政府开支的重点转向经济效益高的领域和有利于改善收入分配的领域（如文教卫生和基础设施）；（3）开展税制改革，降低边际税率，扩大税基；（4）实施利率市场化；（5）采用一种具有竞争力的汇率制度；（6）实施贸易自由化，开放市场；（7）放松对外资的限制；（8）对国有企业实施私有化；（9）放松政府的管制；（10）保护私人财产权。其政策核心是"主张政府的角色最小化，快速私有化和金融自由化"。在理论上，其主张实行完全的自由市场经济模式，最大限度地减少政府的作用；只要市场能够自由配置资源，就能够实现经济增长。在政策上，其涵盖：（1）市场和内外贸易的快速自由化；（2）国有企业的快速私有化；（3）金融自由化、利率市场化以促进经济发展。"华盛顿共识"旨在为陷入债务危机的拉美国家提供经济改革方案和对策，并为东欧国家转轨提供政治经济理论依据。应该说，"华盛顿共识"十项政策措施对刺激各国经济发展在一定阶段有一定合理内涵，但其忽视了世界完善市场体系尤其是现代金融体系六大方面建设的重要作用，从而使政府对经济和金融自由化基本没能发挥出调控作用，金融市场发育不健全，金融法制欠缺，金融秩序混乱，金融市场竞争机制也常被隔断。这种模式、这种政策措施、这种理论主张，没有形成持久的生命力，结果是以困境而终结。

2006 年世界银行提出"中等收入陷阱"（Middle Income Trap）概念，专指那些中等收入经济体在跻身高收入国家的进程中，即新兴市场国家突破人均国内生产总值 1 000 美元的"贫困陷阱"后，很快会奔向 1 000 美元至 3 000美元的"起飞阶段"。但到人均国内生产总值 3 000 美元附近，快速发展中积聚的矛盾集中爆发，自身体制与机制的更新进入临界，矛盾难以克服，陷入经济增长的回落或停滞期，陷入"中等收入陷阱"阶段。一方面，资源成本、原材料成本、劳动力成本、资金成本、管理成本等居高不下；另一方面，又缺乏核心尖端技术，难以创新，产业链条处于中低端，缺乏竞争力，从而由经济增长的回落或停滞引发就业困难、社会公共服务短缺、金融体系脆弱、贫富分化、腐败多发、信仰缺失、社会动荡，等等。这些国家长期在中等收入阶段徘徊，迟迟不能进入高收入国家行列。此时，遵循"华盛顿共识"推进经济金融改革的拉美国家也成了陷入"中等收入陷阱"的典型代表。阿根廷在1964年人均国内生产总值就超过1 000美元，20世纪90年代末上升到了8 000多美元，但2002年又下降到了2 000多美元，而后2014年又回升到了12 873美元。墨西哥1973年人均GDP已达到1 000美元，2014年人均GDP为10 718美元，41年后还处于中等偏上国家。拉美地区许多类似的国家虽然经过二三十年的努力，几经反复，但一直没能跨过15 000美元的发达国家门槛。

以阿根廷为典型的拉美国家发展停滞"病灶"剖析：（1）现实经济增长率起伏大。阿根廷在1963～2008年的45年间，有16年人均GDP负增长，在这45年中，其人均GDP年均增长率仅为1.4%，1963年，阿根廷人均GDP为842美元，已达到当时的中高收入国家水平，但到45年后的2008年，其人均GDP仅增长到8 236美元，仍为中高收入国家水平。（2）科技引擎能力弱。从研发费用支出占GDP比重来看，2003年阿根廷为0.41%，在世界各国排名40位以后；从研发人才来看，2006年阿根廷每千人中的研发人员只有1.1人；从劳动力素质看，2007年阿根廷劳动力中具有大学以上教育程度的比重为29.5%，优势不明显。（3）贫富分化严重，社会矛盾突出。从基尼系数上看，阿根廷在20世纪80年代中期基尼系数就为0.45左右，到20世纪90年代末接近0.50，2007年达到0.51。从最高10%收入阶层和最低10%收入阶层的收入比来看，阿根廷为40.9%，分配不公问题不仅体现在财产性收入中，而且也体现在工资档次上。再加上城市基础设施和公共服务滞后，治安恶化，社会矛盾突出。（4）政府管理不得法。阿根廷宏观经济长期不稳定，金融市场混乱，汇率大起大落，通货膨胀居高不下，财政逆差司空见惯，供给侧问题成堆，宏观管理法律手段、经济手段软弱，形成了"头痛医头""脚痛医脚"、经济失调、社会失衡的普遍现象。

可以说，"华盛顿共识"主张政府的角色最小化、快速私有化、金融自由化等是一种失败战略，其"休克疗法"是一种政策失败。（1）现代市场体系或现代金融体系是市场充分竞争、法制监管有序、社会信用健全的市场。"华盛顿共识"只侧重世界各国市场或金融体系的基本功能即市场要素体系和市场组织体系的竞争与提升，却忽略了世界各国市场或金融体系的基本秩序即市场法制体系和市场监管体系的健全，以及市场环境基础包括社会信用体系和市场基础设施的发展与完善问题。因此，"华盛顿共识"中的市场经济是自由市场经济而非系统功能健全的现代市场经济和现代金融体系。（2）世界各国政府应是遵守市场或金融体系规则、维护市场或金融体系秩序、参与市场或金融体系管理的政府。"华盛顿共识"只承认世界各国政府对社会公共产品的提供与保障，而完全忽视了各国政府对产业资源、企业竞争除给予放任自由或金融自由化的一面外，还有调节、监督和管理的一面。因此，"华盛顿共识"中的"放松政府管制""快速私有化""金融自由化"实质上是"无政府主义"，它与现代市场经济和现代金融体系结构发展的客观要求相比，理论表现极为贫乏。（3）各国现实经济或金融的增长，除了要完善现代市场体系和现代金融体系外，当前重中之重是要加强政府能力建设、市场和金融体系建设与制度安排，以及经济与金融发展模式转换。这在"华盛顿共识"中是空白的。世界各国政府能力建设既包括遵循市场经济和金融发展规则，又包括驾驭市场经济和金融发展、参与市场经济和金融发展的调节、监督和管理。世界各国制度环境建设既包括健全市场和金融体系的立法、执法、司法和市场金融法制教育等系列，又包括按照市场经济和现代金融体系要求，构建市场和金融的监管主体、监督内容、监管方式，实施对市场金融机构、业务、政策法规执行等情况的监管。世界各国经济金融发展模式转换则应实质性地从亚当·斯密的市场看不见的手到凯恩斯的政府干预，转换到现代市场经济和现代金融体系结构上来，即现代市场体系或现代金融体系建设与各国政府的调节、监督、管理结合起来。"放松政府管制""快速私有化""金融自由化"，虽然能够在一定时间内带来投资效应、就业效应和发展效应，但其最终却将导致经济被动、通货膨胀、金融风险，国家不稳和难以可持续发展。这种"危机导向""补丁升级""休克疗法"在中国不值得提倡。

二、"金融压抑" 地方不活

（一）金融发展是地方经济转型的路径之一

当前，世界各国多数处于经济转轨、社会转型的发展阶段或探索跨越"中等收入陷阱"的关键阶段，运用金融手段促进产业转型升级，成为世界各国尤其是中国地方探讨的主要路径之一。以 2010 年前后笔者在佛山当市长、书记的经历为例——佛山市运用金融举措，促产业转型升级。

佛山市面积 3 800 平方公里、常住人口 599.68 万人，2009 年地区生产总值近5 000亿元人民币，居中国大中城市第 11 位，人均地区生产总值超1.1 万美元，产业发展进入工业化后期和后工业化初期，在呈现工业化转型、城市化加速、国际化提升的新形势下，佛山市如何加快转变经济发展方式显得十分迫切。结合实际，深入调研，先行先试，佛山市运用金融手段，促进产业转型升级探索了五种路径。

第一，实施"双转移""腾笼换鸟"的路径。佛山积极实施"双转移"的战略①，运用银行贷款、地方贴息、金融担保等手段，实施"三个一批"，引领产业加快转型升级。

一是关转一批。加快淘汰落后产能，关停整治了污染大、能耗高的陶瓷、水泥、漂染、小铝型材熔铸、玻璃等行业累计 1 200 多家企业，其中直接关停高能耗、高污染企业 649 家。同时引导劳动密集型企业向后发地区转移，近年来佛山市约有 460 个项目转移到山区市的产业园区，既为佛山产业转型升级腾出了发展空间，又为转入地的经济发展注入了动力。

二是提升一批。通过信息化与工业化相融合，服务业与制造业相配套，推动传统产业向重型化、高新化、高端化转型。以陶瓷产业为例，2007 年全市有 400 多家生产企业，经过三年改造提升，保留 50 家企业全部实现清洁生产和生产工艺再造，从生产基地变为总部、会展、研发、物流和信息基地。近三年佛山市陶瓷产量减少 40%，但产值、税收增长 33%，能耗下降 25%，排放二氧化硫减少 20%。

三是培植一批。通过招商选资，主攻光电产业、新材料和现代服务业，培育新医药、环保、电动汽车产业，促进了液晶显示、新能源光源、太阳能、光伏等一批新兴产业的迅速形成，从而有效降低了传统产业的比重，佛

---

① "双转移"是指产业转移和劳动力转移。

山市也成为国家新型工业化产业示范基地和国家级光电产业示范基地。同时，借助"三旧"（旧城镇、旧厂房、旧村居）改造，发展新城市、新产业、新社区，既提高了土地利用效率，又促进了产业转型、城市转型和环境再造。

第二，引进大项目、促进产业升级的路径。佛山市在推进产业转型升级过程中，注重招商引资，运用金融投资及 PE、VC 投入等，重点瞄准战略性新兴产业、先进制造业、现代服务业的龙头项目，通过国际水平龙头大项目的投资和引进，迅速培育新的产业集群，抢占产业发展战略制高点。如通过引进奇美平板显示模组项目（TFT－LCD），吸引芯片、面板、模具、塑料等上游配套厂商以及下游的电视整机厂商前来投资，形成液晶平板显示器完整产业链，带动佛山市家电产业升级；通过引进彩虹 OLCD 项目，带动第三代显示器产业发展；通过引进一汽大众项目，带动整个汽车配件制造业、产业集群和产业链条发展。

目前，佛山市通过引进世界 500 强企业 47 家投资项目 87 个，国内 500强企业 99 家投资项目 167 个，形成了一批在国内同行业当中可以实行技术、标准和品牌引领的龙头骨干企业，有效提升了佛山市的产业结构和水平。

第三，实施科技进步、自主创新的路径。佛山市现有工商登记注册企业34.7 万多家，其中工业企业超过 10 万家，但亿元产值以上企业只有 2 200多家，亿元产值以下的中小企业占了全市的 98% 以上。鉴于佛山产业结构的这种状况，佛山市运用金融和科技、产业融合创新发展的服务，确立了夯实基础、创造品牌、注册专利、制定标准、品牌输出的引领和激励政策，鼓励和支持企业以自身产品标准打造行业标准、国家标准乃至国际标准，形成自己的核心技术，用自身的品牌专利标准，让他人为佛山企业做贴牌生产。

近年来，佛山市每年拿出 10 亿元资金，直接奖励和投入引导企业加强科技进步、自主创新，2008 年带动企业投入超过 220 亿元，增长 47%；2009年，在国际金融危机影响下，仍然带动企业投资超过 308 亿元，增长 39%，从而通过运用金融手段结合科技进步、自主创新引领了产业转型升级，使佛山成为"创新型国家十强市""中国品牌经济城市"和"中国品牌之都"，成为广东省地级市中唯一的国家驰名商标和著名品牌示范城市，累计专利申请量达到 13 万件，专利授权量 8.6 万件，均居中国地级市第一，拥有中国驰名商标 42 件、中国名牌产品 65 个，居中国大中城市第四位。

第四，利用金融措施建设产业高地的路径。佛山市借助资本力量和金融手段，让企业真正与资本市场有效结合做大做强。对内，佛山市实施了金融发展三项计划。一是通过实施企业上市"463"计划①，使佛山市的上市企业从 2007 年的 13 家增加到 26 家，并形成了一个由 102 家企业组成的上市梯队。同时，支持企业并购也为转型升级找到好的途径和新的平台。二是通过培育股权投资基金、中小企业担保基金、人才基金等，推动实业与金融的有效对接。目前，佛山市共有各类基金 15 只，股权投资基金规模约 12 亿元，其中地方政府投入引导资金 1.26 亿元，带动民间资本约 11 亿元，加快了企业在中小板、创业板的上市步伐。目前准备申报的企业有 45 家，辅导改制或拟改制的企业 30 多家。三是通过实施金融创新，包括发展村镇银行、小额贷款公司等，为产业转型发展提供金融支撑。

----

① "463"计划指从 2008 年开始，4 年内至少推动佛山 100 家企业实施股份制改造或正式启动上市程序，其中，60 家企业在境内外成功上市，融资总额力争达到 300 亿元。

对外，佛山市借助联合国工业发展组织把佛山市确定为中国唯一的产业集群与资本市场有效运作示范城市的契机，积极引入外来银行进驻佛山市金融高新技术服务区。至 2010 年上半年，已有 28 个项目签约进驻，总投资 65.79 亿元。同时，自 2009 年 10 月开始实施 CEPA 补充协议六以来[①]，就有 4 家港资银行进驻佛山市，从而有力促进了资本市场与企业转型升级的紧密结合，帮助企业建立起与国际接轨的管理机制，促进民营企业建立现代企业制度，推动民营企业实现转型发展并形成新的活力，民营经济对全市经济增长的贡献率达到 61.8%。

第五，实施"四化融合，智慧佛山"的路径。佛山市紧跟全球信息技术革命和智慧城市的浪潮，运用金融奖励、金融贴息、金融担保、金融投资、金融服务等方式，推动"四化融合，智慧佛山"作为引领佛山市未来发展、贯穿"十二五"时期转变经济发展方式的战略突破口。

一是促进信息化与工业化融合，大力培育与信息化相关联的光电显示、射频识别（RFID）、物联网、工业设计、服务外包等新兴产业，改造提升传统产业。如顺德龙江有家具企业 1 700 多家，产值超亿元的企业才几家，而维尚集团采用三维技术，提供个性化定制，改变传统家具企业"以货待购"的销售模式，变买方市场为卖方市场，仅两三年销售规模就超过 3 亿元。又如美的集团用物联网技术将家用电器改造提升为智能家电以取代传统家电，

---

① CEPA 补充协议六是指已于 2009 年 5 月 9 日出台，并于同年 10 月 1 日正式启动的旨在进一步提高中国内地与香港经贸交流和合作水平的协议。根据该协议，中国内地同意推出 29 项市场开放措施，其中有 1/3 的具体措施在广东省"先试先行"，涵盖法律、会展、公用事业、电信、银行、证券、海运及铁路运输等多方面。

也将带来家电产业的新革命。

二是促进信息化与城镇化融合，积极探索推进电信网、电视网、互联网三网融合，发展智能交通、智能治安、智能城管、智能教育、智能医疗、智能文化、智能商务、智能政务等智能服务和管理体系，形成无处不在的 U 佛山，促进城市从管理到服务、从治理到运营、从局部应用到一体化服务的三大跨越，使佛山市成为宜居宜商宜发展的智慧家园。

三是促进信息化与国际化融合，在微观层面引导企业以物联网、互联网和射频识别（RFID）等信息技术为依托，建立国际化的研发、生产、销售和服务体系，提高开拓国际市场的能力。如依托物联网把佛山市打造成为陶瓷、家电国际采购中心。在宏观层面通过建设跨部门、跨行业、跨地区的"电子口岸"大通关信息平台，为企业提供电子支付、物流配送、电子报关、电子报检等"一站式"通关服务，为企业进入国际市场铺就了"高速公路"。

2010 年上半年，佛山市地区生产总值达 2 651 亿元，增速 13.8%，且先进制造业、高科技新兴产业和现代服务业比重不断提高，呈现出现代产业体系的优良结构和发展趋势。我们认为，有效运用金融手段，探寻金融发展并促进地方经济发展方式转型，有力地促进了佛山市的科学可持续发展。①

（二）地方经济开展财政金融等八类竞争

佛山市在探寻跨越"中等收入陷阱"，实施产业转轨、经济转型，开展

---

① 参见《佛山经济转型五种路径》，笔者撰写于 2010 年 9 月。

了八个方面的地方经济金融发展竞争或者说竞赛。

一是项目竞争。主要有三类：第一是国家的重大项目，包括国家重大专项、国家科技计划重大项目、国家重大科技基础设施建设项目、国家财政资助重大工程项目和产业化项目。第二是社会投资项目。比如高新技术产业、新兴产业、装备制造业、原材料、金融、物流等服务业。第三是外资引进项目。比如智能制造、云计算与大数据、物联网、智能城市建设，等等。地方经济对项目竞争，一则可以从项目中直接引进资金、人才和产业；二则可以凭借项目政策的合法性、公共服务的合理性来有效解决地方筹资、融资和征地等问题；三则通过项目落地，引导地方土地开发、城市设施建设、扩大招商引资、带动产业发展，优化资源配置，提升政策能力，促进地方经济社会可持续发展。因此，项目竞争成为地方经济的竞争重点、发展导向。项目意识、发展意识、效率意识、优势意识、条件意识、政策意识和风险意识，形成佛山市经济竞争市场化的必备要求。

二是产业链配套竞争。一般来说，各个地方都有自己的产业基础和产业特色，但它们多数取决于地域内的自然资源禀赋。如何保持和优化地域内部禀赋资源、汇聚或获取地域外部高端资源？产业结构优化、产业链有效配置是其关键；向产业高端发展、形成产业集聚、引领产业集群是其突破点。地方经济的产业链配套竞争主要从两个方面展开：第一是生产要素方面。低端或初级生产要素无法形成稳定持久的竞争力，只有引进、投资、发展高端或高级生产要素，比如工业技术、现代信息技术、网络资源、交通设施和专业人才、研发智库等，才能建立起强大且具有竞争优势的产业。第二是在产业集群、产业配套方面。地域竞争力告诉我们，以辖区内现有产业基础为主导的产业有效配套能减少企业交易成本，提高企业盈利水平；产业微笑曲线告诉我们，价值最丰厚的地方集中在产业价值链的两端——研发和市场；培植优势产业，配套完整产业链条，按照产业结构"有的放矢"招商引资，是佛山市各地可持续发展的重要路径。

三是人才、科技竞争。各个地方最根本的理念为确立人才资源是第一资源、科学技术是第一生产力的理念；各个地方最基础的投入是在完善本土人才培养体系，加大本土人才培养投入和科技创新的投入；各个地方推出最关键的措施是创造条件吸引人才，引进人才，培养人才，应用人才。科技人才竞争力通过各地域科技人才资源指数、每万人中从事科技活动人数、每万人中科学家和工程师人数、每万人中科技活动人员总数、每万人口中普通高校在校学生数、万人年科技人才投入指数、科技活动经营支出总额、科技经费支出占 GDP 比重、人均科研经费、地方财政科技拨款占地方财政支出百分比、人均财政性教育经费支出、地方财政教育支出总额、高校专任教师数等指标来衡量。佛山市在努力改善和提高相关指标以提高本土的总体人才科技竞争力。

四是财政、金融竞争。各个地方经济的竞争包括财政收入竞争和财政支出竞争。财政收入主要通过追求经济增长、提高税收而实现；财政支出除了各类社会消费性支出和转移性支出外，其竞争最主要是通过地方经济投资，包括基础设施投资、科技研发投资、向急需发展的产业政策性资金投资等财政投资性支出并带动社会性投资而实现。财政投资性支出带动社会投资增长进而推动经济增长是世界各个地方经济发展的重要驱动力。财政收支总体规模受限。各地方经济积极搭建各类投融资平台，最大限度地动员和吸引区域、国内乃至世界各类金融机构、资金、人才、信息等金融资源，为地方经济发展、城市建设、社会民生服务。各地方经济的各种金融等优惠政策与手段，使佛山市在财政支出、金融吸纳社会投资等方面也展开相互竞争。

五是基础设施竞争。它包括各个地方经济发展的城市基础设施硬件和智能城市系列软件条件的竞争。城市基础设施硬件包括高速公路、港口、航空等交通，电力、天然气等能源，光缆、网络等信息化平台，以及科技园区、工业园区、创业创意产业园区，等等；城市基础设施软件包括大数据、云计算、物联网等智能城市建设平台。各地城市基础设施体系支撑该地方经济社会发展，具有超前型、适应型和滞后型三种类型。地方城市基础设施供给适度超前，将能在市场竞争过程中提供城市结构、设施规模、空间布局的优质服务，从而减少企业成本，提高生产效益，促进产业发展。佛山城市基础设施完善与否也直接影响到佛山经济的差异和未来。

六是环境体系竞争。除城市基础设施外，此处环境主要是指各个地方经济发展的生态环境、人文环境、政策环境和社会信用体系等的建设。各个地方经济投资发展与生态保护相和谐，投资吸引与政策服务相配套，财富追逐与回报社会相契合，法制监督与社会信用相支撑，等等，这些又成为各地方经济竞争必需、必备的发展环境。良好的环境体系建设，成为佛山市招商引资、项目建设、持续发展的成功秘诀，这已被佛山市成功的经验所证明。

七是政策体系竞争。它分为两个层次：其一是各个地方经济对外的政策体系；其二是各个地方经济对内出台的政策系列。在区域与区域之间，由于政策本身是公共产品，具有非排他性和效仿性的特点，因此，有竞争性的好的政策体系一定是：（1）求实性。符合实际的，符合经济、社会发展要求的。（2）先进性。能有预见的、超前的、政策创新的。（3）操作性。政策是清晰的，有针对性和可实施的。（4）组织性。有专门机构、专门人员去负责、去执行的。（5）效果性。有检查、监督、考核、评价机制，包括发挥第三方作用的，从而有效地去实现其政策目标。佛山市政策体系完善与否，对佛山市经济竞争也影响极大。

八是管理效率竞争。各个地方经济的管理效率是其行政管理活动、行政管理速度、行政管理质量、行政管理效能的总体反映。它包括宏观效率、微观效率、组织效率、个人效率四类主体。就其行政的合规性而言，各个地方经济主体应遵循合法性标准、利益标准和质量标准；就其行政的效率性而言，各个地方经济主体应符合数量标准、时间标准、速度标准和预算标准。管理效率竞争本质上就是组织制度的竞争、主体责任的竞争、服务意识的竞争、工作技能的竞争和技术平台的竞争。佛山市各地运用"并联式""一体化"的服务模式，在实践中已开创了管理效率竞争之先河。

（三）地方经济发展需要金融支撑

各个地方，不管是产业转型升级还是地方经济竞争，充满活力的地方经济发展都需寻求金融支撑；地方金融发展又反过来促进和推动地方经济的发展。

1. 金融支持地方经济发展。（1）地方金融发展对服务地方经济的作用越来越大。比如上述涉及的佛山市，其地方金融机构在服务"三农"和支持中小微企业方面的信贷投放已经达到90%以上。（2）地方金融发展在整个金融系统中占比越来越大，比如中国的区域性股份制商业银行、城商行、农商行及其他金融机构等地方金融，在中国银行业金融资产占比中达到了57%。（3）地方金融发展成长性好、发展速度快、市场化程度高，比如2013年中国地方金融机构的增长速度普遍比全国性大型银行快，它们往往更贴近市场、机制灵活、竞争意识强。（4）地方金融发展为支持创业和促进民生提供了多样化差异化服务，比如广东的南粤银行推出小额信用贷款、小企业银团贷款、小企业融资租赁等业务，有效地帮助了个人创业和小微企业融资。

2. 地方金融发展促进和推动经济发展。（1）大量民资寻求金融投资。各个地方经济的民间资本已经越来越多地期望投资到金融领域去，比如设立地方经济的民营银行、小额贷款公司、融资担保公司、典当行、资金互助社、货币经纪公司等。（2）实体企业寻求金融配置。各个实业企业已经通过各类与实业经济密切相关的金融机构，正在寻求设立财务公司、融资租赁公司、汽车金融公司等，以促进资金有效配置，提升企业经营水平。（3）地方经济发展需要金融支撑。各个地方经济，也在通过金融机构和金融市场，提高资源配置效率，促进地方经济可持续发展。比如各种地方性的城市银行、农村银行、村镇银行、农村信用社、小微保险公司、信托投资公司、信用评级机构、产业投资基金、股权投资基金等金融机构，正在促进各地方经济发展中发挥着重要作用。（4）新经济发展寻求新金融业态。互联网等新经济突破了惯有模式，形成了强劲的创新性和冲击力，与金融结合，不断催生出一些新金融业态，比如互联网P2P借贷平台及持牌运营中心、第三方支付机构、网络支付及理财，等等。它们从不同的角度，促进和推动着地方经济的发展。

可见，各地方金融发展的动力源自各地方经济的发展，同时又要求各地方经济剔除"金融压抑"，促进和推动地方金融发展。

（四）"金融压抑"地方乏力

全国地方经济与地方金融的发展互动，源自地方，源自社会。如果各地经济发展缺乏相应的金融职能和发展手段，将会导致地方金融服务有效供给不足，不能充分满足实体经济多层次发展的需要。特别是在小微金融、农村金融、民生金融等领域，国家金融监管部门难以因地制宜，贴近市场，适应各地经济差异化的发展实际和不同层次的金融需求。地方经济与地方金融应能互相促进，有效发展。

然而，中国金融体系市场的活力和竞争力，或各地经济发展的金融职能和金融发展手段，在很大程度上取决于国家金融监管制度。不同的金融监管制度决定着不同的金融资源配置水平。我国完善的金融监管制度，一方面要处理好政府和市场的关系，使市场在资源配置中起决定性作用和更好地发挥政府作用；另一方面，要处理好中央和地方的关系，界定中央与地方金融监管职责和风险处置责任。过度管制，金融压抑，将会造成金融机构单一、金融资产单一、金融环境恶劣、金融基础设施落后、金融效率低下，从而抑制创新、抑制地方经济发展的问题。

应科学界定我国中央与地方金融事权问题。建立分层次监管、激励相容的金融监管体制。

1. 应鼓励创新，有序竞争，建立创新包容型金融监管制度，更多地调动市场主体的创新活力和地方经济的主动性。当前，美英等金融强国更多实行创新包容型监管，实行"非禁即入"原则和"负面清单"制。一些国家，其金融监管总体属于创新管制型，但缘于其还处于金融发展早期，市场主体和地方经济还不具备风险管理能力。一些国家市场经济和治理能力日益成熟，但其管制过严导致金融创新不足，不利于经济转型和提升金融竞争力。一方面，它客观压抑了正常金融创新，难以提升服务实体经济效率，金融严重滞后于实体经济发展。另一方面，又出现了金融创新"走偏门"，金融理财、同业市场乱象频生、套利严重，严重扰乱了金融市场的健康发展。一些国家，金融创新主要源自地方，如消费金融公司、科技银行、社区银行、网络金融等，地方经济促进金融创新的主动性、敏锐性和紧迫感更强。因此，中国应推动金融监管从创新管制型向创新包容型转变，既要还权于市场，激发市场主体的创新活力，又要放权于地方，调动地方经济金融发展的主动性。对地方金融发展进行差异化监管，既有利于促进金融创新实践，又有利于防范国家系统性金融风险。

2. 应落实维护地方金融防范风险、维护稳定的重要责任，同时赋予与地方经济相匹配的金融监管和金融处置权限。各地金融发展，容易产生大量的风险隐患以及形形色色的新情况新问题，尤其是地方性的小微金融企业、准金融机构、网络金融等不断涌现，各地应运用相应的金融监管处置权，予以规范、监管和处置，以解决监管盲区等问题。金融压抑、管制过严，将会导致中央和地方金融监管权限不清、监管缺失、创新不足、效率不高，并可能造成金融资源配置的"马太效应"，即落后地区、农村基层、小微经济获得金融资源的支持日益不足。从世界各国来看，金融危机倒逼各国完善金融监管体制，总体趋势是监管范围不断扩大、监管模式日益趋同，分层级监管逐渐成为较为常见的监管模式。因此，中国统筹和调动中央与地方两个积极性，平衡金融创新和金融稳定两个基本点，科学划分、界定扩大地方金融事权，建立适应实体经济和现代金融体系发展需要的分层级监管、激励相容的金融监管体制，有助于更好地解决当前金融发展中的矛盾，促进地方金融发展和金融稳定，完善发展有序、监管有责的现代金融体系。

三、 中央地方责权界定

（一）总体思路和基本原则

总体思路：中国应紧紧围绕市场在金融资源配置中起决定性作用这一主题，通过科学划分、合理界定中央与地方金融监管职责权限，构建符合多层次实体经济和多层次金融体系发展需要的"有效协调、责权明晰、高效运行"的分层级金融监管体制，更好地推动金融体系现代化和金融治理能力现代化，提升金融资源配置效率和水平，增强现代金融体系市场的活力和竞争力。

基本原则：一是应坚持市场导向。更充分地发挥市场配置资源的决定性作用。二是应坚持有效协调。对全国性、系统性、跨区域、风险较高的金融事务，由中央统一、垂直、审慎监管；对地方性、局部性、细分性金融事务，进行分层级监管，赋予地方在区域范围内的监管职权。三是应坚持平衡发展。致力实现全国促进金融创新和保障金融稳定的平衡，中央风控为先和地方发展为先的平衡，中央统一宏观监管和地方差异化监管的平衡。四是应坚持权责对等。科学划分中央与地方权责边界，确保地方金融监管职权与它促进金融发展、参与风险处置的责任相对应，实现激励相容。五是应坚持依法监管，通过法律法规予以明确中央与地方监管职权，各级金融监管部门必须严格依法履职。六是应坚持分类指导、分步推进。中央可根据不同地方、不同领域的金融管理能力和风险控制水平，分级分类、逐步界定相关的金融监管事权。

（二）中央与地方金融监管责权界定

1. 中央金融监管责权。

（1）制定规则。出台中央金融工作的方针、政策、重大举措，推动金融法制建设，制定金融行业负面清单以及各类金融机构、业务的准入、监管规则，对地方金融监管予以法律界定。

（2）机构准入和监管。对全国性、系统性、跨区域的重要性金融机构，涉及广泛的公众利益，可能引发重大金融风险的金融机构，中央应对其设立、变更、终止、业务范围等进行审批、备案和监管。

（3）金融业务和金融市场监管。对经中央审批、备案的金融机构各项业务，各种全国性、跨区域、牵涉面广、功能复杂、风险容易外溢的金融业务，进行审批、备案和监管。对各类交易所和银行间债券市场等全国性金融交易市场进行审批和监管。加强全国性重要金融基础设施、市场机制建设。

（4）对地方金融发展协调、督查、指导。一是应加强对地方金融工作的宏观指导和监督，对地方贯彻落实中央金融政策情况进行检查督促。二是应加强对地方金融监管的具体指导、业务培训等，促进地方提高金融监管水平。三是应对中央赋予地方审批与监管的金融机构、业务等，进行资格审核或备案或督查。四是应对地方监管范围内可能出现的金融风险进行预警，督查地方予以处置。五是应建立中央与地方金融发展监管会商制度。从纵向条条的角度，制定规则。从有无"法定存款准备金"或"法定存款准备金率比例大小"的金融机构分类入手，在"机构准入""业务审批"等方面界定中央和地方的责权、风控和监管关系，从而形成一个发展有序、监管有则的健康金融体系，促进适应地方差异和不同层次的金融需求协调发展。从横向块块的角度，应充分发挥中央派出机构与地方的会商制度作用。就"金融监管"与"危机救助"问题，即对某一金融机构的操作层面监管或股东董事层面监管、对某一金融机构的局部风险监控、救助和处置或系统风险监控、救助和处置，包括派出机构的组织队伍建设等，明确中央与地方的责权明细，以促各司其职，各负其责。

（5）维护国家金融稳定与安全。应加强宏观管理，防范处置系统性全国性金融风险。对中央审批、备案的金融机构、业务可能出现的风险进行管理。监测、防范国际金融风险，确保国家金融安全。

2. 地方金融监管责权。

（1）细化规则。根据地方经济发展实际情况，应制定地方金融发展规划和政策，出台贯彻落实中央金融政策的实施细则和操作办法。根据国家法规，制定地方金融监管的具体规则、规范。

（2）机构准入和监管。

一是原来就归属地方审批的金融、准金融机构，对其设立、变更、终止、业务范围等，地方应该继续予以审批和监管。这主要包括小额贷款公司、担保公司、典当行、资金互助社、民间借贷中介机构等。

二是原来准入审批不明确的，主要是地方金融发展的金融新业态，建议可由地方进行审批、备案和监管。这主要包括地方性的互联网 P2P 借贷平台、持牌运营中心等。

三是原来归属中央审批的地方性中小微金融机构，与推动地方金融发展动力密切相关、不涉及广泛的公众利益的，中央可制定准入规则，赋予地方进行审批和监管，并报中央金融监管部门（派出机构）进行资格审核和备案。这主要包括地方各类中小民营银行、村镇银行、科技银行、社区银行、财务公司、融资租赁公司、消费金融公司、汽车金融公司、小微保险公司、货币经纪公司、信托投资公司、保理公司、信用评级机构、第三方支付机构、大型产业投资基金等。有的可以考虑取消审批，实行备案制。

（3）地方金融业务和金融市场平台监管。对经地方审批的各类金融机构的存款、贷款、同业、投资、信托、中间业务、股权管理等各项业务，以及其他地方性、风险不容易外溢的金融业务，包括市政债券、中小微企业集合债券等，进行审批和监管。对地方金融市场平台，包括 OTC 股权交易市场、各类产权交易市场、中小微企业贷款转让平台、地方政府融资平台等，进行审批和监管。

（4）地方金融风险防范和处置。对地方审批监管的金融机构、业务、市场平台所引发的风险，地方具有防范和处置职责。应与中央监管部门及派出机构、相关部门加强合作，打击地方性非法金融活动，建立地方金融稳定机制，提高应对地方金融领域群体性事件的化解处置能力。

（5）地方金融基础设施建设。应加强地方金融信用体系建设，对失信行为实施非金融性行政处罚；推进地方金融法制建设，优化地方金融运行环境；建立金融信息发布、交流等平台，等等。

（三）中央与地方金融监管组织架构

1. 中央金融监管组织架构。

（1）中国人民银行应承担中央银行职能，执行和实施国家货币政策、审慎政策和汇率政策等，实施面向金融机构和企业的支付清算、外汇管理、流动性、货币市场和最后贷款人等功能监管。

（2）应对银行、证券、保险业务实施有效监管。

（3）中央金融监管部门派出机构，在派出区域行使中央金融监管责权，履行中央对地方金融发展的督查、指导、监管等作用，促进地方金融稳定发展。一方面，对全国性金融机构在本区域的分支机构和业务进行监管，另一方面，对中央赋予地方审批监管的机构、业务等进行资格审核、备案与督查。

2. 地方金融监管组织架构。地方设立金融监管局，承担各地金融监管的各项职能。一是承担地方的金融稳定和发展及监管事项，协助中央加强对地方金融的监管和服务，维护地方金融稳定和处置金融风险。二是对中央赋予地方审批监管的金融机构、业务、市场平台等，按照规定审批监管，并报送中央监管部门（派出机构）进行资格审核、备案。三是对地方金融资产进行监管。比如可设立地方金融资产的运营公司（金融控股公司），实行市场化投资运营，实现地方金融资产保值增值。

3. 中央与地方金融发展监管组织的关系。中央金融监管组织与地方金融监管局按照法律规则和会商制度，明晰权责，协调合作，共同促进中央与地方金融的发展与稳定。

四、 有效促进地方金融发展

中国金融稳定与发展，应结合各地实际情况。

1. 有序改革，稳中求进。（1）应形成并颁布金融分层级监管体系总体方案、实施意见等，明确中央与地方金融监管各项机制和责权。并在此基础上，选择试点，分步推进。（2）各个地方在中央总体方案布局出台后，应及时推进地方金融监管体系改革与完善。（3）可制订中央和地方金融监管部门机构方案，有效确定金融监管体制、职能、内设机构和人员等相关工作。

2. 完善法律法规体系建设。（1）中央应出台"地方金融监管指导意见"和"地方金融监督管理条例"，明确各地方金融监管部门的职能定位、职责范围、监管对象、授权内容、工作程序、保障机制等，并以此为依据设立地方金融监管局并进行各项改革。（2）对中央与地方金融监管职能机构等进行明确界定，并对已存在的《商业银行法》《证券法》《保险法》等相关法律进行修订。（3）完善地方金融监管规范，建立地方金融监管规章、实施细则、操作办法等。比如，地方吸收存款金融机构，要建立严格的准入和退出机制，不仅要审查注册资金、经营场所等硬性约束指标，更要审查主要股东资质、法人代表及机构风险控制能力、从业人员素质等软性约束指标。可在现行法律框架内或国家立法前提下，进行地方立法。

3. 防控地方金融风险。（1）构建金融监管三大安全网。一是可思考设立地方存款保险公司，负责对地方性、社区性存款类金融机构实施保障，在中央统一的存款保险制度约束下根据地方实际进行运作。二是可思考设立地方金融资产管理体系，对可能出现的不良金融资产进行处置，避免流动性危机和信用危机。三是可思考设立金融控股和再担保体系，通过地方金融控股公司对可能出现不稳定的金融机构实施并购。（2）建立地方金融风险管理三项机制。一是可建立金融风险监测预警机制。可专门设立金融风险管理委员会，开展地方金融风险监测、评估、预警，通过创新、敏捷的监管，促进地方金融体系保持安全、稳健、活力。二是可建立金融风险应急处置机制。健全应急预案，强化各部门协调联动机制，完善地方金融风险储备金制度。有紧急情况时，允许地方金融监管局迅速与地方金融机构双向沟通，随时掌握金融机构的运行状况。三是可建立金融投资者、消费者保护机制。可参照证券行业的做法，建立投资者保护基金，作为地方性产权交易市场的风险储备金，用于重大风险事故救助和补偿。加强金融消费者权益保护。（3）应建立约束地方政府过度行政干预、透支信用的金融管理机制。

4. 优化地方金融环境。（1）可结合实际建立地方金融行业自律组织。发挥其为地方金融机构提供服务、反映诉求、规范行为、合作交流及同业自律、自我监督的作用，促进金融行业的市场规范、风险防范和健康成长。（2）可发展第三方社会性小微金融评级机构。积极推动各类小微金融机构的评级，促进小微金融机构改善经营管理、积累信用、有序竞争，也有利于投资者有效评估金融风险、降低交易成本。（3）健全地方金融信息统计制度和联网系统。可建立各地方小微金融信息中心，与区域内小微金融机构联网，推动小微金融机构核心业务信息入网。（4）完善中央与地方金融监管部门沟通协作、协调联动会商机制。这包括建立各国国家与地方重要金融信息通报、交流、共享制度，建立中央金融监管派出机构与地方金融监管局联动监管、联合检查、联席会议机制，完善中央金融发展和金融风险协同管理处置机制等。

Eight Highlights
of Finance in China

中国金融八论

四 论

设立人民币离岸业务在岸交易结算中心

——中国金融内外联动模式探讨

离岸金融市场（Off‐shore Financial Center），是指发生在某国却独立于该国的货币与金融制度，不受该国金融法规管制的金融活动场所。其特点为：境外货币；境外银行；境外市场；法规管制少，简便；低税或免税，效率高。

一、 一体化、 国际化

当今世界各国，经济全球一体化与金融市场国际化，形成两大发展特征。

（一） 实体经济发展全球一体化

它表现在：生产服务贸易的全球化；对外直接投资大规模增长；科学技术迅速发展；跨国公司不断形成；等等。

以各国跨国公司为例。跨国公司（Transnational Corporation），又称多国公司（Multi‐national Enterprise）、国际公司（International Firm）、超国家公司（Supernational Enterprise）和宇宙公司（Cosmo‐Corporation）等，它以本国为基地，通过对外直接投资，在世界各国设立分支机构或子公司，从事国际化的生产和经营活动。其战略目标是以国际市场为导向，目的是实现全球利润最大化；其组织方式是通过控股形式对国外的分支机构或子公司实行控制；其业务内容则在世界范围内的各个领域，全面进行资本、商品、人才、技术、管理和信息等交易活动，并且这种"一揽子""一体化"活动始终在其母公司控制下围绕公司的总体战略目标而行。其采取横向型（水平型）多种经营——母子公司主要从事单一产品的生产经营，很少有专业化分工，形成横向型跨国公司；也采取纵向型（垂直型）多种经营——母子公司生产经营同一行业不同工艺阶段的产品或母子公司生产经营不同行业但却相互有关的产品，形成垂直型跨国公司；还采取综合型（混合型）多种经营——母子公司生产不同产品，经营不同业务，互不衔接，形成混合型跨国公司。按世界各国的经营项目分类，包括资源开发型跨国公司、加工制造型跨国公司和服务提供型跨国公司；其经营项目或经营方式多样化，可迅速扩大全球性业务。（1）跨国公司的影响力日益扩大，实际上充当了经济全球一体化的主要动力和先锋。从20世纪90年代初期开始，许多跨国公司把过去的多国发展战略调整为全球发展战略，全球经营已经成为常态。许多跨国公司海外资产、海外收入和海外雇员均已超过总资产、总收入和总雇员的50%，它们通过全球一体化战略以及管理架构、文化理念的调整，成功地吸纳整合了全球资源，大大提高了全球竞争力和盈利能力。（2）跨国公司在全球一体化舞台上扮演了世界生产组织者的角色，并伴随全球一体化进程迅速壮大。全球跨国公司母公司约有6.5万家，拥有约85万家的国外分支机构。其中，全球500强大企业的产值已占全世界总产值的45%，其内部和相互贸易已占世界贸易总额的60%以上，投资已占全球累计直接投资的90%[①]，它们通过经济全球一体化实施跨国兼并收购，调整产业结构，优化配置资源，从而促使了生产全球化、产业链全球化的迅速展开。（3）跨国公司发展，促进了国际贸易和世界经济增长。跨国公司对第二次世界大战后发达国家的对外贸易起了极大的推动作用。它使发达国家的产品能够通过对外直接投资等方式在东道国直接生产并销售，并获取商业信息情报，从而绕过了贸易壁垒，提高了其

---

① 根据相关资料整理。

产品的竞争力。跨国公司加速了发展中国家对外贸易商品结构的变化，控制了许多重要的原材料和制成品贸易，控制了国际技术贸易。跨国公司的流入，促进了发展中国家工业化模式及其相适应的贸易模式从初级产品出口工业化向进口替代工业化、再向工业制成品出口替代工业化这三个阶段的转化，带动了发展中国家工业体系的建立和贸易的可持续增长。(4) 跨国公司全球一体化经营，促进了资金、技术、先进管理方式等在全球范围内流动。其以追逐最大化利润为导向，在发展中国家以廉价的资源、劳动力和广阔的市场为导向，各取所需，相互补充，又充满矛盾冲击，促进了相对落后国家和地区的产业结构调整和世界经济一体化的持续发展。

（二）金融市场发展国际化

实体经济发展全球一体化的生产、服务、贸易、投资以及科技发展，跨国公司形成等，无一不推动着金融市场国际化的发展。一方面，实体经济全球一体化发展需要金融配套服务支撑；另一方面，金融也按照自身特有的规律不断向国际化迈进。

按照现代金融体系结构的进程，第一，它表现为金融市场国际化结构日趋完善。货币市场、资本市场、外汇市场等发育良好。比如，针对世界各国外汇管制不一、货币自由兑换不一的情况，20 世纪 90 年代，创造性地发展了 NDF 市场——无本金交割远期外汇交易（Non – Deliverable Forwards，NDF)，由银行充当中介机构，为供求双方基于对汇率看法（或目的）的不同，签订非交割远期交易合约。该合约确定远期汇率，到期时将该（远期）汇率与实际汇率差额进行交割清算，结算货币为自由兑换货币。NDF 期限在数月至数年之间，其主要交易活跃品种多属一年期或一年期以下的品种。它为世界各新兴市场国家在拓展国际实体经济的活动中，为本国货币配套和服务提供了套期保值功能，即为世界各新兴市场国家的企业贸易往来或在海外设有分支机构的企业公司通过 NDF 交易进行套期保值，规避汇率风险。

第二，它表现为金融机构国际化类型日趋多样。伴随着实体经济活动中全球一体化和跨国公司的出现，实体经济的综合化、高科技化、国际化步伐加快了金融机构全能银行、跨国金融集团、网上银行、金融寡头等的发展。此类案例在英美欧国家比比皆是。其数量多，属市场主体，追逐利润，它的国际化进入既深刻助推着实体经济全球化的发展，同时又带给实体经济与金融市场极大的冲击和影响。

第三，它表现为金融服务国际化工具日趋涌现。金融产品、金融投资交易、融资、结算、汇率风险管理等金融服务创新方式层出不穷。比如，最早由跨国公司与国际银行联手开发的"资金池"（Cash Pooling）——资金管理模式。其业务主要包括跨国公司成员企业账户余额的上划、成员企业之间的透支、主动拨付与收款、成员企业之间的委托借贷以及成员企业向集团总部的上存、下借分别计息，等等。在资金池框架内，它使跨国公司统一调拨集团内的全球资金，最大限度地降低集团持有的净头寸，又使跨国公司与国际银行形成紧密的战略联盟关系，形成独特的管理功效，使集团资金管理制度和流程更具效率。

第四，它表现为金融法治国际化规则日趋提升。金融法治，既包括立法、执法、司法，还包括法制教育，但前提是要能够定章立法。实体企业和金融机构的跨国纳税规范和税收优惠政策国际协调就是一例。国际货币基金组织认为，一个较好的税收制度应符合以下三个条件：（1）税收少而精，一般包括以下几类税种，即进口税、货物税、一般销售税、个人所得税和财产税；（2）税率档次不宜多，边际税率不宜过高；（3）税收优惠和税收减免尽量少。跨国实体企业和金融机构，十分关注完善且明晰的收益来源国与居住国政府签订税收饶让协议问题，即纳税人在收益来源国取得的税收优惠被视为已纳税收入，在向居住国政府申报纳税时，这部分被视为已纳税收入允许从应税收入中抵免。按照国际货币基金组织的规范，税收优惠政策国际协调内容包括税种协调、税率协调、减免协调三大类；协调程度按其高低分为协商模式、趋同模式和一体化模式三个模式；协调途径有国际税收协定、区域税收同盟和世界贸易组织三种。跨国纳税和税收优惠政策国际协调与提升成为世界各国实体经济全球一体化和金融市场国际化发展中作为法治规则完善、有效维护世界经济金融秩序的重要环节。

第五，它表现为金融监管国际化举措日益被重视。金融监管国际化包括机构监管国际化、业务监管国际化和市场监管国际化。世界各国在逐渐推动资本项目可兑换的过程中，既带来了金融服务专业化的便利、加强了世界各国金融部门的活力、提升了全球性中介活动的效率和促使了全球资产多样化、活跃了海内外投资者等利益，又带来了货币替代、资本外逃、金融不稳、国家货币政策、汇率政策波动等风险。比如，破坏金融管理秩序的犯罪洗钱活动常借助于金融开放、资本项目可兑换，广泛涉及银行、证券、保险和房地产等领域，并与走私、贩毒、贪污腐败、偷税漏税、恐怖活动等严重刑事犯罪相联系，破坏市场秩序，损害金融机构声誉和正常运行，威胁着各国金融体系的安全和稳定。世界各国金融当局针对此状况，从组织机构到制度建设，加强金融国际监管反洗钱行动，动用立法、司法力量，调动有关监管组织和商业金融机构对可能的洗钱活动予以识别，对有关款项予以处置，对相关机构和人员予以惩罚，从而有效地阻止和打击了犯罪活动。金融监管国际化手段多样，技术先进，实际有效性在不断显现。

第六，它表现为金融基础设施国际化条件日趋完备。金融基础设施国际化不仅体现在实体经济跨国企业与银行间、金融机构间支付清算结算体系的国际便利，而且包括实体经济跨国企业与银行间、金融机构间会计、法律、审计、评估等金融服务体系的国际通行，还包括实体经济跨国企业与银行间、金融机构间信息技术体系的安全、规则、标准的确立和国际认可；等等。金融基础设施国际化提供了金融基础设施硬件与软件条件的一系列国际化便利。

实体经济发展全球一体化与金融市场国际化促进着世界各国不断成为全球经济金融制度的重要参与者、改革者、协调者和组织者。健全与加强全球金融体系治理新格局成为世界各国的一个重要课题和努力方向。

二、 离岸市场、 在岸市场

全球金融体系治理对一国而言，首先在于金融离岸市场与在岸市场的有序对接、互动和便利。

（一） 生产和资本的国际化促进了一国离岸金融市场的形成与发展

第一阶段：国际金融市场先后产生。第一次世界大战前后，伦敦率先成为国际金融市场；第二次世界大战后，纽约成为又一个重要的国际金融市场；与此同时，瑞士苏黎世、德国法兰克福、卢森堡等地国际金融市场也发展起来。

　　第二阶段：离岸金融市场不断发展。20 世纪 50 年代，美国马歇尔计划的实施使大量美元流入西欧，同时，美国连续发生国际收支逆差，大量美元流往境外。离岸金融市场发端于"欧洲美元市场"。20 世纪 60 年代后，欧洲联邦德国马克、法国法郎、荷兰盾以及其他境外货币也出现在这个市场，从而使欧洲美元市场发展成为欧洲货币市场。1968 年，新加坡建立亚洲货币市场。1978 年，香港放松限制（Relax Restrictions），形成亚洲另一个国际金融中心。1986 年，日本东京离岸金融市场迅速发展（见表 4 - 1）。

表 4 - 1　20 世纪 80 年代全球离岸金融市场分布

非洲	亚太地区	欧洲	中东	美洲
吉布提	澳大利亚	奥地利	巴林	阿鲁巴岛
塞舌尔	库克群岛	安道尔	迪拜	巴哈马
丹吉尔	瑙鲁	卢森堡	以色列	巴巴多斯
利比里亚	纽埃岛	马耳他	科威特	伯里兹城
毛里求斯	菲律宾	摩纳哥	黎巴嫩	开曼群岛
	新加坡	荷兰		百慕大
	关岛	俄罗斯		波多黎各
	中国澳门	瑞士		乌拉圭
	瓦鲁阿图	塞浦路斯		格林纳达
	西萨摩亚	直布罗陀		巴拿马
	日本 JOM	泽西岛		安提瓜岛
	中国香港	匈牙利		安圭拉岛
	马来西亚（纳敏岛）	格维纳维亚		哥斯达黎加
	马里亚纳群岛	列支敦士登		多米尼加
	马绍尔群岛	马德拉群岛		凯科斯群岛
	密克罗尼西亚	根西岛		英属维尔京群岛
	印度新德里	英国伦敦		蒙特塞拉特群岛
		爱尔兰都柏林		荷属安地列斯群岛
		海峡群岛		美国 IBFs

资料来源：国际清算银行（BIS）。

据统计，至 20 世纪 80 年代中期，全球已有 67 个国家或地区建立了离岸金融市场（见表 4 – 1）。全球离岸金融市场的资产规模从 20 世纪 70 年代末不足万亿美元猛增到 1985 年的 29 840 亿美元。

离岸金融市场形成系列特征：（1）业务活动很少受法规管制，手续简便，低税或免税，效率较高。（2）离岸金融市场由"境外银行"即经营境外货币业务的全球性国际银行网络构成。（3）离岸金融市场借贷货币属境外货币，借款人可以自由挑选货币种类。该市场上借贷关系是外国放款人与外国借款人的关系，几乎涉及世界上各个国家。（4）离岸金融市场利率以伦敦银行同业拆借利率为标准。一般来说，其存款利率略高于国内金融市场，而放款利率略低于国内金融市场，利差很小，富有吸引力和竞争性。

进一步地，离岸金融市场的发展突破了原有的概念和模式。美国 1981 年开设 IBFs 和日本 1986 年建立 JOM，彻底改变了人们对离岸金融市场的地域观念，离岸金融市场也可以出现在本土。这一时期，世界主要发达国家纷纷建立本币离岸金融市场，市场模式呈现多元化结构。

国际银行设施，也称国际银行便利（International Banking Facilities，IBFs），是指美国联邦储备局于 1981 年 12 月 3 日批准在美国本土设立的离岸金融特殊账号，该账号业务与国内业务分开，分属不同账目，根据法律专门供给美国境内的国内外银行使用，通过该离岸金融账号向美国非居民客户提供存款和放款等金融服务。该账号（或设施）的特点：（1）允许美国的银行或在美国境内的外国分支银行对外国的存款和借款提供便利，不受中央银行的存款准备金的限制，不需要交纳存款准备金，也不受美国联邦保险公司规定的约束，可以不参加保险。（2）美国各州通过允许开设"IBFs"的银行免交州和地方所得税，在税收上享有优惠。（3）业务范围受到美国银行和联邦储备银行的限制。

日本离岸金融市场（Japan offshore Market，JOM），是指日本于 1986 年 12 月 1 日作为金融市场国际化的一个重要象征在东京开设的离岸金融市场，JOM 作为日本离岸金融市场的特殊账号，模仿美国的 IBFs 而设置。（1）该市场无法定准备金要求和存款保险金要求，没有利息预扣税，不受利率管制。此外，该市场不进行债券业务和期货交易。（2）离岸账户（JOM）的设立主体是在日本获得许可经营外汇业务的银行。这些银行必须设立专门的离岸账户与已存在的国内账户分开，进行"外—外"型金融交易。（3）该离岸账户（JOM）的资金运用方法只限于面向非居民的贷款，汇向离岸账户、海外金融机构及总行的存款。（4）该离岸账户（JOM）的资金筹措方式仅限从非居民、其他离岸账户及总行存入或借入的非结算性存款。筹措的货币较为自由，可以是日元或其他货币。（5）该离岸账户（JOM）的金融税制措施：在金融方面，有关离岸账户款项的存入，取消利息政策、准备金制度及存款保险制度的有关限制。在税制方面，离岸账户的存款适当实施减免政策，地方税和增值税（印花税）也予以适当减免，但仍需缴纳地方税和增值税（印花税）。

自 21 世纪开始，世界离岸金融市场呈现趋缓稳定的发展（见表 4 - 2）。

（二）离岸市场与在岸市场有序对接

一国货币的国际化是该国跻身世界经济强国、建立全球经济事务影响力和话语权的重要标志。随着一国经济的崛起，推进本国货币国际化成为该国全面融入经济全球一体化和金融市场国际化的必由之路，成为该国走向大国

表4–2　世界主要离岸金融中心存贷款和全球存贷款规模比较

单位：10 亿美元

		2000 年	2001 年	2002 年	2003 年	2004 年	2005 年	2006 年
存款	离岸中心	1 642	2 003	2 163	2 655	3 143	3 254	3 799
	所有国家（地区）	9 457	10 023	11 444	13 486	15 854	17 213	20 084
	离岸中心／所有国家（地区）	17.36%	19.98%	18.90%	19.69%	19.82%	18.90%	18.92%
贷款	离岸中心	1 085	1 237	1 276	1 525	1 857	2 042	2 411
	所有国家（地区）	8 318	8 872	10 059	11 869	13 820	15 202	17 876
	离岸中心／所有国家（地区）	13.05%	13.94%	12.69%	12.85%	13.44%	13.43%	13.49%

资料来源：国际清算银行（BIS）。

经济、提升国际经济地位和竞争力的必要举措，也成为后金融危机时代健全国际货币体系、加强全球金融体系治理的必然选择。

　　一方面，发达的离岸市场可以进一步推动本国货币国际化进程，使其在主要国际货币的竞争中赢得有利地位。第一，主要国际货币必须 24 小时交易；第二，主要国际货币一定有大量第三方交易；第三，大量非居民要求在发行国境外持有该货币资产；第四，国际货币的"体外循环"可以减少对发行国货币政策的冲击；第五，离岸市场的体制优势有助于提高该国货币的国际化程度。国际经验表明，离岸金融市场的建立对一国货币的国际化具有重要推动作用，正如上述我们涉及的，美元的国际化就是在境内 IBFs 市场和以伦敦为基地的欧洲美元市场的发展过程中不断演进的。目前，世界各种主要储备货币的国际使用主要是通过离岸市场实现的，离岸金融中心是财富集中地和金融活动交易地，世界货币存量的 50% ~ 70% 通过离岸金融中心周转，世界银行资产的 1/3、私人财富的 30% ~ 40% 投资于离岸金融市场。一国货币国际化首先应培育和发展本币离岸市场。

另一方面，离岸市场与在岸市场的有序对接既有本国货币国际化的内在需求，又有世界实体经济全球一体化和金融市场国际化的外在压力。本国货币国际化的内在需求表现在：（1）经济全球一体化，金融市场国际化，加快了一国货币离岸在岸对接、国际化发展和提高国际经济事务话语权的需求；（2）在岸管制的有效性受到挑战；（3）在岸管制的成本难以承受。离岸在岸对接的外在压力主要体现在世界贸易组织和相关国际组织的推动，要求一国经常项目可兑换向资本项目可兑换再向完全可兑换转换。因此，一国货币要实施国际化战略，就需要推动形成一个全球性的、离岸与在岸对接互动的本币金融市场。

为此，中国要推动人民币国际化，应探讨设立人民币离岸业务在岸交易结算中心。目前，国际上已初步形成了中国香港、新加坡、伦敦三个人民币离岸业务中心，国内上海、深圳、珠海等地也开展了人民币离岸业务。作为货币发行国，关键是引导离岸市场有序发展，防止离岸本币对国内货币政策、金融稳定造成冲击，同时完善离岸与在岸对接的通道和机制，促进离岸市场发展与在岸市场开放相互推动。设立离岸业务在岸交易结算中心，正是实现这一目标的有效抓手，有利于中国加快离岸金融市场的发展进程。

第一，设立人民币离岸业务在岸交易结算中心，既能推动香港人民币离岸市场的发展，又能促进国内在岸金融市场的建设。近年来，随着中国综合国力的不断增强，非居民对中国金融资产的需求不断增多。香港作为最重要的人民币离岸中心，拥有超过1万亿元人民币资金（加上以债券、票据等形态存在的人民币资产，预计远远超过1万亿元），然而，目前面临着人民币离岸业务的瓶颈期，出现了人民币存量放缓、流动性弱等情况。究其原因，主要是香港实行瞄准美元的联系汇率制度，人民币货币区构建预期不明确，人民币投融资渠道不畅通，人民币金融产品少、资金池小，回流管道和机制不健全，等等。如何活跃并有效利用巨量人民币资金，成为香港人民币离岸市场发展中需要解决的迫切问题。如果利用得好，则香港将成为全球人民币离岸交易中心，为国内资本市场建设提供有力支持；如果利用不好，则离岸人民币或成为一潭死水，或成为地下金融交易与套利交易工具，对国内在岸金融稳定造成冲击。在境内设立人民币离岸业务在岸交易结算中心，一方面，吸引大量国内外金融机构、跨国公司、中介服务机构集聚，改变在香港市场上国内银行与国外银行一对多的局面，实现国内外金融机构同平台、多对多的竞争，更好地提供多样化人民币金融服务；另一方面，实现人民币在岸市场与离岸市场的良好对接，以良好的实体经济基础和企业现实需求，以足够的金融市场深度和广度，容纳离岸人民币资金，为中国香港及其他人民币离岸市场提供充足流动性，提升了人民币国际持有意愿。对中国香港而言，可以拓宽离岸人民币投融资渠道，畅通回流管道与调控机制，活跃离岸人民币交易，形成一个良性循环的离岸人民币中心；对内地而言，可以充分利用和有效管理离岸人民币资金，掌握离岸人民币定价主导权，促进内地在岸金融市场建设。因此，设立人民币离岸业务在岸交易结算中心，离岸市场有意愿、在岸市场有需求，是推动人民币国际化的双赢之举。

第二，设立人民币离岸业务在岸交易结算中心，既能增强人民币汇率定价权，又能提高国家宏观经济政策的独立性和有效性。目前，中国在岸人民币定价主要在上海的银行间外汇交易市场，受政策意图影响较明显，交易时间短且不连续。境外离岸人民币定价（如 NDF 市场）也有缺陷：其一是缺乏相对集中的离岸交易市场；其二是各国法规对外汇市场有不同要求；其三是人民币与贸易或投资对手国货币缺乏直接定价机制；其四是容易遭遇做市商的恶意做多或做空。对此，一个解决办法是，在境内建立离岸人民币业务的在岸交易结算中心，通过市场化机制进行人民币定价，既利于国家掌握离岸人民币的定价主导权，又保证了定价公信力和稳定性。同时，随着人民币国际化的推进，资本流动势必更加频繁、规模更大，而中国作为经济大国，为保证有效宏观调控，需要独立而灵活的货币政策。在此背景下，根据汇率理论及成熟市场经济经验，汇率不再适宜成为央行主要政策目标，需要建设一个以市场供求为基础的外汇市场，以实现汇率形成市场化。考虑到中国金融改革步入深水区，汇率风险和外部冲击需要有效识别和管理，建设人民币离岸业务在岸交易结算中心有利于在国家自己的货币当局监控和管理下屏蔽外部冲击，在确保国家宏观经济政策独立有效的同时，稳步形成人民币市场化定价机制。

第三，设立人民币离岸业务在岸交易结算中心，既能有效服务实体经济，又能促进在岸金融机构加快国际化步伐。2013 年中国吸收 FDI 共 1 175.86 亿美元，其中东南亚 10 个国家或地区合计占比超过 87%，但人民币与港元、新加坡元等东南亚货币的交易却依然不是中国外汇交易主体，表明在投资上必然出现双重货币交易——首先是各经济体本币与美元的交易，其次是美元与人民币的交易，无形中加大了交易成本，且在美元汇率高度波动时期提升了交易双方的汇率风险。作为银行间外汇交易市场的有益补充，建立人民币离岸业务在岸交易结算中心，着重于面向与实体经济需要相关联的多币种交易，有利于发现人民币与各种不同货币间的真正交易价格，降低贸易商和投资商的交易成本及汇率风险，更好地为实体经济服务。同时，无论中资企业走出去还是外资企业引进来，均对国际金融服务提出巨大需求，建设人民币离岸业务在岸交易结算中心并发展国际银行业务，既充分满足企业需求，又为在岸金融机构打开了国际业务空间。特别是当前海外投资并购与劳动密集型产业向外转移不断提速，更需要本国金融平台与金融机构支持。通过人民币离岸业务在岸交易结算中心的平台，促使在岸金融机构加快国际化步伐，进一步增强服务实体经济转型升级的能力。

第四，设立人民币离岸业务在岸交易结算中心，既能增强服务贸易竞争力，又能助力国家主动应对国际经济贸易秩序重构的挑战。当前，中国处于从以弱势货币推动货物出口到以强势货币促进服务贸易竞争的关键转折时期。一般而言，货物以其同质性导致价格竞争成为主要决定因素，服务以其专有性差异性使一国摆脱对低价竞争的依赖性。经济结构调整，转变发展方式，势必要求中国逐步构建服务贸易竞争力。总的来说，服务贸易竞争优势要建立在人民币成为强势货币的客观基础上，以强大贸易实力为支撑又有助于稳步推进人民币国际化，这是中国经济和金融发展逻辑的自然延伸。

比如，自1993年起，美国把推动强势美元作为国策，进一步增强了美国的服务贸易竞争力，服务贸易的提升反过来巩固了美元的强势地位。2013年中国货物进出口总额4.16万亿美元，跃居世界最大货物贸易国。但服务贸易发展滞后，进出口总额仅为5 396.4亿美元，而逆差额达到1 184.6亿美元，是世界最大的服务贸易逆差国。中国增强服务贸易竞争力，其一是要通过自由贸易区推动跨境服务贸易，其二是要相应加快人民币国际化进程。

这实际上是一体两面：一方面，自由贸易一般伴随货币金融市场建设，且金融市场发育和货币国际化程度越高的自由贸易区域更容易成为世界产业和贸易中心。在境内（最好是在自由贸易区内）设立人民币离岸业务在岸交易结算中心，可以成为一个深度嵌入全球金融与贸易分工价值链的桥头堡，引领带动中国的对外服务贸易和资本输出，促使中国向服务贸易与资本大国转变。另一方面，后金融危机时代，全球经济贸易秩序重组，美欧日等发达国家加速边缘化世界贸易组织，力推跨太平洋伙伴关系协议（TPP）、跨大西洋贸易与投资伙伴关系（TTIP）和多边服务业协议（PSA）等，试图重新夺回世界经济主导权。这些协议的核心内容就是建立由美国等国家主导的新一代国际贸易与服务业规则，通过规则优势逼迫新兴经济体二次"入世"，围堵他国庞大的制造业体系。对此，中国通过发展自由贸易区，以及设立人民币离岸业务在岸交易结算中心，既可以充分发挥自身的市场优势，又可以拓展国际贸易新市场，进一步提升了服务贸易和投资领域的开放度和竞争力。

第五，设立人民币离岸业务在岸交易结算中心，充分借鉴了发达国家经验，是中国金融改革的一项创新举措。20 世纪六七十年代美元外流和美国金融服务业流失使美国认识到需要进行改革以提高美元在欧洲的吸引力，确保美国金融服务业的竞争力。美联储于 1981 年修改法案，批准美国银行、存款机构、境内外国银行的分支机构等建立国际银行设施（International Banking Facilities，IBFs），在美国本土从事国际存贷款等离岸美元业务，吸引离岸美元回归并加强管理。IBFs 作为一套向非居民提供金融服务的离岸账户系统，与在岸账户严格分离，在当时是巨大的金融创新，开创了一国通过在岸方式设立离岸本币金融市场先河，不但为美国金融体系发展作出了重要贡献，也为他国类似改革提供了有益经验。IBFs 促使美国离岸金融迅速发展，两年内共有超过 500 家 IBFs 成立，其中纽约占一半以上，把大量境外美元以及国际银行业务吸引回国。到 20 世纪 80 年代后期，IBFs 资产占美国银行对外总资产的一半，纽约的国际金融中心地位进一步提升。1986 年日本参照美国经验，在东京建立 JOM（Japan Offshore Market）离岸市场，在日元国际化进程中发挥了重要作用。1990 年日元在国际外汇储备中的占比升至 8.0%，2012 年日本通过 JOM 进行的海外借贷规模占对外借贷总额的 21.4%。当前，中国发展人民币离岸市场，可以充分借鉴美国、日本等国在本土发展离岸本币业务的经验，结合国情改革创新，建立一套与国际接轨的离岸人民币在岸交易结算体系，促进人民币输出与回流。

综上所述，设立人民币离岸业务在岸交易结算中心是中国现阶段发展人民币离岸金融市场、推进人民币国际化的必然要求，是多方共赢的理性选择。

三、 中国离岸在岸对接设计

中国应探讨设立人民币离岸业务在岸交易结算中心。

（一）总体思路

应坚持金融服务实体经济，坚持改革创新、先行先试，坚持风险可控、稳步推进，建立多层次、国际化的人民币离岸业务在岸交易结算中心，引导人民币向外输出、有序回流、多币种交易，推动以人民币为主体的多样化金融产品的发展，促进人民币汇率形成市场化和资本项目可兑换，形成一个离岸在岸对接联动，覆盖亚洲、辐射全球、高度繁荣的人民币离岸金融市场，加快人民币区域化国际化进程，提升中国的贸易竞争力和经济影响力。

（二）模式选择

根据市场运作和监管模式的差异，离岸金融市场分四种模式：一是内外一体型（Internal & External Body Type），以伦敦、中国香港为代表，由市场自发形成，离岸和在岸金融业务高度融合、相互渗透，直接利用境内在岸现有金融系统开展离岸金融活动，但境内在岸金融法律法规和监管规则基本上不约束离岸金融活动。二是内外分离型（Internal & External Separation Type），以美国IBFs、日本JOM等为代表，其中IBFs是全球第一个内外分离型离岸金融市场，由政策推动形成，离岸和在岸业务严格分离、账户隔离，离岸业务为非居民交易创设。三是渗透型（Osmotic Type），以新加坡为代表，介于内外一体型与内外分离型之间，以分离型为基础，离岸和在岸业务相对分开、账户分立，允许适度渗透、有条件联通。四是避税港型（Tax Havens Type），以开曼群岛、百慕大为代表，仅为记账中心，只提供交易场所，不提供金融服务，以极低税收吸引交易（见表4－3）。

表4－3 国际离岸金融市场的几种模式

模式	典型市场	交易主体	形成方式	业务范围	特点
内外一体型	伦敦、中国香港	非居民、居民、离岸金融机构	自然形成	中长期资金借贷	离岸机构无严格申请程序，不设单独离岸账户，与在岸账户并账运作，资金出入无限制
内外分离型	美国IBF、日本JOM	非居民、离岸金融机构	人为创设	同上	离岸机构设立须经当局审核，离岸业务只能在专门账户（IBF）中进行，离岸交易与在岸交易分开，严禁离岸与在岸资金渗透

续表

模式	典型市场	交易主体	形成方式	业务范围	特点
渗透型	雅加达、曼谷、新加坡 ACU	非居民、居民、离岸金融机构	人为创设	同上	三种情况：OUT→IN 型、IN→OUT 型、IN←→OUT 型
避税港型	开曼群岛、巴哈马、百慕大	非居民、离岸金融机构	人为创设	只处理账务，无实际交易	簿记型（Paper Company, Shell Branch），英美法系、税负低、基本无金融管制

　　采取哪种模式，是由一国金融市场开放程度、风险监控水平、经济发展状况等因素决定的。现阶段，中国人民币离岸业务在岸交易结算中心应按内外分离型模式进行设计。从美国 IBFs 经验看，20 世纪 80 年代，尽管美国金融业已较为发达，但仍然将主要离岸业务放在银行体系内部，严格实行内外分离，作为放松金融管制、发展金融市场的重要过渡手段，为国内金融监管改革和货币政策转变提供了缓冲。20 世纪 90 年代后，美国金融体系从以银行体系为主导转向以资本市场为主导，随着货币市场基金、资产证券化等直接融资发展，在岸和离岸美元业务边界不断模糊，市场融合度大大增加，IBFs 功能才逐渐淡化。当前，中国人民币离岸市场建设刚刚起步。鉴于中国金融市场开放度还较低、监管制度不够健全、资本项目未自由兑换等，人民币离岸业务在岸交易结算中心作为国家离岸市场的重要载体，有必要采取内外分离型模式。内外分离型模式的特点在于"政府创设"和"内外分离"，既可以较好地防范金融风险，保护在岸金融市场独立发展、不受境外金融波动影响，又可以打破在岸金融政策法规的制约，吸引境外金融机构和资金，发展国际金融业务，促进中国金融国际化。从长远看，随着中国金融市场进一步成熟开放和监管体系健全，未来应该可以从内外分离型逐步向渗透型转化，使离岸资金直接为在岸所用，为国内企业海外发展提供更大支持，持续

提升离岸市场竞争力。

(三) 基本框架和制度

1. 区域布局。可考虑广东或上海作为中国人民币离岸业务在岸交易结算中心试点区域之一。以广东为例，主要理由：一是广东具备开展离岸人民币业务的经济金融基础。其中，广东作为经济金融大省，经济体量大、外向度高，进出口总额占全国的26%，吸引 FDI 占比21%。广东不但制造业发达，而且金融产业链条齐全，又有珠三角金融改革创新综合试验区政策优势。二是广东是人民币国际化的重要桥头堡。广东自 2009 年起即开展首批跨境贸易人民币结算试点，目前结算量占全国的30%，人民币成为仅次于美元的第二大跨境收支货币。特别是人民币国际化的一个重要方向是沿着海上丝绸之路推进，东南亚成为构建人民币货币区的首选。广东自古以来是海上丝绸之路的重要起点，与东盟各国经贸往来频密，桥头堡作用不可替代。三是粤港共建全球人民币离岸市场有天然优势。粤港唇齿相依、互促互补，一直致力于推动经济一体化和服务贸易自由化。把香港国际金融中心、人民币离岸中心与广东制造业重镇、人民币国际化桥头堡的优势结合、叠加、放大，形成强劲合力，前景不可限量。四是设在广东的人民币离岸业务在岸交易结算中心可与上海中国外汇交易中心分工合作、错位发展、相互辉映。在上海形成在岸人民币汇率（CNY），在广东逐步形成离岸人民币汇率（CNH），这两套价格体系可以相互印证、逐渐靠拢，共同促进汇率市场化。

2. 服务内容。人民币离岸业务在岸交易结算中心作为服务离岸人民币用于非居民之间、居民与非居民之间贸易与投资的多币种结算中心，可在人民币与各币种间灵活汇兑，不受额度限制，但发展初期必须依托真实贸易和投资背景，而后逐步实现资本项目离岸可兑换。主要内容：一是推动企业在对外贸易和投资中使用人民币计价结算，营造人民币走出去和流回来的综合服务平台；二是开展跨境人民币业务和产品创新，建立服务实体经济，连接港澳、联通世界的跨境人民币投融资服务体系；三是引进境内外市场主体，在离岸与在岸人民币市场之间开展跨境交易，成为离岸与在岸人民币市场对接的主要枢纽；四是形成离岸人民币市场价格，成为人民币汇率形成的市场风向标。最终，各种可流动要素再次通过金融安排实现无障碍配置。

3. 核心制度。建议中国人民银行作为央行批准设立 CIBFs（China International Banking Facilities）（当然，以其他形式的账号表达方式也可以，但必须设立此种性质的特殊账号），允许境内金融机构（首批为外汇指定银行）建立 CIBFs 账户，率先在人民币离岸业务在岸交易结算中心（条件成熟后可扩展到其他地区）开展离岸人民币业务，吸引离岸人民币回归。CIBFs 参照美国 IBFs 设立，不是一个独立的银行体系，也非特设的业务机构，而是金融机构专门处理离岸人民币业务的在岸资产负债账户。基本要素如下：（1）境内银行等金融机构可使用其国内机构和设备，通过 CIBFs 吸收外币和境外人民币存款，不受国内法定准备金和利率上限等约束，也无须在存款保险基金投保；（2）贷款可以向境内在岸发放，但必须用于境外离岸；（3）CIBFs 账户的人民币存贷款视同境外离岸人民币，与国内人民币账户严格分开管理；（4）CIBFs 的业务净收入是否缴税、缴税多少，视离岸人民币业务发展、竞争状况等而定；（5）与 IBFs 区别的是，居民也可以开设 CIBFs 账户，但必须用于离岸人民币和外币相关业务（比如居民在海外资产或投资获得的收入）；（6）非居民和居民只有开设 CIBFs 账户，才能在人民币离岸业务在岸交易结算中心以人民币进行贸易和投资，进行人民币与各币种的结算。简而言之，就是一套专门用来在中国境内在岸从事离岸人民币金融业务的资产负债账户及相关制度安排。

4. 定价体系。依托 CIBFs 开展离岸人民币与多币种交易结算，形成离岸人民币价格。可分阶段推进：第一阶段是建设多币种流通市场，仅面向实体经济交易主体，凭真实贸易和投资进行离岸人民币和多币种自由结算，人民币价格由交易主体参考银行挂牌价决定。第二阶段是建设银行间货币交易所。在中国人民银行作为央行的支持下，以中外资商业银行等为会员或做市商，建设离岸人民币与港澳、东南亚等经济体货币交易的现货市场，在交易所内开展银行间交易，同时开设银行面向客户的场外交易。在交易所形成并发布人民币与周边国家货币的综合性汇率指数，并由此开发人民币与周边货币的衍生品交易和指数交易，确立离岸人民币的基准价格体系，与上海的在岸人民币汇率 CNY 相呼应。从更长远看，将来还可建立统一的货币交易所，即包括商业银行、非银行金融机构和合格的实体经济部门参与的场内交易市场，无须真实贸易投资背景即可进行人民币与外币的现货和衍生品交易，人民币汇率形成机制将更为市场化。

5. 配套措施。一是加强人民币离岸业务在岸交易结算中心所在区域的基础设施建设，优化投资发展环境，吸引金融机构和企业集聚。二是完善人民币离岸业务在岸交易结算中心的实体性、物理性交易设施以及与 CIBFs 账户系统配套的网络设施，建设高效、安全、稳定的数据系统和清算结算系统。三是引导区内金融机构设立数据备份中心等后台机构，支持开展离岸金融数据服务。四是吸引金融、法律、会计等领域的国际化人才,强化智力支撑。

（四）促进人民币离岸业务在岸交易结算中心与香港、新加坡、伦敦等离岸市场的对接互动、发展共赢

总的原则,一要以国家为主,重在掌握离岸人民币定价权;二要深化交流,充分借鉴境外成熟制度和做法;三要加强合作,比如,推动与中国香港放开双向投融资汇兑、完善双向跨境贷款等举措,逐步延伸到新加坡、伦敦;四要监管联动,加快与这几个离岸市场建立监管协调机制;五要同步发展,促进人民币有序输出、健康回流和体外循环,形成良性发展格局。具体而言:

首先,加强与香港离岸中心对接,粤港共建全球性的粤港澳大湾区人民币离岸金融市场。设立人民币离岸业务在岸交易结算中心,最主要的初衷是盘活香港的人民币存量资金,畅通投融资渠道和回流通道。这是对香港国际金融中心建设的有力支持,而非此消彼长的替代关系。人民币离岸业务在岸交易结算中心依据真实贸易背景开展离岸人民币交易结算,形成人民币现货市场,确定人民币与周边货币的现货价格,这与香港的人民币不可交割远期市场（NDF）不会形成冲突。而且,人民币在香港如果流动性差则无法发挥作用,但如流通过量又可能削弱港元的国际货币地位,而 CIBFs 实际上在香港与内地之间、在人民币与港元之间形成一个缓冲地带。特别是人民币离岸业务在岸交易结算中心设在广东,就是为了推动粤港优势叠加,共建全球性人民币离岸金融市场。香港政府可深度参与人民币离岸业务在岸交易结算中心的发展,香港金融机构可开设 CIBFs 并成为做市商。粤港共建人民币离岸

市场，应定位于成为全球离岸人民币的流动性聚集地、融资中心、定价中心、交易中心和财富管理中心，承担起人民币离岸业务的"批发"功能，提供多样化的人民币金融产品，并进行以离岸人民币直接标购以外币标值的资产、产权交易。新加坡、伦敦等其他离岸市场主要承担离岸人民币"零售"功能，发展成为区域性的人民币离岸中心。

其次，加强与新加坡离岸中心及东南亚金融市场的对接，推动东南亚地区成为人民币货币区。随着中国—东盟自由贸易区的如期建成，中国和东盟各国的贸易规模将持续扩大，人民币完全具备成为该区域主要支付和储备货币的可行性。新加坡作为东南亚人民币中心，应定位于成为东南亚地区与中国贸易和投资提供人民币金融业务的平台，以及该地区投资人民币金融产品的重要区域市场。新加坡可通过在人民币离岸业务在岸交易结算中心设立CIBFs，增强人民币流动性。人民币离岸业务在岸交易结算中心可通过与新加坡合作，辐射东南亚地区，特别是服务于中国向东南亚转移劳动密集型产业，促进以人民币投资、结算；还可以直接与东南亚主要经济体货币当局沟通，争取更多货币品种进入CIBFs交易，并引进当地金融机构和企业参与人民币汇率定价。

最后，加强与伦敦离岸中心的对接，促进人民币走向欧洲市场。伦敦作为老牌国际金融中心，离岸金融业发达，应定位于成为人民币走向欧洲的桥头堡。短期内，伦敦对人民币的需求主要是对人民币产品的投资需求，这是因为伦敦聚集了全球对亚洲投资的大批机构投资者，且由于历史原因，伦敦和中国香港联系紧密，有利于香港人民币产品在欧洲营销。中远期看，欧洲是中国最大贸易伙伴，但目前双边贸易的人民币结算量极低，伦敦将来可以为欧洲对中国的贸易和直接投资提供人民币金融服务，成为人民币在欧洲的主要离岸市场。中国要争取伦敦金融机构到人民币离岸业务在岸交易结算中心设立 CIBFs，推动伦敦人民币离岸市场发展。

（五）以人民币离岸业务在岸交易结算中心为平台，多措并举，促进人民币国际化、本土企业国际化和国内银行国际化的有效结合、协同推进

发达国家经验表明，一国货币国际化进程与其企业和银行等金融机构的国际化进程大体同步，互相促进。一是本币国际化有助于本土企业增强海外竞争力和银行业获得更多国际业务空间；二是本土企业和金融机构的国际化将有力推动本币对外输出和境外使用；三是本土企业国际化伴随着更广泛的金融需求，需要本国银行优化国际金融服务，两者相得益彰。当前面对国际经贸秩序变革重组，中国对外开放更注重走出去，转向资本输出和产品输出并重的全球发展，人民币国际化、本土企业国际化和银行国际化的协同推进，是中国对外开放新战略的核心要素，是中国向外输出资本和影响力、增强全球竞争力的根本选择。设立人民币离岸业务在岸交易结算中心，为三者有效结合提供了理想的平台。要采取多项举措，形成联动效应：

1. 重点推动资本项目下的人民币输出。一是推动本土企业走出去以人民币直接对外投资（ODI），更多地发展 RQDII 和 High - tech QDII。二是允许非居民在境内在岸通过发行债券、股票和贷款等方式融入人民币，扩大其在境内在岸发行人民币熊猫债券的规模，适时推出面向境外离岸投资者的"国际板"股票。三是培育境外离岸对人民币的需求，包括推动人民币金融产品和工具在中国香港等离岸中心交易，推动人民币用于跨境大宗商品交易的定

价，推动第三方使用，等等。四是推动人民币对外贷款，包括对发展中国家提供人民币无息贷款或援助。

2. 建立与实体经济发展相配套的跨境人民币投融资服务体系，为产业转型升级和企业走出去提供全方位多样化金融服务。一是为传统产业海外转移提供服务。推动骨干企业在人民币离岸业务在岸交易结算中心区域以建立投资公司等方式，利用人民币离岸业务在岸交易结算中心平台对外转移劳动密集型传统产业。与此配套，建立与对外直接投资相关的人民币私募股权市场。二是在人民币离岸业务在岸交易结算中心设立人民币境外投资基金、出口信贷基金等，支持区内企业海外经营扩张。三是促进跨境人民币融资便利化。允许区内企业从中国香港等境外市场筹集人民币资金并主要用于海外发展；支持区内企业发展集团内双向人民币资金池，为关联企业提供跨境放款等业务；支持区内银行与境外同业开展跨境人民币银团贷款，为大型跨国企业和转型升级项目提供信贷服务；开展跨境人民币贸易融资；等等。

3. 着力推动跨境服务贸易。把粤港共建人民币离岸市场与推进粤港服务贸易自由化和粤港澳大湾区建设结合起来，在人民币离岸业务在岸交易结算中心所在区域建设知识产权、技术、金融等服务贸易集聚区和跨境服务贸易中心，优化服务贸易发展环境，促进跨境服务贸易便利化，推动粤港服务贸易加强合作、迅速发展。重点推动金融、保险、管理咨询、法律、会计等现代服务业加快走出去，以人民币进行跨境服务贸易和投资。

4. 设立国家标准碳现货期货交易所，推动形成"碳排放权交易—人民币结算"体系。目前亚洲地区碳交易刚起步，中国作为全球最大的碳排放国和碳信用供应国，先天优势巨大。应尽快完善中国碳市场体系，取得碳交易亚洲定价权。可探索在人民币离岸业务在岸交易结算中心设立国家标准碳现货期货交易所，成为覆盖亚洲的碳现货期货交易市场，使人民币成为亚洲碳现货期货交易结算货币，为人民币货币区建设打开突破口。在此基础上形成"碳排放权交易—人民币结算"体系，作为对"石油交易—美元结算"体系的有力补充。

5. 推动中国国内银行加快提升国际竞争力。中国国内商业银行作为国内金融体系的主体，拥有最为广阔的客户基础、机构网络和人民币资产等，具备参与国际金融市场的先天优势，应当抓住契机加快国际化步伐。一是利用CIBFs账户致力于发展国际银行业务，在与境外银行竞争合作中提升经营服务水平和国际化程度。二是大力拓展市场，尤其是在中国香港、新加坡、伦敦等地，借助人民币的大量积累，积极开拓境外人民币客户，扩大人民币在境外的使用。三是更好为本土企业走出去服务，加快形成对主要经贸地区的全覆盖，构建起全方位、全能化的服务链条，使机构设置、金融资源布局与企业走出去格局匹配。

四、 中国离岸在岸对接规则

继续探讨中国设立人民币离岸业务在岸交易结算中心。

（一）CIBFs与境内在岸人民币账户管理分开、流动有序、权利平等

一是作为离岸金融市场内外分离型模式，CIBFs所对应的离岸账户与境内在岸人民币账户应当物理隔离、互相分立、严格管理。（1）只有离岸人民币才能通过CIBFs在人民币离岸业务在岸交易结算中心进行结算，现阶段必

须对应实盘即依托真实贸易和投资背景。(2) 非居民和居民持有的离岸人民币通过 CIBFs 可以在人民币离岸业务在岸交易结算中心区域（将来可扩展至整个境内）进行贸易与投资，通过结算自由兑换为多种外币。(3) CIBFs 账户资金不纳入境内货币统计，但实施监测，一旦转入境内账户则纳入货币统计。

二是 CIBFs 与境内在岸账户的人民币资金可以单向自由流动，即离岸人民币可以随时从 CIBFs 账户转入境内账户，无须对应实盘。然而，一旦转入境内人民币账户，则除非基于真实贸易和投资背景，否则不可逆向操作及在人民币离岸业务在岸交易结算中心结算，即接受现有外汇监管法规调节。

三是遵循权利平等原则。(1) 开设 CIBFs 各类主体享有同等权利。非居民如持有境内在岸人民币账户，其 CIBFs 账户与境内在岸人民币账户之间的转换与居民等同待遇。(2) 离岸人民币在人民币离岸业务在岸交易结算中心进行的贸易与投资，与境内人民币享有同等权利。

（二）加快完善离岸金融法律体系

人民币离岸业务在岸交易结算中心以及 CIBFs 的法律规范本质上属离岸金融法律。离岸金融法律由市场所在国制定，属于国际法的范畴。从广义上看，一国离岸金融法律体系普遍包含或吸纳了适用于离岸金融业务的国际条约、惯例等，比如以巴塞尔协议为核心的国际金融监管规则，可视为国内法和国际法的融合。当前，中国离岸金融业务的法律法规体系不完善，主要有中国人民银行《离岸银行业务管理办法》、国家外汇管理局《离岸银行业务管理办法实施细则》，其他法律法规如《中国人民银行法》《商业银行法》

《反洗钱法》《外汇管理条例》《境内机构借用国际商业贷款管理办法》《境内机构对外担保管理办法》等相关规定，但存在法律体系不健全、法律效力位阶低、法律条文分散、法律空白较多等问题。鉴于离岸金融是高度法治化、国际化的业务，必须加快推动法律法规体系建设。

首先，应分层次分步骤推进立法。从国家层面，可探讨近期由中国人民银行出台规范，批准设立人民币离岸业务在岸交易结算中心和 CIBFs 账户，明确相关制度规则，以国内法为基础，尽可能与国际法律接轨，推动人民币离岸业务在岸交易结算中心遵循国际金融市场的共同活动规则，更好地与境外离岸市场对接。同时，对《离岸银行业务管理办法》及实施细则，以及其他相关法条进行修订，扩大离岸市场业务范围，统一规范管理中资银行离岸业务和境外银行在境内在岸的离岸业务。待条件成熟后，由全国人大出台一部统一、完整的、与国际条约、惯例等接轨的离岸金融法，包括离岸金融主体法、离岸金融交易法、离岸金融监管法三大部分。从地方层面，人民币离岸业务在岸交易结算中心所在省、市于地方立法权限范围内，可借鉴国际法、国际规则和成熟市场经验，研究制定人民币离岸业务在岸交易结算中心具体规范和管理制度，尽量采用负面清单管理。比如广东可借鉴香港 NDF市场等有关制度，制定与香港金融市场对接的管理规范。同时，赋予人民币离岸业务在岸交易结算中心所在区域权限，可参照上海自贸区做法，人民币离岸业务在岸交易结算中心可按程序办理停止实施有关行政法规和国务院文件部分规定。

其次，近期立法或修法的重点内容：

（1）外汇和利率管理。目前人民币没有实现资本项目自由兑换，但在岸外汇管制并不影响离岸人民币市场的运作。可探讨对境内在岸的离岸市场包括 CIBFs 离岸人民币业务取消外汇管制，CIBFs 账户资金可以自由划拨和转移，保证离岸资金自由流动和汇兑。为此，应当对外汇管理条例、境内机构担保管理办法等有关规定进行相应的修改和补充。至于利率，《离岸银行业务管理办法》第二十二条已规定离岸银行业务的外汇存款、贷款利率可以参照国际金融市场利率制定。但应要求离岸银行保持透明度，要对适用的利率予以实时公告。

（2）经营管制。为增强中国离岸金融业务竞争力，应放松对离岸银行经营活动的管制，降低经营成本。《离岸银行业务管理办法》第二十三条已规定银行吸收离岸存款免交存款准备金，此条应适用于 CIBFs 账户。今后将建立的存款保险制度建设，应对 CIBFs 业务免予办理存款保险。此外，可适度放松银行离岸业务资本金、其他附加资本金要求。

（3）税收优惠。低税收是离岸金融的重要特征之一。应抓紧制定与国家税法体系相衔接的离岸税收法规，要保证离岸业务的税率低于国内同类业务税率，离岸业务的税负不高于周边离岸市场税负水平，确保中国开展离岸业务的竞争优势。在有关法律法规出台前，可先以部门规章给予离岸业务一定税收优惠，如降低所得税税率，按照国际惯例免征营业税、印花税，对 CIBFs 账户免征利息预扣税，等等。

（4）保密义务。中国现行法律给予银行客户秘密一定的法律保护，如《商业银行法》第二十九条和第三十条的规定。但目前反洗钱、反腐败形势仍很严峻，如过分强调保密性，将给某些犯罪行为以可乘之机。因此，设立人民币离岸业务在岸交易结算中心初期，应根据中国实际情况并参考国际组织有关约束性建议，制定法律规范确认金融机构从事离岸业务的保密义务，可采取较为折中的保密要求，略宽松于国内商业银行履行的保密义务。

（5）打击国际金融犯罪。目前国际组织在打击金融犯罪领域积极合作，尤其在反洗钱和避免偷税漏税领域制定了较为完善的指导建议。中国应参照有关国际组织的指导建议和行动守则制定相应法规，积极参与打击国际金融犯罪的跨境合作，推动离岸业务健康发展。

（三）加强风险控制

发展人民币离岸业务在岸交易结算中心的最大顾虑是，随着中国内外金融关联程度加深，隔离机制削弱，离岸人民币可能对国内在岸金融市场造成冲击。因此，人民币离岸业务在岸交易结算中心应把风险控制作为重中之重，在严格实行内外分离型模式的基础上，采取以下措施：一是对银行离岸头寸和在岸头寸相互抵补量进行限制并动态调整。离岸市场建立后，内外市场互通互联主要通过母银行与其离岸银行之间头寸相互抵补实现，内部头寸对外抵补为资金流出，反之为资金流入，限制抵补量可以在一定程度上隔离内外风险。根据《离岸银行业务管理办法实施细则》，离岸银行内外头寸抵补量不得超过上年离岸总资产月均余额的10%。目前中国国内金融市场开放度提高，可以适度提高抵补量但仍作限制，以后再根据内外市场渗透程度以及形势变化、发展需求等进行动态调整。二是注重对短期资本流动的管制。短期资本流动是造成国际金融危机的重要诱因。可借鉴国际离岸市场有关经验，进一步提高中国人民币汇率波幅，并研究通过托宾税等调节手段，抑制短期投机套利资金出入。特殊情况下，监管部门可以采取临时性管制措施。

三是强化反洗钱、反恐怖融资、反逃税监管。推进监测体系建设，密切关注跨境异常资金流动，建立专家型的监管和执法队伍。人民币离岸业务在岸交易结算中心区域的金融机构和特定非金融机构应及时、准确、完整地向国家金融监管部门报送资产负债表及相关信息，办理国际收支统计申报。四是加强国家与地方金融监管协作。国家和地方金融监管部门对区内金融机构及相应业务，按职权分工落实监管，加强协作配合。五是建立综合信息监管平台，对区内非金融机构实施监测评估和分类管理。

（四）增强对离岸人民币的吸引力，提升在岸结算业务量

人民币离岸业务在岸交易结算中心能否充分发挥作用，取决于是否有大量离岸人民币在此交易结算。否则，制度设计再精妙，人民币离岸业务在岸交易结算中心都会因业务不足而萎缩，形同虚设。提升结算业务量，取决于两方面：一是离岸人民币资金存量和业务需求足够大，这是外因。目前看，已具备了较好基础。今后要进一步增加离岸人民币市场供给，提升境外需求和持有意愿。二是人民币离岸业务在岸交易结算中心的结算功能、汇兑额度、交易币种、投资工具、市场机制等足够丰富，对离岸人民币的吸引力强，这是内因。主要着力点：

1. 应赋予人民币离岸业务在岸交易结算中心超越现有规定的灵活政策，特别是在资本项目兑换方面应有所突破，比如 CIBFs 账户交易不受额度限制、不受币种限制、自由划拨和转移，等等。同时，进一步放宽相关投资许可，对跨境产权、股权、债权等交易的限制更少。

2. 应吸引境内外金融机构、中介服务机构、跨国公司、高科技企业、孵化器等进驻，促进区域内产业、金融、科技的融合发展，形成集聚效应，推动跨境贸易与投资以人民币结算的市场需求。

3. 应进一步开放面向非居民的人民币投资市场，发展多样化人民币金融产品。允许更多境外人民币通过 FDI 或 RQFII 投资境内在岸实体经济和资本市场。支持金融机构依托 CIBFs 拓展离岸业务，向境外投资者提供债券、基金、ETFs、信托、理财产品等多种人民币产品和投资工具，逐步推出人民币汇率远期、碳期货等金融衍生品，为经常往来内地的非居民提供人民币寿险、意外险、跨境车辆保险，等等。

4. 应发展以人民币计价结算的跨境要素交易平台。支持人民币离岸业务在岸交易结算中心所在区域设立跨境交易的产权、股权、技术、金融资产、大宗商品等要素交易平台或交易所，推出人民币标价的交易产品和种类，支持以人民币交易转让境外资产和要素资源。

5. 应逐步提升人民币离岸业务在岸交易结算中心服务功能，包括提供便捷的支付和结算服务，形成更加市场化、可预期的人民币汇率，将交易系统的报价、成交、清算、信息发布等功能延伸到境外，等等。

（五）其他建议

1. 在人民币离岸业务在岸交易结算中心所在区域设立与港澳对接的自由贸易区，进行金融改革试点。除配套开展人民币资本项目开放、汇率利率形成机制市场化、完善金融市场层次体系等重大改革试验，还可考虑以下探索：一是探索混业经营、综合监管。打破银行、证券、保险之间的经营界限，建立更加自由开放的金融市场，推动各类金融机构交叉竞争与合作，增强整体竞争力。二是探索中国国内银行离岸业务的牌照管理制度。可参考香港三级银行牌照（全牌照、部分牌照和接受存款公司）管理经验，以牌照管理代替目前的行政限制。对于资金实力雄厚、国际业务较多、风控水平较高的银行，可在人民币离岸业务在岸交易结算中心注册全牌照；其他商业银行可先注册部分牌照，随着离岸经验积累再逐渐扩大业务范围，实现离岸业务与风控水平相匹配。三是探索建立分层监管、激励相容的金融监管制度。科学划分人民币离岸业务在岸交易结算中心区域的国家与地方监管权限，实现权责对应、监管有则、创新包容。比如将离岸银行一部分业务的准入及监管权限下放到地方监管部门，更好地发挥地方能动性和信息优势，防范风险，促进创新。此外，大胆地把国际金融市场先进制度、做法、业务等引进来，放到人民币离岸业务在岸交易结算中心消化吸收再创新，成功后再在国内推行，进一步提升国家金融的市场化、法治化和国际化水平。

2. 同步推进资本项目下人民币国际化与资本项目开放的改革。有关研究表明，如果资本项目迟迟不开放，人民币国际化最多只能完成10%，而且仅仅在贸易项下输出人民币将使人民币国际化不可持续，可能陷入"特里芬悖论"。由于资本项目下的人民币国际化无法独立于资本项目可兑换的改革进行，因而两者应同步进行、互相促进。比如，同步放松对企业和个人换汇限制以及对人民币汇出的管制；同步提高境外机构向人民币银行间市场的投资额度以及 QFII 额度；同步允许非居民在境内在岸融入人民币以及将融得的人民币兑成外汇汇出；向非居民开放境内在岸人民币投资市场的速度，应与香港等离岸人民币投资市场的发展基本同步；等等。

3. 协调上海自贸区与广东人民币离岸业务在岸交易结算中心的发展定

位。上海自贸区与广东人民币离岸业务在岸交易结算中心，是错位发展、互补互促、联动共赢的，在人民币国际化进程中各自发挥重要作用。上海自贸区在金融领域的主要任务是引领国内金融发展，以在岸金融创新为重点，推动上海成为与纽约、伦敦、中国香港等并立的国际金融中心。广东人民币离岸业务在岸交易结算中心作为人民币离岸与在岸市场的对接枢纽，以及香港国际金融中心和广东金融强省建设的结合点，主要任务是促进人民币离岸金融市场发展，促进东南亚人民币区建设，为跨境人民币贸易投资及中国企业走出去提供国际金融服务。未来，上海银行间外汇交易市场与广东人民币离岸业务在岸交易结算中心的离岸人民币现货交易市场也是分工与合作关系：前者以人民币和美元交易为主，是境内在岸人民币汇率定价地，体现的是批发价格，一定程度上受央行调控，价格相对稳定；后者以人民币和港元、新加坡元等多种货币交易为主，依托于真实贸易和投资以人民币与其他多币种结算的行为，形成离岸人民币汇率，体现的是零售价格，主要由市场交易形成，价格波动较大，但定价主导权总体在国家手上。

总之，中国金融市场离岸在岸对接包括三个层次：（1）信息交换（Information Exchange）；（2）部分协调（Partial Coordination），我们也称相机抉择的协调（Discretion – based Coordination）；（3）全面协调（Full Coordination），我们也称以规则为基础的协调（Rule – based Coordination）。如果我们选择推进全面协调，那么，我们将应主要着手于离岸在岸实际对接中的四大方面联动：结算体系联动（Clearing & Settlement System Coordination）、规则标准联动（Rule – based Standard Coordination）、法律条款联动（Legal Clause Coordination）和监督管理联动（Regulatory System Coordination）。根据中国实际

发展，采取或运用不同类型、不同方式推动离岸市场与在岸市场有序对接互动，其不仅能有效加快人民币国际化步伐，同时能更加有效地参与全球金融体系治理，共同推动全球经济和金融市场的稳定发展。

Eight Highlights
of Finance in China

中国金融八论

五 论

"碳排放权交易"——"人民币结算"

——中国金融弯道超车路径探讨

要探讨中国金融弯道超车的路径和方法，我们应先了解《京都议定书》。如果说《世界关贸总协定》制定了世界有形商品的贸易体系，那么，《京都议定书》则制定了世界无形商品的贸易体系——碳商品的形成、碳市场的发展，成为全球贸易中的新亮点。它把全球各国大气中的温室气体排放量确定在一个稳定的适当水平以共同执行，我们把其称为继《联合国宪章》和《世界关贸总协定》之后的第三个"世界规则"。

一、《京都议定书》

1. 《京都议定书》（Kyoto Protocol）全称《联合国气候变化框架公约的京都议定书》是《联合国气候变化框架公约》（United Nations Framework Convention on Climate Change，UNFCCC）的补充条款。

2. 1997 年 12 月在日本京都由联合国气候变化框架公约参加国三次会议制定。

3. 该条约于 2005 年 2 月 16 日开始强制生效，到 2009 年 2 月，共有 183 个国家通过了该条约（超过全球排放量的 61%）。值得注意的是，美国虽然在议定书上签字但并未核准，之后首先退出了《京都议定书》，加拿大 2011 年 12 月也宣布退出。

4. 其目标是"将大气中的温室气体含量稳定在一个适当的水平，进而防止剧烈的气候改变对人类造成伤害"。这是人类历史上首次以法规的形式限制温室气体排放。

5. 为了促进各国完成温室气体减排目标，议定书允许采取以下四种减排方式：（1）两个发达国家之间可以进行排放额度买卖的"排放权交易"，即难以完成削减任务的国家，可以花钱从超额完成任务的国家买进超出的额度。（2）以"净排放量"计算温室气体排放量，即从本国实际排放量中扣除森林所吸收的二氧化碳的数量。（3）可以采用绿色开发机制，促使发达国家和发展中国家共同减排温室气体。（4）可以采用"集团方式"，即欧盟内部的许多国家可视为一个整体，采取有的国家削减、有的国家增加的方法，在总体上完成减排任务。

6.《京都议定书》建立了旨在减排的三个灵活合作机制——国际排放贸易机制（以下简称 IET）、联合履约机制（以下简称 JI）和清洁发展机制（以下简称 CDM），这些机制允许发达国家通过碳交易市场等灵活完成减排任务，而发展中国家可以获得相关技术和资金。

国际排放贸易机制（International Emissions Trading，IET）是《京都议定书》中引入的灵活履约机制之一。（1）国际排放贸易。其核心是允许发达国家之间相互交易碳排放额度。《京都议定书》规定的缔约方国家可以以成本有效的方式通过交易转让或者以境外合作方式获得温室气体排放权。这样，就能够在不影响全球环境完整性的同时，降低温室气体减排活动对经济的负面影响，实现全球减排成本效益最优。（2）国际排放贸易来历。其是根据《京都议定书》建立的发达国家与发展中国家合作减排温室气体的灵活机制。它允许工业化国家的投资者在发展中国家实施有利于发展中国家可持续发展的减排项目，从而减少温室气体排放量，以履行发达国家在《京都议定书》中所承诺的限排或减排义务。（3）缔约方。如果联合开展二氧化碳等温室气体减排项目，这些项目产生的减排数额可以被缔约方作为履行其所承诺的限排或减排量。对发达国家而言，IET 提供了一种灵活的履约机制；而对于发展中国家而言，通过 IET 项目可以获得部分资金援助和先进技术。IET 是全球减排和技术转让的手段之一。

联合履约机制（Joint Implementation，JI）是指发达国家之间通过项目级的合作，其所实现的减排单位（以下简称 ERU），可以转让给另一个发达国家缔约方，但是同时必须在转让方的"分配数量"（以下简称 AAU）配额上扣减相应的额度，即《京都议定书》规范的"联合履行"，是国家之间在"监督委员会"（Supervisory Committee）监督下进行减排单位核证与转让或获得，所使用的减排单位为"排放减量单位"（Emission Reduction Unit，ERU）。

清洁发展机制（Clean Development Mechanism，CDM）是《京都议定书》中引入的灵活履约机制之一。其核心内容是允许缔约方（发达国家）与发展中国家进行项目级的减排量抵消额的转让与获得，在发展中国家实施温室气体减排项目。

①来历。清洁发展机制是根据《京都议定书》建立的发达国家与发展中国家合作减排温室气体的灵活机制，即它是《联合国气候变化公约》中规定的相关缔约方在境外实现部分减排承诺的一种履约机制。由工业化发达国家提供资金和技术、在发展中国家实施具有温室气体减排效果的项目，所产生的温室气体减排量则列入发达国家履行《京都议定书》的承诺。

②参与方。清洁发展机制允许国家与国家之间实施能够减少温室气体排放或者通过碳封存或碳汇作用从大气中消除温室气体的项目，并据此获得"经核证的减排量"，即通常所说的 CER。缔约方国家可以利用项目产生的 CER 抵减本国的温室气体减排义务。

CDM 项目必须满足：获得项目涉及的所有成员国的正式批准；促进项

目东道国的可持续发展；在缓解气候变化方面产生实在的、可测量的、长期的效益。CDM 项目产生的减排量还必须是任何"无此 CDM 项目"条件下产生的减排量的额外部分。

参与 CDM 的国家必须符合三个基本要求：自愿参与 CDM；建立国家级 CDM 主管机构；批准《京都议定书》。此外，工业化国家还必须满足几个更严格的规定：完成《京都议定书》规定的分配排放数量；建立国家级的温室气体排放评估体系；建立国家级的 CDM 项目注册机构；提交年度清单报告；为温室气体减排量的买卖交易建立一个账户管理系统。

③符合项目。CDM 将包括以下方面的潜在项目：

改善终端能源利用效率；

改善供应方能源效率；

可再生能源；

替代燃料；

农业（甲烷和氧化亚氮减排项目）；

工业过程（水泥生产等减排二氧化碳项目，减排氢氟碳化物、全氟化碳或六氟化硫的项目）；

碳汇项目（仅适用于造林和再造林项目）。

④行业领域：

能源工业（可再生能源/不可再生能源）；

能源分配；

能源需求；

制造业；

化工行业；

建筑行业；

交通运输业；

矿产品；

金属生产；

燃料的飞逸性排放（固体燃料，石油和天然气）；

碳卤化合物和六氟化硫的生产与消费产生的逸散排放；

溶剂的使用；

废物处置；

造林和再造林；

农业。

⑤减排温室气体。CDM 规则中包含的温室气体有：CO_2（二氧化碳）、CH_4（甲烷）、N_2O（氧化亚氮）、HFCs（氢氟碳化物）、PFCs（全氟碳）、SF_6（六氟化硫）。其中排放 1 吨 CH_4 相当于排放 21 吨 CO_2，排放 1 吨 N_2O（氧化亚氮）相当于 310 吨 CO_2，排放 1 吨 HFCs（氢氟碳化物）相当于排放 140 ~ 11 700 吨 CO_2。

⑥清洁发展机制（CDM）的中国前景。截至 2011 年，中国已批准 CDM 项目数3 105个，其中云南省最多，为 331 个；其次是四川省，为 292 个。已批准 CDM 项目估计年减排量5.43 亿 tCO_2e。从已批准 CDM 项目数减排类型构成来看，新能源和可再生能源类 CDM 项目占比最大，占 71.63%，其次是节能和提高能效类。从已批准 CDM 项目估计年减排量的减排类型构成来看，新能源和可再生能源类 CDM 项目估计年减排量最大，占 50.91%，其次是节

能和提高能效类，占 15.28%。

截至 2011 年，中国已注册 CDM 项目数 1 503 个，其中云南省最多，为 170 个；其次是内蒙古。已注册 CDM 项目估计年减排量 3.34 亿 tCO_2e。从已注册 CDM 项目数减排类型构成来看，新能源和可再生能源类 CDM 项目占比最多，占 80.73%，其次是节能和提高能效类。从已注册 CDM 项目估计年减排量的减排类型构成来看，新能源和可再生能源类 CDM 项目估计年减排量最大，占 46.48%。

截至 2011 年，中国已签发 CDM 项目数 500 个，其中内蒙古 51 个，云南省为 49 个。已签发 CDM 项目估计年减排量 1.86 亿 tCO_2e。从已签发 CDM 项目数减排类型构成来看，新能源和可再生能源类 CDM 项目占比最多，占 77.40%，其次是节能和提高能效类。从已签发 CDM 项目估计年减排量的减排类型构成来看，HFC – 23 分解类 CDM 项目估计年减排量最大，占 35.84%，其次是新能源和可再生能源类。[1]

清洁发展机制是现存唯一可以得到国际公认的碳交易机制，基本适用于世界各地的减排计划。随着减排已经成为一种国际趋势，各种区域性和自愿性减排计划的出现，该交易市场的发展前景比较乐观，碳交易工具正在增加。作为主要参与方的中国，其清洁发展机制项目跟随国际形势，有着广阔的发展前景。

二、 碳、 碳排放权、 碳交易

（一）碳

碳是一种非金属元素，位于元素周期表的第二周期 ⅣA 族。本章中的

---

① 资料来源：国家发展和改革委员会网站。

"碳",一般是指二氧化碳的简称（英文 Carbon）。工业革命以来,人类的生产活动大量使用化石燃料,产生以二氧化碳为主的温室气体爆炸式增长引起地球变暖现象。"碳减排"是对温室气体减排的统称,这里的"碳"按《京都议定书》的定义包括二氧化碳、氧化亚氮、甲烷、氢氟碳化合物、六氟化硫等 6 种需人为控制排放的温室气体。

（二）碳排放权

指人类社会生产活动中存在排放温室气体总量的前提下,允许温室气体（碳）排放的权利或许可。碳排放权是具有价值的资产,可以作为商品在市场上进行交换——减排困难的企业可以向减排容易的企业购买碳排放权,后者替前者完成减排任务,同时也获得收益。根据预测,碳排放权可能超过石油,成为全球交易规模最大的商品。

（三）碳排放权交易（简称碳交易）

碳交易首创于美国经济学家戴尔斯,他 1968 年提出,将排放污染物（主要是温室气体）的合法权利由政府或国际间协议总量控制,并将其通过排放许可证或许可配额的形式表现出来,令环境资源可以像商品一样买卖,并形成国际贸易中的系列碳商品。即碳交易是为促进全球温室气体减排,减少全球二氧化碳排放所采用的市场机制。联合国政府间气候变化专门委员会通过艰难谈判,于 1992 年 5 月 9 日通过《联合国气候变化框架公约》。1997 年 12 月于日本京都通过了该公约的第一个附加协议,即《京都议定书》。《京都议定书》把市场机制作为解决二氧化碳为代表的温室气体减排问题的新路径,把二氧化碳排放权作为一种商品，从而形成二氧化碳排放权的交易，简称碳交易。

碳交易的基本原理是合同的一方通过支付另一方获得温室气体减排额，买方可以将购得的减排额用于减缓温室效应从而实现减排的目标。在 6 种被要求排减的温室气体中，二氧化碳（CO_2）为最大宗，所以这种交易以每吨二氧化碳当量（tCO_2e）为计算单位，称为"碳交易"。其交易市场称为碳市场（Carbon Market）。

我们从经济学的角度看，以二氧化碳为代表的温室气体需要治理，而治理温室气体则会给企业造成成本差异；既然日常的商品交换可以看做是一种权利（产权）交换，那么温室气体排放权也可以进行交换；由此，借助碳排放权交易便成为市场经济框架下解决污染问题最有效率的方式。这样，碳交易把气候变化这一科学问题、减少碳排放这一技术问题与可持续发展这一经济问题紧密地结合起来，用市场机制来解决这个科学、技术、经济的综合问题。碳交易本质上是一种金融活动，一方面金融资本直接或间接投资于创造碳资产的项目与企业；另一方面来自不同项目和企业产生的减排量进入碳金融市场进行交易，被开发成标准的金融工具。在环境合理容量的前提下，《京都议定书》规定包括二氧化碳在内的温室气体的排放行为要受到限制，由此导致碳的排放权和减排量额度（信用）开始稀缺，成为一种有价产品，称为碳资产。1997 年《京都议定书》规定的清洁发展机制（CDM）、排放贸易（IET）和联合履约（JI）三种碳交易机制，令碳资产可以像商品一样买卖，并形成交易中的系列碳商品。

（四）碳商品形成

随着《京都议定书》的实施，一方面，缔约方国家对通过几种碳排放权减排交易机制实现碳减排达成了共识，另一方面，承担实际减排责任的企业有碳排放权交易的需求。碳排放权客观上变成了可供交易的国际无形商品。发达国家已经形成了以碳配额交易、直接投融资、银行贷款、碳互换等一系列金融工具为支撑的碳金融体系，以碳远期、碳期货及碳期权等碳排放权交易的衍生产品也不断涌现。目前，"碳排放权"已经发展成为以排放配额交易为基础的具有投资价值和流动性的系列"碳商品"。其主要特点体现在以下几方面：

1. 碳商品的原生产品——碳排放权本质上是政府创设的环境政策工具。首先，履行强制碳减排责任的国家根据《京都议定书》为其设定的减排目标，确定减排期内该国可排放的温室气体总量上限，并以排放许可权的形式授权分配配额给控排企业，允许企业将未用完的排放权许可证或配额出售给超额排放温室气体的企业，这就是总量—限额交易的基本形式。其次，碳交易市场及运行机制由政府主导建设。最后，碳市场整体运营，包括碳资产的产生、权属转移、履约等，要依靠政府制定强有力的法律法规进行保护。

2. 碳商品具有全球公共物品属性和同质化、准金融等特点。温室气体具有流动性强和续存期长等特点，决定了温室气体和基于碳减排的碳商品具有全球公共物品属性，很难通过个别国家的努力达到缓解全球变暖的目的。碳商品是一种或有商品、无形商品，即双方买卖的对象是碳排放权；碳商品价格主要取决于当前碳市场需求与供给的稀缺程度。此外，全球碳排放权、碳商品具有同质化特性，进而具备准货币化、远期清缴交割、电子化登记、无库存成本等特质。这些特质决定了碳现货交易与期货交易联系紧密，两者的对接与统一，构成了完整的碳市场体系。

3. 碳商品市场天然具有区域统一性和期现货对接统一性。欧盟碳交易体系（EUETS）作为全球最完善、影响力最大的碳交易市场，从诞生之初便是一个多国参与的统一市场，推出了碳期货、碳期权、碳基金等衍生产品，形成了包含现货、期货、期权的多层次碳市场体系。美国区域性温室气体协议（RGGI）等市场从设计之初即做好了与其他碳市场及碳衍生品市场相互连接的准备，为后续统一市场建设奠定了坚实基础。

（五）碳远期交易

碳远期交易指双方约定在将来某个确定的时间以某个确定的价格购买或者出售一定数量的碳额度或碳单位，是适应规避现货交易风险的需要而产生的。清洁发展机制（CDM）项目产生的核证减排量（CER）通常采用碳远期的形式进行交易。项目启动之前，交易双方就签订合约，规定碳额度或碳单位的未来交易价格、交易数量以及交易时间。其为非标准化合约，通过场外交易市场对产品的价格、时间以及地点进行商讨，由于监管结构较为松散，容易面临项目违约风险。

（六）碳期货

碳期货指以碳买卖市场的交易经验为基础，应对市场风险而衍生的碳期货商品。碳期货与现货相对。碳期货是用二氧化碳进行买卖，在将来进行交收或交割标的物，这个标的物就是二氧化碳排放量。交收期货的日子可以是一星期之后，一个月之后，三个月之后，甚至一年之后。买卖碳期货的合同或者协议叫做碳期货合约。买卖碳期货的场所叫做碳期货市场。投资者可以对碳期货进行投资或投机。由于碳期货交易是公开进行的对远期交割二氧化碳的一种合约交易，其过程实际上就是综合反映供求双方对未来某个时间供求关系变化和价格走势的预期。这种价格信息具有连续性、公开性和预期性的特点，有利于增加市场透明度，提高资源配置效率。

（七）碳期权

碳期权指通过各国产权界定将温室气体排放权变为商品后，对未来一定时段中的碳交易所作出的一种买卖选择权。它主要包括碳交易的看涨选择权和碳交易的看跌选择权，即看涨碳期权和看跌碳期权两种。

（八）碳基金

碳基金是各国采取私募或公募、众筹等方式，专项筹措设立用于投资、控制或干预碳排放权交易以实施支持节能减排项目的资金。从世界各国发展情况来看，目前国际上购买经核证的减排量（CERs）的碳基金和采购机构大约50家，其主要设立管理方式包括：（1）全部由政府设立和管理（如芬兰、奥地利等国家）；（2）由国际组织和政府合作设立、由国际组织管理（由世界银行与各国政府合作促成）；（3）由政府设立采用企业化模式运作（比如英国和日本）；（4）由政府和企业合作建立采用商业化管理模式（典型代表是德国和日本）；（5）由企业出资并采取企业方式管理（其主要从事CERs的中间交易）。各类碳基金的设立目标、资金来源、筹资规模、运营期限、运行模式不同，对各国节能减排和清洁能源发展产生的推动作用、有效性和影响力也不相同，但从众多国家碳基金的实际效果与作用来看，都在不同程度上为各国应对气候变化和节能减排作出了贡献。

(九) 碳市场

碳市场指一个由人为规定而形成的国际碳交易市场。碳市场的供给方包括项目开发商、减排成本较低的排放实体、国际金融组织、碳基金、各大银行等金融机构、咨询机构、技术开发转让商等。需求方有履约买家,包括减排成本较高的排放实体;自愿买家,包括出于企业社会责任或准备履约进行碳交易的企业、政府、非政府组织和个人。金融机构进入碳市场后,也担当了中介的角色,包括经纪商、交易所和交易平台、银行、保险公司、对冲基金等一系列金融机构。

碳交易以国际公法为依据,以每吨二氧化碳当量(tCO_2e)为计算单位,实行温室气体排放权交易。

根据碳市场建立的法律基础划分,碳交易市场可分为强制交易市场和自愿交易市场。如果一个国家或地区政府法律明确规定温室气体排放总量,并据此确定纳入减排规划中各企业的具体排放量。这种为了达到法律强制减排要求而产生的企业间或政府间的碳交易市场称为强制碳交易市场。而基于社会责任、品牌建设、对未来环保政策变动等考虑,一些企业通过内部协议,并通过配额交易调节余缺而建立的碳交易市场,称为自愿碳交易市场。

根据交易对象划分,碳交易市场可分为配额交易市场(Allowance – based Transactions)和项目交易市场(Project – based Transactions)两大类。前者的交易指总量管制下所产生的排减单位的交易,其交易对象主要是指政策制定者通过初始分配给企业的配额，如《京都议定书》中的配额 AAU、欧盟碳排放权交易体系使用的欧盟配额 EUA（European Union Allowances），通常是现货交易。后者的交易指因进行减排项目所产生的减排单位的交易，其交易对象主要是通过实施项目削减温室气体而获得的减排凭证，如由清洁发展机制（CDM）产生的核证减排量 CER（Certified Emission Reduction）和由联合履约机制（JI）产生的减排削减量 ERU（Emission Reduction Units），他们通常以期货方式预先买卖。

　　根据组织形式划分，碳交易市场可分为场内交易市场和场外交易市场。碳交易开始主要在场外市场进行交易，随着交易的发展，场内交易平台逐渐建立。全球已建立了 20 多个碳交易平台，遍布欧洲、北美、南美和亚洲市场；欧洲的场内交易平台最多，主要有欧洲气候交易所、Bluenext 环境交易所等。

　　根据交易市场层级划分，碳市场体系可分为碳配额初始分配市场、碳配额现货交易市场以及碳期货及其他碳金融衍生品交易市场。各市场层级的交易对象、参与主体和主要作用各不相同（见表 5 - 1）。

表 5 - 1　碳市场体系层级

市场层级	交易对象	参与主体	主要功能
初始分配市场	配额初始分配	政府、控排企业（含新建项目）	创设碳配额
现货市场	配额现货交易	控排企业及其他合格投资者	基础价格发现、资源流转
期货等市场	碳期货、碳期权及其他碳金融衍生品等	控排企业、金融机构及其他合格投资者	价格发现、套期保值和规避风险

三、 世界碳市场的发展现状

目前，世界碳交易所主要有四个：

（1） 欧盟排放权交易所（European Union Greenhouse Gas Emission Trading Scheme，EU - ETS）；

（2） 英国排放权交易所（UK Emissions Trading Group，ETG）；

（3） 美国芝加哥气候交易所（Chicago Climate Exchange，CCX）；

（4） 澳大利亚国家信托（National Trust of Australia，NSW）。

由于美国和澳大利亚均非《京都议定书》成员国，所以只有欧盟排放权交易所和英国排放权交易所属国际性的交易所，美澳的两个交易所属于象征性的商业性交易所。

（一） 欧盟

过去半个多世纪，气候应对已经从最初的环境运动发展为联合国框架内的全球性政治共识。2001 年美国宣布退出《京都议定书》后，欧盟成为国际气候行动的领导者，碳交易很快成为欧盟应对气候变化不可或缺的重要政策工具和各成员国履行减排承诺的最主要手段。欧盟通过以下措施着力打造其在全球碳市场体系中的核心竞争力：一是在欧盟内部建立统一的碳交易市场，以增强欧盟内部减排配额的流动性；二是通过清洁能源发展机制（CDM）打通与发展中国家碳交易的兼容系统，以降低自身的减排成本。2005 年 1 月，欧洲碳交易体系（EUETS）正式运行，是目前世界上最大的碳交易市场。2005～2012 年，欧盟碳市场年交易额从 100 亿美元直线上升至

1 500亿美元，年均增长率达47%，2012年欧盟碳交易金额占全球配额交易市场的99.3%，掌握着国际碳市场主要定价权。EUETS分为三个实施阶段，现已进入第三阶段（2013~2020年），减排范围进一步扩大到石油、化工等行业。欧盟的碳排放总量必须保证每年以不低于1.74%的速度下降，确保2020年温室气体排放量比1990年至少低20%，在此阶段中的50%以上配额采取拍卖方式分配，到2027年实现全部配额的有偿拍卖分配。

目前，欧洲气候交易所上市交易的现货品种主要有：欧盟碳排放配额（EUA）和核证减排量（CER）；衍生品种主要有核证减排量期货合约、欧盟碳排放配额期货合约、核证减排量期权合约和欧盟碳排放配额期权合约。此外，2012年8月，欧盟宣布与澳大利亚连接彼此碳市场，双方就测量、报告、核查以及市场监管等方面达成一致。第一个跨洲的澳欧碳交易体系已在2015年实现欧盟与澳洲的单向连接，2018年7月前实现完全双向连接。

可见，从措施到发展阶段，从现货交易到期货品种交易再到跨洲交易体系的形成，欧盟碳排放交易市场走在世界前列。与此同时，欧洲的碳排放交易市场促进了欧洲碳金融产业的发展。二氧化碳排放权商品属性的加强和市场的不断成熟，吸引投资银行、对冲基金、私募基金以及证券公司等金融机构甚至私人投资者竞相加入，碳排放管理已成为欧洲金融服务行业中成长最为迅速的业务之一。这些金融机构和私人投资者的加入使得碳市场容量不断扩大，流动性进一步加强，市场也愈加透明，同时又吸引了更多的企业、金融机构参与其中，提高了欧洲金融产业的竞争力。

（二）美国

虽然美国退出了《京都议定书》，但美国在全球碳市场中仍然表现活跃，目前的交易体系主要有：区域性温室气体减排倡议（Regional Greenhouse Gas Initiative，RGGI）、芝加哥气候交易所（Chicago Climate Exchange，CCX）的自愿交易等。（1）区域性温室气体减排倡议（RGGI），是美国首个以市场为基础的强制性温室气体减排计划，成型于 2005 年，现由康涅狄格州、特拉华州、缅因州、新罕布什尔州、纽约州、佛罗蒙特州、马萨诸塞州、罗得岛州和马里兰州等九个州组成。于 2007 年成立的 RGGI 法人机构（RGGI，Inc.），是基于 RGGI 的非营利性法人。该法人的职责范围包括记录监督排放气体总量，跟踪二氧化碳排放配额；维护一级市场和二级市场上的碳交易；为各成员州申请抵消项目和评估项目利益提供技术支持。RGGI 覆盖的温室气体仅限于二氧化碳，规制对象是该区域内 2005 年后装机容量等于或者超过 25MW 的化石燃料发电厂。减排计划分为两个阶段，第一个阶段是 2009 年至 2014 年，目标为保持区域排放总额及各州排放总额不变；第二个阶段是从 2015 年开始，各州年减排量每年递减 2.5%，到 2018 年底将在原基础上减少 10%。近年来，RGGI 在环境保护方面作出了巨大贡献。（2）芝加哥气候交易所成立于 2003 年，是全球第一个具有法律约束力、基于国际规则的温室气体排放登记、减排和交易平台。现有会员近 200 个，分别来自航空、汽车、电力、环境、交通等数十个不同行业。会员分两类：一类是来自企业、城市和其他排放温室气体的各个实体单位，它们必须遵守其承诺的减排目标；另一类是该交易所的参与者。该交易所开展的减排交易项目涉及二氧化碳、甲烷、氧化亚氮、氢氟碳化物、全氟化物和六氟化硫 6 种温室气体，试图借用市场机制来解决温室效应这一日益严重的社会难题，各会员自愿参与。芝加哥气候交易所一度主导着全球 VER（承担法律约束力的自愿碳交易）的定价权。（3）2013 年 1 月加州启动碳交易体系运行，一跃成为当时世界第二大碳市场（控制排放的总量）。2014 年 1 月，加州与加拿大魁北克碳交易体系正式连接，成为美洲第一个跨国连接的碳交易体系。加州除允许控排企业在美国境内实施的减排项目核证的碳信用履约外，还与墨西哥、魁北克等政府签订备忘录，方便加州控排企业在墨西哥、魁北克投资的减排项目在加州碳排放交易市场上履约。

（三）亚洲

亚洲部分国家已建立或开始着手构建碳交易市场。日本是亚洲第一个建立碳交易市场的国家，其碳交易市场先后经历了两个重要发展阶段：第一阶段是 2005 年建立的自愿性排放交易体系（JVETS），主要针对日本国内自愿参与减排的企业，采用总量配额交易的运作模式；第二阶段是 2010 年启动的日本东京都温室气体交易体系，是世界第一个限制城市减排总量的交易体系，覆盖了工业、商业领域约 1 400 个排放源。印度作为第一个建立国内碳交易市场的发展中国家于 2008 年开始碳交易，在 2012 年正式建立了印度节能证书交易计划（PAT），该交易市场主要对印度国内的水泥、钢铁等行业的企业实施强制性减排交易策略。同时，印度还推出欧盟减排许可期货和 5 种核证减排额期货。韩国是全球第七大碳排放国，90% 以上的能源依赖于进口，从 2012 年开始逐步建立全面的减排目标管理体制。韩国碳交易体系在 2015 年启动，涉及大型电力生产、制造和运输以及国内航空等行业，设定排放总量上限约束，通过排放配额交易实施强制减排机制。

（四）中国

中国是全球第二大温室气体排放国。中国被许多国家看做是最具潜力的减排市场。中国也有越来越多的企业积极参与碳交易。

2011 年，中国国家发改委确定北京、天津、上海、广东、深圳、湖北、重庆开展碳排放权交易试点。2012 年，7 个试点省市研究编制试点方案，开展各项基础准备工作；2013 年 6 月 18 日，深圳市碳排放权交易市场开市；2013 年 11 月 26 日，上海市碳排放权交易市场开市；2013 年 11 月 28 日，北京市碳排放权交易市场开市；2013 年 12 月 20 日，广东省碳排放权交易市场开市；2013 年 12 月 26 日，天津市碳排放权交易市场开市；湖北省、重庆市随后启动。

2015 年 9 月 8 日，由中国碳论坛（CCF）和 ICF 国际咨询公司联合开展的《2015 中国碳价调查》发布。调查认为，中国碳排放峰值将出现在 2030 年。同时，随着时间的推移，未来碳价将逐步告别低位。

中国"加快建立全国碳排放权交易市场"大致分为 3 个阶段：（1）2014～2016 年为前期准备阶段。这一阶段是中国碳市场建设的关键时期。（2）2016～2019 年是中国碳交易市场的正式启动阶段。这一阶段将全面启动涉及所有碳市场要素的工作，检验碳市场这个"机器"的运转情况，其中，2017 年末已搭建起全国性碳交易体系框架。（3）2019 年以后，将启动碳市场的"高速运转模式"，使碳市场起到温室气体减排的核心作用。

这就是说，中国已正式启动碳现货交易。从试点的碳现货交易市场看，中国试点碳市场均为强制减排碳市场（与自愿交易市场相对应），即基于

"总量控制与交易"体制下的配额交易市场。碳分配市场上,配额总量设定都采用历史排放法、行业基准法和历史强度法来核定,但配额发放方式有所不同:北京、上海为免费发放;广东、天津、深圳采取"免费为主,有偿为辅"的方式以平抑二级市场的价格波动。现货市场上,各试点参与交易的主体均以控排企业为主,机构投资者为辅,广东、天津和深圳允许符合条件的个人投资者入市交易。其中,几个试点省市碳交易市场关键制度比较见表5-2。

表5-2　5个试点省市碳交易市场关键制度比较

内容	广东	上海	天津	北京	深圳
2013年配额量	3.88亿吨	1.6亿吨	1.6亿吨	1.03亿吨	0.3亿吨
配额分配方式	免费为主有偿为辅	免费发放	免费为主有偿为辅	免费发放	免费为主有偿为辅
配额核定方式	历史排放法行业基准法	历史排放法行业基准法	历史排放法历史强度法行业基准法	历史排放法历史强度法行业基准法	历史强度法行业基准法
现货市场参与交易主体	控排企业机构投资者	控排企业机构投资者个人	控排企业机构投资者个人	控排企业机构投资者	控排企业合格投资者个人

可见,一方面,中国属全球第二大温室气体排放国,是最具潜力的减排市场;另一方面,中国还处于碳排放权交易的建设阶段,市场运作正在逐步健全,除正式启动碳现货交易外,碳远期、碳期货等市场还处于探索和产品研发之中,尚未建立碳期货交易所等。

四、　碳排放权交易——人民币结算

鉴于此,中国应全力探讨"碳排放权交易"捆绑"人民币结算",作为中国在国际金融体系中"弯道超车"的新路径。未来十年将是中国减碳关键期。

美欧等发达国家近年来大力宣扬开征碳税与碳关税。据报道，这一时间节点将在 2020 年左右。而此时，恰逢中国碳排放向峰值攀升阶段。一旦征收碳关税，并按照美欧的标准确定税额，中国的出口产品将会因碳排放量过高而遭受高额关税这一贸易壁垒。换言之，未来 5～10 年将是中国企业转型发展的关键时期。如果没能利用好这一过渡期，中国企业不仅将面临高昂的碳排放配额费用，还有可能面临因高排放带来的出口受挫。

因此，中国探讨加快建立碳交易市场，既包括碳交易现货市场，又包括碳交易期货市场，健全的碳交易体系对促进具有威慑力的排放倒逼机制、督促企业加快绿色转型的进度具有重要作用。同时，通过产业、税收等政策引导鼓励企业积极采用低碳技术，提供绿色环保的服务，生产低碳排放的产品，将能全面提升中国企业在世界产业链中的地位，使中国外贸向绿色化方向升级。

（一）"碳排放权交易"是优化中国产业区域配置的一种制度安排

国内外实践表明，相比碳税政策和单纯的行政强制减排，碳排放权交易是在市场经济框架下解决气候、能源等综合性问题最有效率的方式。碳交易本质是通过市场机制来解决碳排放的负外部性，将外部成本内化为排放主体的内在成本，进而实现减排，并在全球范围内优化配置碳资源的一种制度安排。碳交易通过市场手段促进减排成本向碳收益转化，引导金融资源更好地向低碳经济领域倾斜，最终实现全社会的整体减排成本最小化，有利于加快各国产业结构转型升级和经济发展方式转变。

中国地域辽阔，区域经济发展不平衡，一些地方政府存在追求地区生产总值增长的发展导向。由于中西部等欠发达地区受自然环境和生态保护的限制，不少地区不适合发展高强度制造业。通过加快碳市场体系建设，鼓励欠发达地区通过保护良好的生态环境、开展森林碳汇等建设实现碳减排量化，而高耗能的经济发达地区则通过购买碳减排量的方式扶持欠发达地区发展，将现有的不平衡发展模式转化为市场化的生态协调发展格局，能更好地以市场手段促进区域协调发展和优化产业区域配置。

（二）标准化的碳市场体系建设是中国 21 世纪海上丝绸之路金融战略的重要切入点

目前亚洲地区仅日本、印度等开展规模较小的碳交易，东盟十国尚未在碳交易领域进行探索，亚洲地区基于强制减排机制运行的碳交易市场刚刚起步。加快推进中国健全的碳市场体系建设，最终形成覆盖东南亚等国家和地区的区域性碳交易体系，是中国构建 21 世纪海上丝绸之路重要的金融切入点，有利于展现中国与周边国家和地区"共享机遇、共迎挑战、共同发展、共同繁荣"的诚意和决心，有利于形成中国与东南亚国家和地区的低碳经济发展的金融体系，有利于增强中国金融市场的辐射力和影响力。

（三）"碳排放权交易——人民币结算"演绎人民币国际化"弯道超车"新路径

1. 国际货币应具备三种基本职能。第一，在国际贸易中充当结算、支付货币；第二，成为其他国家或地区货币当局的储备货币；第三，成为其他国家或地区货币当局调剂外汇市场的锚货币。一国货币要想成为国际货币甚至关键货币，通常遵循结算、支付货币—储备货币—锚货币的基本路径，成为能够被国际货币体系内多数国家接受并有着跨境流动便利的货币。在现行国际货币体系下，国际货币主要包括美元、欧元、日元、英镑等，其中美元是关键货币。

2. 能源绑定往往成为国家崛起和本国货币充当国际货币的助推剂。能源贸易量在总贸易量中所占的比重很高。（1）第一次世界大战前后，以煤炭为主的能源贸易量从居于棉花、小麦之后第三的位置一跃成为位居第二；（2）第二次世界大战后，能源包括原油、布伦特原油、RBOB 汽油、燃料油、瓦斯油和天然气等，在高盛所编制的 24 种大宗商品指数（Goldman Sachs Commodities Index）中，美元权重达 64.51%。[①] 在国际贸易和金融发展中，一国经济活动与能源贸易的结合度成为决定该国货币地位的重要因素，而一国货币崛起的起点又往往与国际大宗商品，尤其是与能源的结算、支付定价权或绑定权的结合直接相关。

3. 工业革命前能源与货币绑定关系尚未清晰。16 世纪，国际贸易中心从地中海地区和意大利城市转移到欧洲西北角的比利时和荷兰，而后的一个世纪，荷兰控制了世界贸易霸权，荷兰盾在国际贸易中成为关键货币。但当时的国际贸易主要以木材、鱼类、粮食、毛皮、香料、棉纺织品和丝绸、瓷器等为主，即人类生产以手工作坊为主，国际贸易以柴米衣锦为主，缺乏能

[①] S&P GSCI Commodities Index，January 16，2009.

源需求，能源与货币绑定关系未显现。

4. "煤炭—英镑"。18世纪最后的二十五年，英国取代荷兰成为世界领先的贸易强国，伦敦取代阿姆斯特丹成为最重要的金融中心。蒸汽机的问世引起系列技术革命并实现从手工劳动向动力机器生产的飞跃转变，煤炭成为近代工业的主要"食粮"。工业革命及机器大工业的产生发展，促使能源需求急剧增长。1840年英国率先完成工业革命，并最早成为以煤炭作为主体能源的国家。19世纪中叶，英国的煤炭产量已占世界总产量的2/3左右，既成为世界煤炭供给主要来源地，又完全左右了世界煤炭市场。"煤炭交易"捆绑"英镑结算"，使英镑成为国际贸易中的关键货币，在金本位体制下的英镑地位显赫，使许多国家央行储备选择了英镑而非黄金，当时的国际结算中90%使用了英镑。①

5. "石油—美元"。美元取代英镑成为关键货币，受益于两次世界大战伴随的石油取代煤炭引起的核心能源的更迭。19世纪后半叶内燃机革命促成了石油成为工业革命新高潮的"血液"。20世纪20年代，内燃机普及，石油需求及其贸易迅速扩大；第二次世界大战期间，美国成为盟国的主要能源（石油）供应者；第二次世界大战后，美国掌握了几乎世界原油产量的2/3②，也正是在这一时期，20世纪70年代美国与沙特阿拉伯达成"不可动摇协议"，将美元确立为石油唯一计价货币，世界前两大石油期货市场芝加哥期货交易所和伦敦国际石油交易所都以美元作为计价、结算、支付货币单位；等等。从而确定、保证了美国运用美元对石油大宗商品的国际定价权和

---

① 《当代亚太》113页，2009（1）。
② 《当代亚太》114页，2009（1）。

国际货币格局中的美元本位制。

6. 蒙代尔"货币稳定三岛"——美元、欧元、人民币三足鼎立。2001年及之后的多个场合，美国著名国际金融学家、经济学诺贝尔奖获得者罗伯特·蒙代尔（Robert Mundell）提出"货币稳定三岛"的大胆构想，即美元、欧元、人民币三足鼎立形成全球范围内的稳定货币体系。在美元、欧元、人民币之间创建1:1.2或1:1.4之间三位一体固定汇率的"货币区"，其他各国货币与三位一体"货币区"形成浮动汇率，以促进国际稳定货币体系的形成和各国贸易结算支付关系的发展。因此，在现有国际货币金字塔中，一方面以现行"美元本位"的国际货币体系亟待改革，另一方面尤其是以人民币为代表的他国货币如何能在现有国际货币金字塔中脱颖而出，或人民币成为国际货币甚至关键货币的"弯道超车"路径在哪儿？就成了国内外探索的一个重要课题。

7. "碳排放权交易——人民币结算"。"煤炭—英镑"和"石油—美元"的崛起展示了一条简单而明晰的货币地位演化之路。（1）未来发展以低碳经济作为各国的经济增长模式，伴随着清洁能源技术的新突破、新利用和新组合，以低碳为特征的新能源运用及贸易——碳信用、碳商品、碳排放权交易等就会蓬勃兴起；（2）中国是全球第二大温室气体排放国家，也是被世界各国认为是最具潜力的排放市场，中国也有越来越多的企业参与碳排放权交易；（3）根据世界银行的测算，全球碳交易总量2020年有望达到3.5万亿美元，超过石油成为世界第一大交易市场。在国际货币先后经历了"煤炭—英镑""石油—美元"体系之后，中国抢占先机以"碳排放权交易——人民币结算"为载体，建立与东南亚等国家和地区的低碳经济发展金融体系，可演绎一条人民币国际化在能源贸易中崛起的"弯道超车"新路径。

五、 加快中国碳交易市场建设发展

（一） 建立健全碳市场体系

不同于欧盟"自上而下"和"期货现货同步"的跨成员国统一碳市场体系建设路径，中国在碳市场体系建设路径选择上，以"自下而上"，即"先试点后推广、先区域后全国、先现货后期货"的传统方式稳步推进。目前，中国国家发改委正在牵头开展国家碳交易注册登记系统建设以及全国统一的温室气体排放统计核算和报告体系建设等相关工作，并于近两年将碳交易从局部试点逐步推向全国。但是，中国碳市场体系建设仍然存在几个主要问题：

1. 缺乏碳交易统一平台，市场分割明显，流动性不足，价格发现机制尚未形成。首先，中国目前的碳交易市场尚处于初级发展阶段，缺乏全国性的碳交易场所。各试点省市的核心制度设计，包括碳排放监测、报告和核证、配额注册登记系统、交易规则等方面存在较大差异，未能形成统一标准。其次，各地试点初期覆盖的控排企业数量不多，企业交易意愿不强，金融机构和非控排企业参与度不高。试点市场普遍存在参与度较低、交易量有限、流动性不足等问题。此外，个别试点地区的业务主管部门一味强调配额的分配以及通过履约达到强制减排的目的而忽视了现货交易市场的发展；中国碳市场至今还缺乏为企业提供风险对冲和价格管理的期货、期权等碳衍生品种。这些问题使碳市场功能未能得到正常发挥。

147

2. 金融机构参与度不高，碳金融专业人才缺乏。碳交易的规模要大、流动性要强，必然需要金融的支持，才能真正成为中国乃至国际性的交易及衍生品种。但目前中国有关碳金融业务的组织机构和专业人才短缺，对碳金融工具、碳产品项目开发、操作模式等投入不足，国家也缺乏系统、规范的碳金融政策文件作为指导，国内更缺乏碳基金、碳期货、碳期权等各种金融衍生工具以及风险分担和利益补偿机制。

3. 在全球碳交易市场的话语权缺失，碳交易国际化程度不高。为掌握未来碳交易市场中的制度主导权、话语权和定价权，欧盟 EUETS、美国 RGGI、加州碳排放交易体系、加拿大魁北克碳排放交易体系等均通过外部连接机制，与其他减排市场尤其是新兴市场国家建立的减排市场进行单向或双向连接。中国当前七省市试点的碳排放交易体系基本没有与外部市场连接的机制设置。此外，在《京都议定书》CDM 机制下，中国也欠缺话语权。由于不熟悉碳金融产品的交易规则、操作模式等，企业现在卖出的 CDM，主要是由国际碳金融机构承接运作，定价权被国际金融机构掌握，计价结算货币也主要是欧元等，人民币不是主要结算货币，造成尽管中国是 CDM 市场的最大卖方，但却处于 CDM 市场产业链最低端的被动局面。

(二) 创建碳期货交易所

中国碳市场体系建设的目标：应实行国际自愿和国内强制减排相结合，将碳交易强制纳入全国统一的交易市场，建立健全包含现货和期货在内的碳市场体系，构建国家级交易平台和世界级交易平台，加强与国际碳市场的交流合作，争取最终获得在国际碳市场尤其是亚洲碳交易市场的定价权或能源话语权。

碳市场本身的特性和国际经验均表明，碳市场体系建设的有效路径是统一交易，与现货、期货市场同步对接。因此，中国应在现有各省市碳现货市场试点的基础上，第一，要全面提速建立统一的国内碳现货市场；第二，要同步创设碳期货交易所；第三，要建立健全多元化的碳金融组织服务体系。全国统一的碳市场体系架构设想见图 5 – 1。

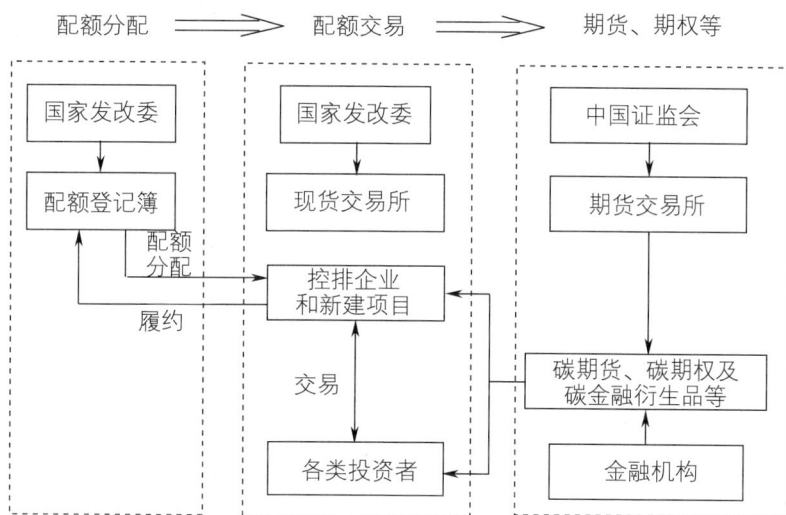

图 5 – 1 全国统一碳市场体系架构

（三）以标准化建设为抓手，抢占亚洲碳期货市场话语权

1. 完善碳排放标准及基础交易机制。

（1）控制碳排放总量，以碳排放强度为基础规范总量控制目标。

在共同但有区别责任下，中国主动承诺 2020 年比 2005 年单位 GDP 碳排放强度下降 40% ~45% 的目标。因此中国可将下降 40% ~45% 碳排放强度这个相对排放量控制目标作为碳交易市场过渡时期的碳排放控制目标使用。

设想操作方法是："碳强度"计算公式为碳排放量除以 GDP 总量。根据 2020 年单位 GDP 二氧化碳排放强度（碳排放量/GDP）下降目标，确定之前各年度单位 GDP 二氧化碳排放强度下降的具体目标，根据对下一年 GDP 增长预期和设定的下一年度单位 GDP 二氧化碳排放强度下降目标进行计算。计算公式为：碳排放量控制目标 = 碳排放强度下降目标 × GDP 增长预期目标，据此确定下一年二氧化碳排放总量控制目标和当年排放总量之差，为下一年度的二氧化碳允许排放增量，将排放总量或增量作为指令性指标纳入年度计划。

（2）规范初始排放权配额分配机制。

初始排放权配额分配机制是整个碳交易机制运行的核心，分配排放权就意味着分配财产利益，排放权分配合理性关系到排放权交易机制实施的公平性和运行的有效性。在中国建立碳交易市场前期，可以仿照欧盟采取的"祖父条款"（Grandfather Clause）原则，采纳无偿分配为主的方式来分配排放权配额，即只要是现有的排放者，都可免费分配到大部分排放权配额，少量采取有偿分配原则。由于大部分排放权配额是免费分配，对参与排放实体来说，如因超标减排产生剩余的排放权配额可以出售获利，这样可以吸引更多企业参加，扩大交易的市场规模。

在交易市场发展到一定阶段后，可采取无偿分配与有偿分配相结合的方式，即由政府通过宏观调控适时地调整有偿分配的比例；然后采取渐进式、分行业的转变办法，选择特定的碳排放量大的行业，比如电力、钢铁、煤炭等，逐年降低无偿分配比例，增加有偿购买的比例，并把拍卖所得建立碳基金，以一定比例补贴的模式支持低碳环保技术和产业的发展；最后，经过一定阶段的发展，形成以拍卖为主的分配模式，建立起公平、高效的市场化排放权配额分配制度。

（3）规范排放许可机制。

第一，中国应建立类似《欧盟温室气体排放交易指令》的温室气体排放许可机制，规定从事温室气体排放的经济实体必须拥有主管机关颁发的排放许可证，即每一个被排放许可机制纳入的排放装置设施，必须向其所属的主管部门申请其排放温室气体的许可证。

第二，确定排放许可证申请内容。一般包括：排放源、排放装置及其活动，包括其使用的技术；可能会导致温室气体排放的原材料和辅助材料的使用；计划采取的指导方针、监控和报告措施等。

第三，确定排放许可证颁发的前提条件，制定出温室气体排放的监控和报告的标准。只有排放主体在提交的温室气体监控和报告方面能够达到主管部门满意的标准，主管部门才向其颁发温室气体排放许可证。

第四，制定出详细、明确的排放许可内容。排放许可证的内容应包括：排放装置和活动的描述；监测要求，详细说明监测方法；报告要求。

（4）规范排放和交易登记机制。中国应建立一个国家注册登记系统，参与交易方都应在国家主管部门系统内建立一个账户，所有排放数据和交易活动都要通过该账户进行登记。通过标准化的数据库对企业的排放数据和排放许可配额的签发、持有、转让、获取、注销和回收的数据进行录入统计。考虑到将来要与国际碳交易市场连接，国家注册登记系统的结构和数据格式都应符合《联合国气候变化框架公约》缔约方大会制定的技术标准，以保证国家的注册登记系统能与《京都议定书》下的 CDM 登记系统和各国的碳交易机制登记交易系统进行准确、透明和有效的数据交换。

（5）规范监控与核证机制。监控与核证机制是为了确认参与排放权配额交易的排放主体的减排量是否真实而确立的一种核查、认证制度。中国需要设立独立于排放主体和管理部门之外的第三方，由第三方对减排数据进行核查和监测验证，以确保排放数据的准确性。

首先，要培育专业化的核证机构和技术人才，设立核证机构和人员能力资质要求标准（这些核证机构必须掌握技术层面的相关业务，如确定基准线、排放监测等专门技术；掌握核算减排量的相关方法学）。其次，为了监控碳排放量及保证核证数据的准确性，必须建立起国家碳排放核算标准体系和统一排放量的计算公式（如欧盟的排放量计算公式为：活动数据×排放系数×氧化系数。活动数据包括使用燃料、生产率等。排放系数应使用可接受的燃料排放系数；氧化系数是如果排放系统没有考虑到一些碳不被氧化的事实，那么应使用额外的氧化系数）。最后，核证报告要与配额的转让交易机制挂钩，确保排放主体进行核证的必要性。

2. 合理设计碳期货交易标准及交易机制。

（1）合约标的：是以二氧化碳当量为换算标准的碳排放权，即以二氧化碳当量排放空间为标的物的标准化期货合约。

（2）交易单位及报价单位：合约价值等于交易单位乘以该合约的市场价格，交易单位若设定太高，会不利于期货合约的流动性；若设定太低，会影响投资者进入期货市场进行套期保值的积极性。因此，交易单位可参照国际碳期货交易市场上所采用的交易单位——"1 000 吨二氧化碳/手"。报价单位是公开竞价过程中对期货合约报价所使用的单位。报价单位可设为"元（人民币）/吨"。

（3）最小变动价位：期货合约中的最小价格波动值也称为"刻度值"，期货交易中买卖双方每次报价时价格的变动必须是这个最小变动价位的整数倍。建议最小变动价位控制在 0.01 ~ 0.05 元（人民币）/吨的范围内比较合适，相应地，每手合约（1 000 吨）的最小变动价值为 10 ~ 50 元（人民币）。

（4）涨跌停板幅度和交易保证金：在不同的季节和时间，碳的排放量是不同的，这导致碳排放现货价格波动比较频繁、波动幅度较大，因此涨跌停板幅度应该较其他期货品种更大一些，这样也更利于活跃交易。同时，为有效控制价格波动所带来的风险，碳期货交易的保证金比例也应该较其他期货品种要高。目前中国商品期货的涨跌停板幅度大多为上一交易日结算价的 3% ~ 7%，保证金大多为合约价值的 5% ~ 10%（经纪公司最低加收客户保证金 3%）。建议在碳期货交易合约中宜将涨跌停板幅度设置为上一交易日结算价的 ±8%，最低交易保证金设置为不低于合约价值的 10%，这样可抵御停板带来的风险，有利于控制风险。

（5）交割事项：①交割标准品：经中国国家主管部门批准、确认和登记的以多少吨二氧化碳为换算标准值的碳排放的减少量或增加量。②交割方式：碳配额作为一种特殊的商品，是一种权利，交易企业在国家主管部门都有登记和备案，所以其交割必须通过国家主管部门进行划拨（实际操作过程中可通过主管部门认定的集中登记托管机构进行），同时进行现金结算。③交割日：参照国际碳期货交易市场上的惯例，每个合约月份的最后一个星期一作为交割日，进行碳排放权的交割（遇法定假日顺延）。④交割结算价：

确定交割结算价为该期货合约最后交易日的结算价。

（6）合约月份：碳排放量虽然会随气候条件的变化而变化，但是在一年当中的 12 个月中都有碳排放，而碳汇的生成也始终在进行，所以一年当中的每个月都应是合约月份。对碳期货合约的初步设计见表 5 - 3。

表 5 - 3 中国碳期货合约的设计

合约条款	具体内容
交易单位	1 000 吨二氧化碳/手
报价单位	元（人民币）/吨
最小变动价位	0.01 ~ 0.05 元人民币每吨或 10 ~ 50 元人民币每份合约
涨跌停板幅度	上一交易日结算价 ±8%
最低交易保证金	合约价值的 10%
交割日	合约到期月份的最后一个星期一，遇国家法定假日顺延
最后交易日	交割日的前一个工作日
合约月份	1、2、3、4、5、6、7、8、9、10、11、12 月（按月份交割）

（7）交易机制：碳期货交易市场的有效运行需要完善的交易机制、结算机制及风险管理机制，概括如下。

一是建立完善的交易和结算机制，包括市场参与主体、交割规则、价格形成制度等项工作。其中，碳期货交易所的设立及规范运作是一个系统工程，不论是硬件设施的准备，还是软件程序及合格人员的配置均可借鉴现有期货交易所的做法。

二是建立有效的风险管理机制，包括行之有效的保证金制度、涨跌停板制度、持仓限额制度、大户持仓报告制度、强行平仓制度、强制减仓制度、结算担保金制度、风险警示制度等风险管理机制。其中，风险警示制度要求建立对风险实时监控的计算机风险预警系统，以实现以下基本功能：第一，通过对资金、持仓和价格等单项指标非正常情况的实时反映和对各单项指标的综合分析来界定期货市场的风险程度。运用这套系统跟踪、监控期货市场的运转，及时发现市场风险隐患，达到事先防范和控制风险的目的。第二，通过查询系统和使用相关工具，迅速查找风险根源，找出问题的关键，为采取有效的风险防范措施打下基础。第三，具备多合约综合处理能力，在市场中多个合约呈联动或反向运动情况下，该系统能对参与多个合约交易的会员的情况进行综合处理。

3. 加强法制建设，捆绑碳期货交易与人民币国际结算，提升人民币的国际地位。

（1）制定健全的全国碳资产财产权保护法。发达国家的经验表明，以立法手段定义碳配额的权利属性并进行权利责任配置，是建立碳交易市场最为重要的制度前提。中国应抓紧推出国家层面的碳市场体系上位法，围绕碳交易的七大运行机制细化制度设计，包括：确立排放限额和分配机制、产权激励机制、履约机制、交易保障机制、减排促进机制和违规惩罚机制、救济机制及外部连接与合作机制，并明确各职能机构的职责，统一各试点市场的运行，以高位阶产权保护法来促进市场有序发展。

一是制定强有力的保护碳资产财产权的上位法。国家层面的立法可以对二氧化碳排放的总量控制、许可、分配、交易、管理以及交易双方的权利义务、法律责任等作出明确规定，为碳交易市场运行提供法律依据和保障。

二是制定全国统一的方法学。目前，中国国家发展和改革委员会已公布了《温室气体自愿减排方法备案清单》，为中国自愿减排项目设定了统一的标准，然而尚未对碳配额设置全国统一的方法学。应当尽快在实践的基础上，建立一套符合科学、易操作的统一的方法学，明确碳减排的目标责任制和考核制度，以保证碳市场的可预期性、公平性和公正性，从检验制度和方法上减少对配额分配和交易结果的争议，有助于从根本上消除区域间标准不同产生的碳泄漏问题。

三是制定并健全碳期货交易相关法律法规。学习借鉴欧盟等碳期货法律法规建设先进做法，同时总结中国在传统期货法律法规建设上多年来的经验教训，科学制定并完善中国碳期货交易法律法规体系，包括《碳期货交易管理条例》《碳期货交易所管理办法》《碳期货投资者保障基金管理暂行办法》《碳期货从业人员管理办法》《碳期货从业人员执业行为准则》等。

（2）吸纳亚太国家和地区参与中国碳期货交易，促成人民币为其主要计价结算货币。一方面目前亚太地区仅日本、印度等开展小规模碳现货交易，东盟十国尚未在碳交易领域进行探索，亚太地区基于强制减排机制运行的碳交易市场刚刚起步，尚未涉足碳期货交易。另一方面，虽然目前全球碳交易暂时形成了以欧元为主的计价方式，但尚未构成牢固的捆绑体系。因此，中国加快建设碳期货交易所，广泛吸纳亚太国家和地区参与，一旦人民币成为碳期货交易主要结算货币，有利于建立中国与东南亚等国家和地区的低碳经济发展的金融体系，加快人民币国际化的"弯道超车"，从而进一步提升中国在国际金融中的地位。

（3）制定碳期货市场国家（国际）监管准则。充分借鉴和吸取欧美碳期货市场建设的先进经验，中国应建立证监会、碳期货交易所和碳期货业协会三级监管机制，加强与国外碳期货市场及监管机构的合作。制定完善国际化的交易制度、规则以及监管合作准则，做到公开、公平、公正，发挥碳期货市场的各项功能，保护国内外排放主体和投资者权益，特别是采取包括交易保证金和涨跌停板幅度的调整、限期平仓、强行平仓、"熔断"或暂停交易、休市等国际通用的措施和机制防范风险，维护市场有序运行。

Eight Highlights
of Finance in China

中国金融八论

六 论

中国网络金融的现在与未来

——中国金融科技创新趋势探讨

一、 网络银行发展概况

（一） 网络银行的定义

世界各国各地区以及国际机构对网络银行定义都有不同的阐述，比较有代表性的是：巴塞尔银行监管委员会的定义——网络银行是利用电子手段为消费者提供金融服务的银行，这种服务既包括零售业务，也包括批发和大额业务。美联储的定义——网络银行是指利用互联网作为其产品、服务和信息的业务渠道，向其零售和公司客户提供服务的银行。从中可以归纳出网络银行范畴的两条主要骨架，即"网络"与"银行业务"。

从技术操作的角度，网络银行运作的全过程都是通过信息技术手段构建在互联网空间当中，是虚拟银行（Virtual Bank），但从业务类型的角度，其所有开展的业务都必须有实际操作存在，只是操作手段上"虚拟"了。

（二） 网络银行的类型

网络银行分为两类，即纯网络银行和分支型网络银行。前者可称为"只有一个站点"的银行，一般只有一个办公地点，无分支机构、无营业网点，几乎所有业务都通过互联网进行，是一种纯粹的虚拟银行；后者是原有传统商业银行以互联网为工具通过银行网络站点或客户端应用向个人或企业客户提供的在线服务类型。

（三）网络银行的国外概况

美国在 1995 年出现了世界上第一家纯网络银行——"安全第一网络银行"（Security First Network Bank，SFNB），完全依靠互联网进行运作，没有营业场所和金库，为客户提供多种便捷、优惠、安全的 3A 服务（Anytime，Anywhere，Anyhow）。随后，美国其他银行和金融机构也纷纷推出网上银行业务。日本与英国、德国、法国等欧洲国家也纷纷出现网络银行，并且每年以翻倍的速度在增长。

以 100 万美元起家的安全第一网络银行在经历了初期的快速发展之后，逐渐陷入了经营困境并出现巨额亏损，于 1998 年被加拿大皇家银行以 2 000多万美元收购。SFNB 的历程说明，在当前的技术手段、网络征信、监管条件都未成熟的前提下，纯网络银行的发展会受到诸多的掣肘。具体体现在以下方面：（1）资金运作渠道少。营业网点与从业人员少是纯网络银行的特点，在节省成本方面有优势，但反过来看在当前技术条件下，该类银行很难像传统国际性大银行那样在国际金融市场上灵活运用各种金融工具获取利润。（2）运营风险大。在网上交易法律制度不完善、网络安全技术保障不确定性大、网络征信体系发展不均衡等因素的作用下，纯网络银行面临的风险是极其巨大的。（3）客户信息的真实性难保证。因为是纯网络方式的运作，对客户提供的个人信息、信用记录、还款能力等的信息，无法有效确认。（4）监管难度大。目前在世界范围内，纯网络银行尚未成为行业主流。

（四）网络银行的中国概况

中国于 1996 年首次将传统银行业务扩展到网络上，目前中国几乎所有

大中型商业银行都推出了自己的分支型网络银行或在互联网上建立了自己的
主页和网站。但迄今为止，中国还没有出现一家纯网络银行。中国目前并不
存在纯网络银行，只有分支型网络银行。近年来出现的"人人贷""余额
宝"等新颖的网络金融形态，以及腾讯的"微众银行"等，只能说是网络
银行、网络货币基金的一个雏形。究其原因，一是法律体系与监管机制尚不
明确；二是纯网络银行存在与发展的基础性条件尚不具备。即完善的网络征
信体系，高效可靠的金融基础设施仍待提升。

1. 中国目前分支型网络银行提供的主要服务。

其内容包括：（1）信息服务。包括新闻资讯、银行内部信息及业务介
绍、银行分支机构导航、外汇牌价、存贷款利率、股票指数、基金净值等。
（2）个人银行服务。包括账户查询与管理（存折与银行卡之间转账、活定期
种类互换、利息试算等）、存折与银行卡挂失、代理缴费、外汇买卖服务、
个人电子汇款服务、个别银行提供小额抵押贷款和国债买卖服务等。（3）企
业银行服务。包括账户查询，企业内部资金转账、对账、代理缴费，同城结
算和异地汇款，国际结算服务等。（4）银证转账。银行存款与证券公司保证
金实时资金转移。（5）网上支付。包括企业对个人（B to C），企业对企业
（B to B）两种。（6）投资理财服务。包括理财产品、第三方存管、银期证
业务、股票、保险和黄金等。

其中，股票、债券和基金买卖基本能在所有分支型网络银行上进行。
经过二十多年的发展，分支型网络银行服务已有长足发展，但仍存在以下
问题：广度方面，业务的涵盖领域过于狭窄；深度方面，个性化服务
不足。

2. 中国网络银行发展阶段。

综合比较国内外网络银行发展的历程以及所提供的业务类型的转变，可以把其发展划分为四个阶段：一是"银行网络"阶段。网络银行更多地作为银行的宣传窗口，提供业务仅限于账户查询等简单的信息服务。二是"银行上网"阶段。把商业银行已获准开办的传统业务移植到互联网上，将互联网作为银行业务的网上分销渠道，同时通过互联网提高工作效率，降低经营成本，提升服务质量。三是"个性定制银行"阶段。在大数据及第三次产业革命发展浪潮下，网络银行提供的服务从以产品为导向逐步转向以需求为导向，真正实现以客户为中心创新金融服务体系，在服务标准化的基础上按照客户个性化需求设计产品。四是"网银托拉斯"阶段。以网络银行业务为核心，业务经营范围涉及保险、证券、期货等金融行业以及商贸、工业等其他相关产业，建立起互联网托拉斯企业。按此判断，中国网络银行现处在第三阶段向第四阶段发展的过程中。

二、 电子货币发展概况

（一）电子货币概念

从古到今，货币表现形式的发展经历了几次大变革：实物货币→金属货币→信用货币→电子货币。电子货币（Electronic Money，也称 Electronic Cash；Electronic Wallet；Digital Money；E－money；E－cash；E－currency），是以数据或电子形式存在，通过计算机网络进行传输实现流通和支付功能的货币。其特点是具有匿名性、节省交易费用、节省传输费用、持有风险小、支付灵活方便、防伪造及防重复性、不可跟踪性。电子货币完全具备了货币的五大属性：价值尺度、流通手段、支付手段、储藏手段、世界货币等职能。

（二）电子货币类型

按照支付方式分类，电子货币可分为五类：一是储值卡型电子货币。二是信用卡应用型电子货币。三是存款利用型电子货币。如借记卡、电子支票（E-cheque），其本质是可以在计算机网络上传递的存款货币的电子化支付方法。四是"现金模拟型"电子货币。五是电子账单提交与支付。它是消费者通过互联网，接受并支付账单的一种方式，由电子账单支付和电子账单提交两部分组成。其通过网络将账单以在线的方式传递给消费者，消费者以在线方式收到账单后进行在线支付。

电子货币以电子计算机技术为依托进行储存、支付和流通，广泛应用于生产、交换、分配和消费领域，集金融储蓄、信贷和非现金结算等多种功能为一体，具有使用简便、安全、迅速、可靠的特征，现阶段电子货币的使用通常以银行卡（磁卡、智能卡）为媒体。

（三）电子货币与虚拟货币

1. 联系与区别。电子货币与虚拟货币的联系是：虚拟货币实质就是数字货币，但数字货币并不完全等同于虚拟货币。作为电子货币形式的替代货币——数字金币和密码货币都属数字货币，它更多地被用于真实的商品和服务交易中，而非局限在网络游戏等虚拟空间。数字货币（或虚拟货币）是电子货币的一种深化表现形式，分为"法定数字货币"和"私人数字货币"两大类型。"私人数字货币"不采用法定数字货币的名称与单位。虽然电子货币与虚拟货币在概念使用上经常混淆，但它们两者之间有着严格的区别。电子货币是能够代替纸币流通、具有法定数字货币功能的货币的电子形式，而虚拟货币指的是基于网络系统软件产生或由网络单位发行的电子信息价值单位，它不采用法定数字货币名称与单位，即通常我们指的"私人数字货币"。

2. 法定数字货币，也称"央行数字货币"。它不仅可以取代纸币现金流通，保持货币主权的控制力，更好地服务于货币发行和货币政策，而且具有四大作用：第一，法定数字货币可以完善货币政策的利率传导。其通过法定数字货币的技术提升而不同于金融市场间的资金流动性和单个金融市场的流动性，能降低整个金融体系的利率水平，使利率期限结构更平滑，货币政策利率传导机制更顺畅。第二，法定数字货币可以提高货币指标的准确性。它通过法定数字货币形成的大数据系统和信息优势，提升货币流通速度的可测量度，有利于更好地计算货币总量、分析货币结构、丰富并提高货币指标体系的准确性。第三，法定数字货币有助于监管当局在必要时追踪资金流向。与私人数字货币相反，监管当局可以采取可控匿名机制，掌握数字货币的使用情况，补充现有监测控制体系，减少洗钱、逃漏税和逃避资本管制等行为，增强现有制度的有效性。第四，法定数字货币可更精准地提升的金融风险监测和评估水平。它从多个方面倒逼央行加强金融基础设施建设、完善支付体系、提高结算效率、增强结算的便利性和透明度，从而使监管当局根据不同机构和不同频率的完整、实时、真实的数字货币交易记录，更精准地实施监测评估和防范金融风险。

正因为如此，世界各国开始探讨发行法定数字货币的可能性。例如，美国国会呼吁美国政府制定国家政策，重视对法定数字货币的应用；英国央行考虑由央行发行法定加密数字货币；欧盟委员会将加密数字货币作为重点建设目标；等等。近些年，互联网在中国得到了迅猛发展。据统计，截至2016年12月底，中国网民规模达7.31亿人，相当于欧洲人口总量，互联网普及率达到53.2%，超过全球平均水平3.1个百分点，超过亚洲平均水平7.6个百分点。庞大的网民数量和快速发展的移动支付业务，使中国在发行法定数字货币方面具备了良好的基础条件，而发行法定数字货币，又将推动提升中国金融体系现代化水平和人民币的国际化影响力。

3. 私人数字货币。私人数字货币有以下两类典型代表。

（1）以比特币为代表的各种虚拟货币。它包括比特币（Bitcoin）、以太坊（Ethereum）、瑞波币（Ripple）、莱特币（Litecoin）、门罗币（Monero）、达世币（Dash）、Ethereum classic、互联网币（MaidSafeCoin）、新经币（NEM）、Augur（见表6-1）。

据统计，截至2016年7月，全球私人数字货币已达740多种，其中710多种可供在线交易。截至2017年1月，已有26种虚拟货币的市值超过1 000万美元。

比特币是全球投资者最熟悉的虚拟货币，也是当时第一个去中心化、可在市场上交易的虚拟货币。其程序设定了比特币总数量为2 100万个，在2140年左右将被全部挖出。比特币的产生、流通和管理不属于某一个人、组织、公司或者国家。它是真正意义上的互联网货币，也是人类历史上第一次尝试去中心化、不再基于对各国中央发行机构依赖的货币系统。世界上首台

表 6 – 1　十种虚拟货币（2018 – 03 – 24）

▲#	Name	Market Cap	Price	Volume（24h）	Circulating Supply	Change（24h）
1	Ⓑ Bitcoin	$151 592 966 656	$8 950.70	$6 252 030 000	16 936 437 BTC	5.68%
2	♦ Ethereum	$53 340 505 443	$542.18	$1 458 950 000	98 381 181 ETH	4.38%
3	✖ Ripple	$25 831 627 971	$0.660753	$479 377 000	39 094 227 299 XRP	4.08%
4	ⓘ Bitcoin Cash	$17 289 564 486	$1 014.96	$286 143 000	17 034 725 BCH	3.92%
5	Ⓛ Litecoin	$9 278 745 131	$166.39	$322 765 000	55 764 706 LTC	4.75%
6	♠ EOS	$5 268 660 772	$7.04	$672 396 000	748 301 091 EOS *	7.13%
7	✤ Cardano	$4 935 295 658	$0.190353	$155 305 000	25 927 070 538 ADA *	0.03%
8	ⓝ NEO	$4 478 981 000	$68.91	$128 689 000	65 000 000 NEO *	5.45%
9	✉ Stellar	$4 47 072 199	$0.240988	$51 660 400	18 548 941 024 XLM *	6.12%
10	✪ IOTA	$3 842 394 868	$1.38	$29 673 100	2 779 530 283 MOTA *	8.97%

　　注：截至 2018 年 3 月 24 日，十大虚拟货币种类有所变化。

　　资料来源：coinmarketcap.com。

比特币自动存取款机早已落户加拿大，可自由兑换加元。未来，比特币能否成为一种大众货币还尚在争议中，但这种"去中心化"和"点对点交易"的理念将可能催生出功能强大的、被世界各国各地区客户广泛接受的世界虚拟货币。一方面，它作为非主权货币体系的建立，已在一定区域的市场范围内被接受；另一方面，"比特币技术将占领金融业核心"，已经引起了世界各国的高度关注，作为一国国家层面，还是应该正视并重视比特币的存在，主动谋划，动用国家运算能力，思考是否需要集中比特币？或思考是否需要促进可能的非主权货币体系的建立？并通过新型国际结算货币手段，丰富国际结算方式，促使国际金融体系更加和谐、稳定地发展。

（2）以 Q 币为代表的网络服务流通手段（还有百度币、微币、侠义元宝、纹银、点券，等等）。Q 币最初是腾讯公司设计的为网络游戏服务的工具。1Q 币 = 1 元人民币。一般情况下，Q 币与其他网络游戏或网络虚拟服务提供商设计的"点数卡"或游戏卡的性质是一致的，都是网络虚拟服务的附属工具。但随着腾讯网络业务类型的拓展、综合化业务的出现和融合、腾讯用户数量的增长，Q 币所发挥作用的范围逐渐扩大，涉及网络服务的兑换、商品购买，与现实的结合越来越多，Q 币的货币属性越来越强。近来还出现其他网络平台和网络企业接受 Q 币作为支付凭证的现象。Q 币作为一种虚拟的网络货币，在虚拟世界中的流通范围越来越广。目前法律上对 Q 币的监管，包括发行、流通等是欠缺的，监管机构也比较模糊。按照腾讯的设计，Q 币的流向是单向的，即现实货币（以网络银行存款货币形式）兑换 Q 币，用于购买网络虚拟服务（网络游戏中的附加服务或筹码购买、即时交流工具中的附加功能，等等）和电商渠道的购物（B to C），制度设计上还不能由 Q 币兑换现实货币。普遍认为，Q 币性质上是数据化的"提货凭证"，在无法与现实货币互兑的前提下，不可能冲击现行货币发行体系。但现实中，有很多变通的情况，如消费者间私下协议，线上转账 Q 币、线下现金或者电子转账支付等。如此，Q 币就表现出半货币性质。另外，随着 Q 币等的虚拟货币不断发展并形成统一市场，各个公司之间可以互通互兑，在一定范围内，虚拟货币就是通货了。这相当于在已有法定货币、支付手段外，又形成了一种货币和支付手段。如果发行公司违反规则，把虚拟货币发行当做一种新的融资工具，必将造成金融系统混乱。鉴于当前法律的缺失和监管缺位问题的存在，Q 币的发行量、安全系数、风险防范等应该有序地纳入国家对货币监管的视野范畴内。

三、 网络金融发展趋势

基于以上分析，我们可以作出两个判断：

一是中国（包括世界各国）当前分支型的网络银行还没有形成对现有银行体系的根本冲击。

二是中国（包括世界各国）当前电子货币、虚拟货币的出现和发展还未对国家货币发行体系、货币监管政策造成实质性的冲击。

但其存在以下三个需要关注的趋势。

（一） 网络银行业务融合发展的趋势

其推动的条件有两个：一是技术准备。随着信息技术的不断发展，特别是基础网络传输宽度和速度的大幅提升，大规模集成电路的更集聚化，超级计算机运算速度的跨越式增长，云计算存储方式的出现，原来不可能在同一时间、同一地点集中批量操作的业务，现在得以在一个整合的平台上实现。网络银行的运营平台完全具备了开展多种业务的能力。二是外部倒逼。例如中国的阿里金融（网络小贷）、人人贷、第三方支付方式等网络金融模式的迅猛发展，使商业银行（涵盖网络银行）的业务份额及盈利空间在不断缩减，创新业务融合发展成为各商业银行寻求的出路。

（二） 网络平台金融化发展的趋势

1. 微博、微信平台嫁接金融服务。微博、微信等是拥有庞大用户数量的社交网络平台，其嫁接金融服务，使平台化的网络金融带给传统金融机构结构式的冲击。网络金融技术突破了时空的界限，原来布点式、层级化为主要管理方式的传统金融机构，将在便捷有用、方便民众的网络平台化的互联网时代失去优势，并面临着甚至被淘汰的境况。

2. 场景金融成为未来网络金融的核心研究方向。场景金融，也称"嵌入式金融"，是指利用新型的以互联网为代表的金融科技，将金融活动有机嵌入到已有场景服务中，实现金融服务的爆发性应用，使商家和用户受益，使经济行为能够高效地完成。它包括两个方面：一是互联网企业走向"场景金融"。例如，微信红包、优步和滴滴打车、O2O 网上网下，等等。用一句话来描述此类场景金融，就是"当你在日常生活中需要金融时，它恰好就在那里！"它把金融机构的电子渠道与用户的使用场景融合起来，并向用户端延伸，既淡化了金融，又出现了像中国支付宝等第三方支付电商交易的"双十一"的那种似乎没有支付感觉一样的疯狂购物状况。二是金融机构走向"场景金融"。例如保险与旅行场景的结合形成航空险、人身险、财产险等，比如金融牌照的村镇银行、农商行、城商行等与互联网企业的战略合作产生了巨大的发展潜力，等等。它们使场景金融根据切身实际，高度关注市场和用户需求，从贴近消费者金融服务的视野和角度，以快速易用的"嵌入式金融"功能设置，来完成消费需求转换和提升金融服务。金融与场景的嵌入方式，成为网络金融的革命性变革点。就目前的衍生产品而言，现实中还有嵌入式信贷、嵌入式保险、嵌入式理赔、嵌入式期权等嵌入式金融。

3. 供应链金融使互联网＋金融＋产业链"三位一体"。供应链金融指的是金融机构向核心客户企业提供融资、结算和理财服务等，同时又向这一客户的上下游企业（如供应商和分销商等）一起提供灵活多样的金融产品和金融服务的一种融资方式。供应链通过对物流、资金流、信息流的控制，从原材料采购到制成中间产品以及最终产品，最后通过销售网络把产品送到消费者手中，将供应商、制造商、分销商、零售商直至最终用户连成一个整体的网链功能结构。供应链金融则是在供应链基础上，金融机构利用融资和风险缓释的措施和技术，对供应链流程和交易中营运资本的管理以及流动性投资资金的使用进行优化，从而实现商业企业活动需求的互联网＋金融＋产业链的信息流、资金流、物流"三位一体"的金融服务模式。供应链金融服务主要包括应收账款融资和基于贷款或放款融资两类；应收账款融资又包含应收账款贴现、福费廷、保理、应付账款融资等。不同实体企业供应链条的运作流程有不同的量身定制的供应链金融服务方案，它衍生出供应链金融产品和金融服务的多样化，因此，金融机构熟悉产业的专业化、金融信息采集的集成化、金融数据传递的电子化、金融产品交易的在线化，以及供应链金融需要业务流程的规范标准化与相关法律法规支持等，就成为客观必然要求。

（三）网络金融监管挑战趋势

1. 网络金融产品监管冲击。中国网络金融新产品有三类：一是网络支付型产品。包括网络银行支付，基于第三方独立机构交易支付平台的第三方支付和基于移动终端对消费进行账务支付的移动支付。二是网络信贷产品。主要是以阿里金融和 P2P 网络借贷为代表。三是网络基金代销产品。主要以余额宝、百度"百发"理财产品、微理财、微银行为代表。"余额宝"等获得了央行批准的支付牌照，也就是说其主体准入资格是获批了，但是对其所从事的业务的监管仍处于欠缺状态。"人人贷"等这类公司不论从主体准入到业务监管，也还是灰色的。这些新网络金融形态的出现，一方面把现有金融监管模式带入了尴尬的境地，另一方面也对作为传统银行业务延伸的分支型网络银行业务开展带来了挑战。正如国内外媒体所分析的一样，一批网络金融产品如果缺乏监管，它将会威胁到中国的金融安全。

2. 区块链金融监管冲击。区块链（Block Chain）是比特币的一个重要概念，区块链是比特币的底层技术和基础架构。(1) 区块链是一串使用密码学方法相关联产生的数据块，每一个数据块中包含了一次比特币网络交易的信息，用于验证其信息的有效性（防伪）和生成下一个区块。(2) 从数据存储方式看，它是分布式的非中心化存储，就像一个分布式的账本，所有的记录由多个节点共同完成，每个节点都有自己的完整账目。(3) 没有任何节点可以单独记账，从而避免了记录被篡改，所有节点都被作为参与监督交易的凭证。(4) 区块链是一个网络和权限对等、去中心化的结构。因此，区块链呈现五大特征：一是去中心化分布式存储；二是保持数据单独原始性；三是具有不可撤销性；四是交易的可追溯性；五是具有数字化特征。

区块链技术可应用于优化金融支付体系和构建高效安全的金融科技体系。(1) 在银行系统，随着利率市场化竞争加剧，区块链技术可以将不排除有违规操作的金融机构或票据市场或银行间、企业间、个人间跨境支付等的交易透明化，它使所有接入的节点都能通过追溯交易历史去检验金融机构或票据市场或跨境支付的运行是否合规，既有利于银行业务简化流程，又有利于维护金融秩序和防范金融风险。(2) 在证券市场，区块链技术可应用于证券登记与发行、证券清算与结算等业务，大大简化了交易流程和中间环节，有助于推动交易结算实现 T + 0 的实时全额交易，提高市场交易效率。（3）在保险业及整个金融领域，区块链技术不仅可能深入货币市场、支付系统、金融交易和金融服务等各个领域，而且也会改变人们与之相关的经济生产方式和消费生活方式。

区块链的发展可分为三个阶段：一是区块链的 1.0 时代，即加密货币的应用，如货币转账、汇款和数字支付系统；二是区块链的 2.0 时代，即合约应用，区块链在市场和金融的应用中更加广泛；三是区块链的 3.0 时代，即将超越货币、金融和市场——尤其在政府、健康、科学、文化和艺术领域得到应用，基于分布式信息技术的平台将推动按需经济和共享经济的发展。

一方面，区块链领域科技创新及金融运用正受到世界各国越来越多的青睐。比如，美国国土安全部（DHS）和美国国家科学基金会（NSF）对区块链的项目给予了多次补贴和资金支持；英国政府正在努力探索区块链技术应用于传统金融行业、公共和私人服务领域的巨大潜力；德国联邦金融监管局试图在跨境支付、银行间转账和交易数据存储等领域应用区块链技术；中国工业和信息化部在发布的《中国区块链技术和应用发展白皮书（2016）》中公布了区块链在多个领域的应用场景和中国区块链技术的发展路线图；2016年底，区块链技术被首次列入中国《"十三五"国家信息化规划》。可见，在过去的几年里，信息技术发展一直对世界各国的金融领域具有重要作用。随着云计算、大数据对传统金融产业的渗透，金融服务主体和金融服务模式呈多样化发展，这对现有金融体系造成了明显的业务冲击和技术传染，而功能更加强大的区块链技术还将使世界经济和金融体系再次发生变革。但是，另一方面，区块链技术在金融领域上的规模化应用，各国都尚未做好准备。

区块链技术应用在金融领域有五大风险关注点：一是点对点网络的安全稳定性风险。区块链技术采用点对点网络结构，节点可自由加入或退出网络，易遭受路由欺骗、地址欺骗攻击，导致节点共识算法结果的波动。二是共识机制的交易回滚风险。由于采用分散化存储模式，同一区块可能在不同时间到达不同节点，不同节点的共识算法版本难以保持一致，在达成交易共识过程中易发生区块链分叉，导致交易回滚风险。三是交易数据的信息安全风险。区块链技术未采用硬件加密措施，允许节点在区块中附加自定义信息，且区块链中历史信息不可更改。若自定义信息中包含病毒或木马，将会自动传播到全网进行恶意攻击。四是信用的技术背书风险。区块链技术高度依赖于加解密算法、共识机制等，一旦密码技术被破解或密钥被盗用，交易数据将变得不可信。五是扩展应用的安全漏洞风险。区块链技术具有可编程扩展性，若加载于区块链上的扩展应用存在后门或安全漏洞，将会对交易安全构成较大隐患。从金融运行与金融监管的角度看，中国如何做好区块链技术在金融领域上规模化应用的技术规则制定和法律规则制定，目前还缺乏具体的行动方案，区块链金融应用与监管受到挑战。

3. 货币政策、货币监管冲击。不断有媒体报道：金融传销组织隐身微信朋友圈；网络传销组织发售价值 3.5 亿元虚拟货币；有人打着比特币名义制造"庞氏骗局"；应阻击洗钱恐怖融资犯罪活动；等等。它们又直接构成了对国家货币发行主体、货币流通、货币政策工具以及货币监管、金融稳定等的系列冲击。①

---

① 资料来源：根据各媒体报道整理。

综上可见，一方面，数字货币、法定数字货币将扮演更加重要的角色。随着大数据、云计算、物联网、人工智能、区块链等新技术的不断发展，中国的数据连接群体、智能手机用户、电子商务、互联网上网、工作时空拓展，使以网络技术为支撑的网络金融数字货币、法定数字货币及其移动支付、跨境支付的运用变得越来越便捷和低成本，它将产生与创造中国经济金融新的增长点。区块链技术有望成为全球经济金融发展的新动力。区块链作为比特币去中心化、高透明度、无法篡改和无单点故障的底层技术和基础架构，以及包含分布式数据存储、点对点传输、共识机制、加密算法等计算机若干基础技术的集合，将直接影响网络金融的未来，并重塑货币市场、支付系统、金融服务和经济金融形态的方方面面。区块链技术成为驱动网络金融变革的关键技术，将成为中国经济金融发展的新动力。嵌入式金融（场景金融）、供应链金融等将成为中国金融服务实体经济的重要切入点。它通过实体经济与融资、支付、结算、理财等金融手段的有效结合，借助于网络平台金融化的发展和网络金融技术突破时空界限，为实体经济（包括中小微企业）提供便捷、优惠、安全的3A服务（Anytime，Anywhere，Anyhow），促进和提升了金融服务实体经济的发展水平，金融科技正深度改变中国金融业面貌。"金融科技＋普惠金融"将能有效解决普惠金融征信不足而困扰其发展的"最后一公里"的瓶颈问题；"金融数据＋信息技术"正在衍生出众多足以改变中国民众生产和消费习惯的金融产品；"人工智能＋区块链"逐渐成为催生智能金融发展、改革现代金融体系、改革现代货币体系、改革金融清算结算体系的强大动力，驱动世界金融业潜移默化又突飞猛进地变革……另一方面，网络金融产品、平台、机构"缺乏监管"威胁国家金融安全；网络金融"暴力催收"事件不绝,成为社会稳定隐患;网购维权"缺少法规"、欠缺标准,难以维护金融秩序;应阻击"私人数字货币",建立监管规则,迅速改变金融市场乱象。

作为金融业,永恒的主题是安全、流动和效益;作为网络金融介入的任何经济主体,追求的目标也不外乎避险、流动和获利。而这三个目标往往是矛盾的,尤其是获利与避险,相互兼容又互相排斥。根据风险收益对应论,收益蕴藏于风险管理中。于是就产生了现实中可能的两种选择:第一种选择是用确定性来代替风险;第二种选择是仅替换掉于己不利的风险,而将对己有利的风险留下。[①] 因此,作为中国,尤其是国家央行,一方面要推动网络金融的发展,另一方面,而且是首选的,要用"确定性"来代替风险、防范风险。认清和防范网络金融的特性风险,成为中国的首要选择。

四、 网络金融的特性风险

网络金融的特性风险是指基于信息技术手段导致的系统运行风险和基于网络金融服务形成的各种业务风险,是只在网络金融运行中存在的风险。

(一) 系统运行风险 (又分为安全风险、管理风险、认证风险和外包风险)

1. 安全风险 (存在内源性和外源性两种)。金融学中经常涉及"内生变

---

① 参阅"金融工程"资料。

量与外生变量"的命题。比如货币供给究竟是"内生变量还是外生变量"的问题,即货币供给的内生性或外生性问题。它是一种方法,一种分析问题的路径。我们在分析网络金融的安全风险时,也可以从这里入手。

(1)内源性安全风险:是指由于网络以及计算机本身软硬件缺陷或技术不成熟造成的风险。如停机、堵塞、出错、故障等。

(2)外源性安全风险:是指人为破坏计算机和网络造成的风险。一般通过病毒、木马程序、黑客等破坏手段攻击计算机、服务器、域名解析系统,造成计算机、网络软硬件毁坏、瘫痪、信息外泄、被盗和篡改等。发起网络破坏攻击行为的主体存在多样性和复杂性,既有可能是有组织的黑客机构,也有可能是个别黑客行为。黑客行为包括:删除或修改网上银行的服务程序,窃取银行及客户的资料,甚至通过电子指令修改主服务器及数据库的操作程序,将部分属于商业银行的来自客户的利息收入划入黑客的个人账户中,或者直接进行非法的电子资金转账。

比如,近年来出现的比特币敲诈病毒(CTB – Locker)。其从2015年开始在世界各国爆发式传播,该病毒通过远程加密用户电脑文件,从而向用户勒索赎金,用户文件只能在支付赎金后才能打开。即电脑中该病毒十分钟后,木马会给受干扰电脑中的 docx、pdf、xlss、jpg 等110种文件加密,几乎覆盖全部类型的文档和图片,使其无法正常打开。中木马病毒后,虽然可以使用杀毒软件杀掉该木马病毒,但加密文件没有任何办法还原。如果超过96小时未支付赎金,木马病毒不再弹窗,加密文件也随之被永久锁定。CTB – Locker 运用的是4096位算法,这种算法普通电脑需要几十万年才能破解出来,超级电脑破解所需时间也可能得按年计算,国内外尚无任何机构和个人能够破解该病毒，这样支付赎金成为恢复文件的唯一办法。由于此病毒使用匿名网络和比特币匿名交易获取赎金，难以追踪和定位病毒的始作俑者，目前病毒元凶仍逍遥法外。据路透社报道，"比特币敲诈者"木马家族的作者名叫艾维盖尼耶·米哈伊洛维奇·波格契夫，是一名俄罗斯黑客，FBI 通缉十大黑客名单中排名第二。FBI 对抓捕波格契夫提出了巨额悬赏。悬赏令显示，提供关键信息导致波格契夫被拘捕者可获得 300 万美元的奖励，这也是美国在打击网络犯罪案件中所提供的最高悬赏金。

此外，有两个问题需要高度关注：一是国家级黑客的存在。这是一种带有主权背景和政治目的的攻击。与一般的黑客行为有着本质的区别，其有国家运算能力的支持，由顶级数学家、系统控制专家等顶尖专业人才组成黑客队伍，所采取的攻击是系统级的攻击，直接后果是网络系统的全面瘫痪，其破坏性是极为巨大的。二是网络设备的信息泄露风险问题。比如，目前中国各银行所采购安装的服务器、网络设备等的核心部件，多数来自他国产品，特别是计算机系统芯片，核心技术和知识产权都掌握在他国厂家手上。各商业银行对这些厂家在信息安全保障上的制约能力几乎是空白的，只能通过合同约定、法律约束这种软性手段，如果硬件系统存在"后门"，网络商业银行的所有信息，包括用户信息、交易信息、密码信息等都将暴露随时可能被调取或使用，甚至篡改。这就像是悬在头上的达摩克利斯剑，风险时刻存在。

2. 管理风险（分为技术风险与道德风险）。

（1）管理技术风险：是指因金融网络系统技术设计、选择、运行和管理不善而造成的系统可靠性、稳定性和安全性的风险。比如常常出现通信拥堵、系统瘫痪、数据失真、操作出错等问题而引发的风险。

（2）管理道德风险：是指网络、计算机、数据库管理人员个人道德素质或基于个人不法牟利所造成的风险。其一般表现为账户和密码失密、数据失窃、数据被修改，等等。

3. 认证风险。客户认证与个人信息传送的安全保障是网络金融开展电子业务的核心环节。认证系统主要负责数字证书的产生、发放和管理。认证系统的功能就是作为在线公证人、可信第三方，确认电子交易中各方身份，进行电子鉴别服务，监管交易双方的活动，是整个电子交易秩序的维护者。但认证系统在用户证书发放、证书管理和内部安全方面都存在着技术上的风险，一旦出现问题，都将带来巨大损失。比如客户在非安全电子传送渠道中使用个人信息（如银行、信用卡账号及密码等），也很容易被犯罪分子所窃取，从而盗取客户的账户资金。

4. 外包风险。信息技术外包现在已经成为网络金融运营中引起广泛关注的问题。比如大银行出于集中力量发展核心业务的考虑，中小银行由于资金压力，基本上都将许多技术事务外包给第三方。而目前承担这种委托的技术公司一般历史较短，金融机构很难对其资信做出准确的判断。一家技术公司又往往是多家金融机构的服务商，一旦其技术设计存在瑕疵，就会引起连锁反应。另外，如何保证第三方掌握的金融机构与客户信息不被滥用和泄露，也是需要考虑的问题。

（二）业务风险（分为战略风险、信誉风险、法律与监管风险、货币政策风险）

1. 战略风险。这是指由于网络金融机构经营决策错误或决策执行不当而造成对金融机构的收益或资本产生负面影响的风险。金融机构管理者要在复杂多变的市场环境中保持清醒的头脑，前瞻性地把握市场的走向，准确了解金融市场的需求变动，在网络金融的产品定位、设计、技术支持、业务创新等许多方面，随时根据市场需求的变化及时调整，快速、正确地做出决策。尤其是在信息技术有形资源（计算机硬件、软件、传输网络等）和无形资源（管理能力和才能）的配置上，如果未能恰当地计划、管理和监督相关产品、服务、过程和传送渠道，信息技术的应用就会产生严重的战略风险。

2. 信誉风险。影响网络金融信誉的因素非常多，安全、信息的准确性和及时性、适宜的风险揭示、对客户问题的及时答复、客户隐私权的保障，等等。如果这些问题的处理不及时、不妥当，就会对网络金融机构的品牌、商誉产生直接的影响。

3. 法律与监管风险。这是指由于网络金融的创新性与现行法律制度的滞后性冲突造成的风险。（1）现有法律的运用风险：现有法律规范运用到网络金融领域的适用性问题造成的网络金融行为违法与不违法界定困难；（2）新法律的空白风险：新法律尚未颁布所造成网络金融行为合法性界定的困难。

4. 货币政策风险。电子货币及虚拟货币具有发行主体分散性、在线高流动性、技术复杂性与防伪高成本性等特点。如监管部门对此缺乏有效管控，就容易带来货币政策风险。其中有：（1）发行主体风险，即商业银行、非银行金融机构以及非金融机构都可能成为电子货币和虚拟货币的发行主体。主体的多样性和复杂性使行业经营风险系数加大，一旦发行主体经营不善，引起挤兑或倒闭，对金融体系的不良影响将非常巨大。（2）货币流通风险，即电子货币及虚拟货币衍生出越来越多交错集合的网络金融形态，既具交易功能又具投资功能，而投资性货币需求受利率、汇率市场因素的影响多，极为容易引起整个货币需求量的不稳定；以电子货币或数字货币为结算方式，将大大加快货币的流通速度，同时电子货币或数字货币极强的变现能力，使得 M_0、M_1、M_2、M_3 之间的差异趋向模糊，对国家央行货币供应量的控制和监测带来更高的难度；虚拟货币一旦滥发引起的"虚拟通货膨胀"，极可能通过一定渠道的转化，直接影响现实的通货膨胀。（3）伪造与洗钱风险，电子货币及虚拟货币的出现对广泛使用的高新技术的迅猛发展有着高度依存性，而高新技术因素的存在也使假冒、篡改电子支付指令等更具欺骗性，从而使一般使用者更难以识别，由此造成了电子货币、虚拟货币的防伪难度更大、成本更高；同时，加上监管不足，也使电子货币或虚拟货币容易被不法之徒用做洗钱渠道。

除此之外，还有电子货币及虚拟货币与传统金融业务一样具有信用风险、国家风险、市场风险、利率风险和汇率风险，等等。它们也是在中国发展网络金融的同时，不可忽视和首先需要防范的风险。

五、 中国应推动网络金融稳健发展

我们认为，基于主权安全和抢占发展先机的角度，中国应把网络金融的发展纳入国家的战略布局来考虑。

一方面，国家层面应该转变思维模式。当前信息技术手段飞速发展，大数据和云计算等技术推陈出新，网络与金融的结合催生着对整个社会经济思维形态的转变。摆在中国面前的是一对矛盾：中国各企业条块管理、层级管理的传统思维模式与现阶段融合管理、扁平化管理的互联网思维的碰撞。网

络技术手段正打破着空间与时间的限制，把原来分属不同行业、不同条块管理的业务逐步整合在一起。以智能 IC 卡为例，"一卡通"技术上早已不是问题，但如果在推动中条块管理问题未能逾越，国家各部委或企业各部门各自为政，各有一套标准体系和战略目标，各不相让，那就难以推行。以此为例，仅为说明国家统筹的重要性。如果国家层面有明确的战略思维，规划好统一的路线图，这类业务的整合将会是势在必行。

另一方面，国家层面也要站在促进整个金融业发展的高度进行顶层规划，统一规范和完善。加强对网络金融发展的统一规划和管理，在市场准入、安全技术、产品开发、业务创新、经营管理等各个方面都要加大统筹、协调和监管力度。基于此，中国应成立网络金融发展统筹委员会，任务是制定网络金融发展战略，统筹和整合各领域资源，统一标准，并为战略实施协调各部门共同行之有效地执行。

（一）建立行之有效的网络金融清算体系

加强关键信息基础设施的"安保"是网络金融防范风险的重中之重。关键信息基础设施是网络金融的神经中枢，而网络金融支付清算体系是国家经济金融发展也是网络金融发展中最重要的基础设施之一。现代化支付清算体系应该具备运行高效、系统稳定、操作安全、业务兼容、服务广泛、灾备周全等各方面要素。目前，中国人民银行已建成第二代支付清算系统，构建起以清算账户管理系统为核心，大额支付系统、小额支付系统、支票影像交换系统、网上支付跨行系统、电子商业汇票系统、境内外币支付系统等为业务应用系统，支付管理信息系统等为辅助支付系统的完整体系架构。运用中国人民银行清算体系，构建网络金融清算体系可考虑从三个层面着手。

1. 对于分支型网络银行，应是实体商业银行的业务延伸，无论是通过网页 Web 方式、APP 软件方式还是 ATM 方式进行网络银行业务操作，都是从客户端接入，直接连接银行远程服务器终端，指令发出和接收的处理与柜台操作是一致的，目标是实现后台同步化管理。而各商业银行与中国人民银行间则通过专用通信连接，接入央行支付清算系统，实现跨行及跨地区的支付清算。第二代支付清算系统已实现接入与清算的灵活多元化运行，也就是说，从原来的多点接入、多点清算已经转向了一点接入、一点清算或者是多点接入、一点清算的模式。具体来说，各商业银行将逐步实现只在央行清算总中心设立一个清算账户，所有的支付清算都通过该账户进行，各地城市中心的清算系统将只负责收单业务和进行分区域的数据备份，各商业银行或其分支机构开设的清算账户将逐步减少。把分散化的清算体系提升为以央行六大支付清算体系为基础的统一集约式清算体系，这将极大提升清算系统的运行效率，解决多账户清算带来的高风险和低效率问题。

2. 对于将来可能出现的纯网络银行，应该在审慎监管原则基础上，强化对纯网络银行的安全性监管要求，在严格审批的前提下，目标是逐步放开纯网络银行接入央行支付清算系统。但可分两步走，第一步，在纯网络银行发展的起步阶段，可先接入中国人民银行清算账户管理系统中有户头的大型商业银行系统，类似于美国纽约清算所银行间支付系统（CHIPS）的运作方式。由纯网络银行委托各商业银行清算账户在中国人民银行系统中进行跨行支付清算，在起步阶段有利于金融市场的稳定和风险防控。第二步，在纯网络银行发展到一定阶段，安全性和稳定性都有保障的基础上，可以对符合要求的纯网络银行开放，允许其直接接入央行清算系统，实现一点接入、一点清算。但是对于进入中国人民银行清算系统的纯网络银行，在资本充足率、存款准备金、清算账户备付金以及系统安全技术方面，都应该采取严格要求。只有让纯网络银行进入全国性的清算网络，才能发挥其优势和独特作用，也便于央行对其进行实时有效监管。

3. 网络金融的清算结算同时还应该重视两个问题：一是系统安全防控。网络金融支付清算系统与外界系统连接时，应当采取高度审慎的隔离措施，制定严格的访问控制策略。禁止在生产系统上进行开发和培训，禁止使用非系统专用的存储介质。做好防火墙等网络边界设备的维护和监控以及系统入侵检测和病毒防范。二是完善应急灾备。目前中国人民银行系统已构建起"两地""三中心"（北京总部生产运行中心、北京同城备份中心、上海远程备份中心）的灾备格局，目标是同步备份，应急自动切换。在此基础上，各清算参与方也应高度重视突发事件应急处置能力和数据灾备中心的构建问题。

（二）建立多层级的网络金融法律监管体系

目前，中国涉及计算机和网络领域的立法工作还相对滞后，有关金融的法律法规更少。《商业银行法》《中国人民银行法》主要是对传统银行的规定，均没有网络金融的有关规定。《电子签名法》是因电子商务发展而制定的专门技术性法律，只涉及网络金融业务很小的组成部分。中国人民银行2001年出台了《网上银行业务管理暂行办法》以及贯彻该办法的通知，虽然对提供网络金融服务者的主体资格作了原则性规定，但对网络金融业务的监管还停留在审批环节上，致使金融机构在可能发生的与客户的纠纷中法律处置依据不强。中国银监会 2006 年出台《电子银行业务管理办法》，对网络金融的市场准入、风险规避、监管规定等作了原则性的规定，但还缺少可以具体实行的规定，也没有对新出现的组织形态及业务类型进行规范，使网络金融在运行过程中出现很多监管缺陷。而且这些管理办法在立法层次上也明显偏低，不能满足网络金融蓬勃发展的现实需要。2015 年 7 月，中国人民银行等十部委联合发布了《关于促进互联网金融健康发展的指导意见》，促进了中国网络金融更加规范发展。因此，在法律框架搭建方面，国家还可以结合实际进一步考虑采取以下措施：

1. 加强网络金融法律框架的顶层设计。网络金融关键性环节涉及四大方面：（1）网络金融征信体系、信息披露制度和统计平台的建设与完善；（2）网络金融对机构、市场、产品和技术，包括对科技专业团队的监管模式与标准；（3）"监管沙盒"包括限制性授权、监管豁免、免强制执行函等完整措施体系的构建；（4）防止国际黑客等窃取涉密信息，等等。这些成为国家网络金融法律框架设计的重要事项，因此，国家网络金融法律框架顶层设计可考虑两个步骤选择，或国家根据网络金融与电子货币的发展和监管特点，可考虑两种方法的可能性。方法一是对现行法律法规体系进行修订。在《中国人民银行法》和《商业银行法》中增加对分支型网络银行和纯网络银行的界定，对两种类型网络银行的准入条件和审批要求以及业务范围进行进一步明确；明确中国人民银行作为电子货币及虚拟货币的监管主体，并制定措施与办法，尤其是要制定常态化的数字货币审慎监管制度。方法二是制定一部"网络银行法"或"网络金融法"，从部门法的立法高度，既为网络金融和电子货币的有序发展设定明晰的法律框架，同时也强化对网络金融和电子货币、数字货币在法律层面的整体监管。新的网络金融法应当区别于专门管理和监督传统银行的法律法规，这部法律应当包括：法律主体、准入规定、业务审核、监管目标、监管方式、退出机制、当事人各方权利义务关系及违反相关规定所应承担的责任等。法律规定应当具有预见性，对新出现或未来将出现的新状况，比如上述四大关键性环节，也应纳入法律调整的范围加以规定。

2. 配套制定具体的法律细则。在上述法律体系调整的基础上，应继续细化出台相应的法律法规细则，对网络金融服务合同的管理、金融风险监控、业务行为以及电子支付手段和支付工具等，提出明确可行的规范，同时加强对网络金融各个方面的监管，真正实现无缝监管。中国人民银行应强化"电子货币管理办法"，将电子货币、虚拟货币纳入监管范围，统一规范电子货币、虚拟货币的发行、使用、流通；同时对发行电子货币及虚拟货币的机构主体实行备案及准备金制度，即按一定比率向中国人民银行缴存准备金。

3. 完善现行法律法规内容，加强相互间关联性。基于法律体系完整性的角度，应完善《刑法》《刑事诉讼法》《民法通则》《民事诉讼法》等涉及网络金融法律关系和各方权利义务关系调整的法律法规，使网络金融犯罪和网络金融民事纠纷有明确的法律规定进行调整。如电子合同形式是否合法，电子记录可否作为证据，等等。同时针对现行金融监管法律体系在部门主管、相互间使用关系等方面存在诸多冲突因素，必须以保障网络金融科学发展和维护客户权益为前提，将现存的法律法规进行整理，保证监管法律系统内在相通和各配套实施细则的相互关联，以提升网络金融监管法律实施的有效性。

（三）建立立体化的网络金融风险控制体系

要有效控制和监管网络金融风险，还应从国家层面、行业层面、企业层面三个层次全方位进行管理和化解。

1. 国家层面——宏观层次上的风险防范和控制。国家层面主要为网络金融的健康发展搭建良好的环境和平台，并提供主权层面的安全防护，可从技术和制度的两个方面去考虑。

（1）技术层面上。①推动国家自主知识产权信息技术的发展与运用，建立全方位网络安全体系或大数据安全防护网，包括硬件和软件两个方面。中国目前自主品牌的信息技术提供商，像联想、华为、中兴等企业的产品，还只能使用在各商业银行的分行、支行级别服务器中，中国各商业银行最高级别的服务器仍在使用他国品牌，究其原因是国内厂家在大规模集成芯片的技术上与国外厂家存在差距，且尚未能满足规模批量化生产的需求。其中还涉及一个核心瓶颈问题，就是运算芯片的制造技术。中国需要在这方面取得突破，攻克芯片难关，继而铺开服务器的"中国芯"计划，从根本上解决系统的原生风险问题。②推动建立"内外结合、全程防控"的监管模式。一是通过物理隔离的原理，实行多服务器技术，保证中心端主机与内部网安全，以便在某一服务器受到攻击产生不安全因素时由另一服务器代替工作。二是提升防火墙技术水平，构造国家级安全防护网。互联网业务的发展不应该有层级划分，但网络安全防护应该有层级概念。通过运用防火墙技术防止病毒、黑客的攻击，保护网络金融系统的安全。三是应用内部入侵监测和漏洞扫描措施对整个系统进行日常监测，对入侵者可能攻击的入口点进行扫描，及时发现问题。四是推广智能路由器技术，处于网络节点中的路由器加入安全防护的应用软件，加强网络传输过程中的安全扫描和过滤，防止信息在传输途中被窃取和篡改。五是数据备份与隔离保护。对数据库进行分级管理提供可靠的故障恢复机制，加强灾备管理的能力。

（2）制度层面上。①加强法律制度建设。上面已有专门论述。②加强社会信用制度建设与网络信用的结合。一是要大力培育社会信用意识，建立客观公正的企业、个人信用评估体系和电子商务身份认证体系，使"诚信"有制度根基。二是中国人民银行征信体系应当接纳基于行为方式记录的网络信用信息，并将其作为重要的组成部分。在网络应用迅速发展的前提下，个体的行为更多的是从现实世界转向虚拟世界，通过大数据思维和手段，对这些行为的记录、分类、分析和使用将是网络金融稳健发展的重要基础。同时，征信体系也应该在保证隐私得到充分保护的前提下，尽可能开放开源，最大限度地发挥社会效应。③加强金融制度建设。为有效控制流动性风险，应对电子货币或数字货币的种类以及数量进行必要限制，以有利于流动性风险的控制。

2. 行业层面——中观层次上的风险防范和控制。（1）建立网络金融行业联盟。从行业发展与自律角度加强风险管理。一方面，行业联盟应整合资源，建立机制，牵头研究网络金融各主体在技术上的共性难题，攻克共同难关，共享技术成果，既降低多头研发的成本浪费，也从行业引导的角度推动技术标准的统一。另一方面，跟踪国外先进技术和先进理念的发展趋势，为行业的技术选择和业务提升提供分析、咨询和指导，避免网络金融出现行业性的技术选择风险。这非常类似于科技方面的技术路线图概念。再者，通过行业内部的协调推动，加强国内网络金融的认证体系管理，早日结束不同金融机构之间各自为政的局面，真正建立起全国统一的金融认证中心。（2）建立网络金融仲裁制度。网络金融主要业态包括网络支付、网络借贷、众筹融资、基金销售、互联网保险、互联网信托及互联网消费金融等。网络金融仲裁是指仲裁机构对其过程所产生的纠纷进行裁决的制度。它在纠纷当事人自愿基础上达成协议，提交给非司法机构的第三者审理，并作出对争议各方均有约束力的裁决。网络金融仲裁所具有的行业管理协调层次上的自愿性、专业性、灵活性和效率性，契合了网络金融创新的需求和发展，从而完善了网络金融维权体系和协调监管体系。

3. 企业层面——微观层次上的风险防范和控制。（1）实行严格的操作规程和内部管理制度。如职责分离、多人负责、各负其责、不超越自己管辖范围原则等。（2）加强人才培养。不断充实专业人才到网络金融工作中。（3）提升金融机构内部自身技术防护水平。通过改造提升企业级别的防火墙、网络用户密码通行技术（软键盘密码输入、动态口令、USB – KEY、公钥密码和私钥密码加密技术）、入侵监测系统、网络安全传输协议和网络安全交易技术等，为网络金融自身健康发展提供良好的内部环境。

（四）全力推动网络金融知识产权保护与标准化建设

网络金融知识产权保护和战略的实施，除了上面提及的国家层面推动关键核心硬件技术发展外，还应包括金融机构推出的网络服务、金融交易产品、金融设备、软件平台等全方位的标准化建设。国家应全力推动网络金融标准化建设，在网络金融国际标准制定上，尤其是在网络金融的产品标准、技术标准、行业标准、安全标准等方面的制定上拥有话语权，从而全力推动网络金融知识产权保护标准化发展。

（五）加强国际合作，稳健发展网络金融

在网络金融发展方面，美国提出网络金融安全问题是稳健发展的主要问题，英国启动全球首个"沙盒监管"项目，欧盟力求向全球金融科技中心发展，等等。中国可倡导加强国际合作，促进网络金融乃至国际经济的稳健发展。建立网络金融信息共享机制，建立网络金融多元对话机制，建立网络金融安全共控机制，等等，有利于形成国际合力和全球规则，促进世界各国网络金融安全稳健地发展。

Eight Highlights
of Finance in China

中国金融八论

七 论

防范处置系统性或区域性金融风险

——中国金融化解危机方式探讨

一、 金融危机的含义、 类型

（一） 金融危机的含义

（1）《新帕尔格雷夫经济学大辞典》（2008 年版） 中对金融危机的定义是全部或大部分金融指标（短期利率、资产价格、金融机构倒闭数量等） 的急剧、短暂和超周期的恶化。

（2）《疯狂、惊恐和崩溃: 金融危机史》（2007 年版） 中对金融危机的定义是所有金融指标或某一组金融指标（短期利率、股票、不动产等） 都产生了不同寻常的、急剧的变化，以及金融机构倒闭。

（二） 系统性金融风险

IMF/FSB/BIS 2009 年发布《系统重要性金融机构、市场和工具评估指引: 初步考虑》，指系统性金融风险是由于金融体系整体或局部受到破坏导致金融服务中断、对实体经济具有潜在负面影响的风险。

（三） 传统金融危机的分类

1. 银行危机，主要指单一银行的流动性困难引发银行体系陷入危机，是金融危机的传统典型。

2. 货币危机，专指货币流通、购买力、汇率等方面的危机。

3. 债务危机，主要指一国无法偿还其外债，包括主权外债和私人外债。

4. 股市危机，主要指股市崩盘。

5. 并发性危机。

（四）现阶段金融危机的新特点

1. 顺周期行为和制度加剧了风险恶性循环（跨时间维度）；

2. 系统重要性金融机构起了关键作用（跨行业维度）；

3. 金融市场一体化加快了危机传导（金融体系关联性）；

4. 金融创新增加了危机传递链条（金融衍生品种）；

5. 金融体系与实体经济的相互作用更加密切。

二、 世界重大金融危机回顾

（一）1929~1933 年大萧条

20 世纪 30 年代大危机期间，美国约有 11 000 多家银行破产、合并，全美银行总数由原来的 25 000 多家减至 14 000 多家。其中，1930 年，银行机构倒闭突破四位数，达 1 350 家，占银行总数的 5.29%；1931 年，银行机构倒闭继续保持四位数，达 2 293 家，占银行总数的 9.87%；1933 年，达到高峰，当年有 4 000 多家银行倒闭，占银行总数的 20%。危机造成经济金融全面衰退。

（二）1997 年 7 月亚洲金融危机

在亚洲金融危机期间，货币贬值首先发端于泰国，然后迅速蔓延到印度尼西亚、菲律宾、马来西亚，并随即波及新加坡、中国台湾和中国香港，后又扩展到东北亚的韩国和日本。在货币危机横扫了除中国外的东南亚和全部东亚地区之后，俄罗斯和巴西也经历了金融危机的冲击。

亚洲金融危机开始时是外汇市场的超常波动及由此引起的货币危机，进而发展到货币市场和证券市场的动荡，并最终影响实体经济的正常运行。

（三）2008 年国际金融危机

1. 金融机构损失惨重。据 IMF 测算，全球金融机构的最终损失高达 4 万亿美元。

2. 金融市场剧烈震荡。2008 年，道琼斯指数、欧洲 STOXX50 指数以及日经 225 指数分别下跌 33.8%、44.3% 和 42.1%。

3. 市场信息严重受挫。部分大型金融机构陷入经营困境，交易对手风险凸显，市场恐慌加剧，避险情绪增加，金融体系出现流动性不足。2008 年 9 月，美国雷曼兄弟公司破产成为美国历史上最大的投资银行破产案例。

4. 实体经济遭受重创。美国、欧元区、日本的经济均陷入衰退，新兴市场和发展中国家的经济增速明显减缓。

5. 欧洲主权债务危机是 2008 年国际金融危机的延续。

综上所述，需要特别引起我们注意的是：

1. 金融脆弱性演化为金融危机的机制，其触发点往往是由"支付危机"引起的。其大致分为四个步骤：（1）金融机构资产负债表恶化，引起挤兑；（2）为满足支付，金融机构急于获取现金，不得不出售资产；（3）金融机构急于出售资产，导致资产价格暴跌；（4）资产价格暴跌，进一步恶化私人部门的资产负债表……

2. 金融危机引发信贷紧缩，导致经济滑坡，破产增加，信心丧失，损害实体经济，恶性循环，央行成其"最后贷款人"……随着风险的处置进程，最后，央行成为危机处置的主要参与者，但又不是唯一的主要参与者。

3. 金融全球化同时也加剧了金融危机的国际传播。其一是通过贸易联系，即国际收支恶化相互影响；其二是通过金融联系，即直接投资变化和借贷收紧的相互影响。从而直接或间接地加剧或扩散了各国的金融危机。

4. 金融危机的严重危害性。（1）使金融机构陷入经营困境；（2）各国财政负担加重（财政不得不出面救助）；（3）货币政策效率下降；（4）债务紧缩效应导致投资紧缩和总体经济低迷；（5）严重影响经济增长。

三、 美国金融危机的处置方式

值此，有两点需要说明。一是在本论，我们基本上没有去具体分析或深入分析金融危机产生的原因和如何防范金融危机的问题，而是侧重分析如何处置一国系统性或区域性金融危机，这不仅是因为此类原因分析、防范建议有太多的文章书籍涉及，而且更重要的是当一国突发或面临此类金融危机时，政府当局往往无法及时应对，举棋不定，公说公有理，婆说婆有理，造成措施不到位，延缓了时机，扩大了危机造成的损失。而我这里列举的美国案例，即一国如何处置金融危机，是我在 2012 年去美国耶鲁大学学习进修时专题探讨研究的课题，它对一国应对重大突发事件或重大金融危机具有实质性且可操作性的借鉴作用。因此，本论我们侧重论及金融危机的处置方法、步骤、策略、措施，等等，而非其他。二是当涉及一国金融危机处置方式时，我们应回到一论谈及的大金融概念，即我们学金融，讲金融，运用金融，不能只局限在央行的货币政策目标、工具选择及其效果方面，而应该把它与一国的财政政策、汇率政策、监管政策等连接起来，一并思考、一并布局、一并互动，才能最终取得货币政策目标的效果，尤其是在紧急处置金融危机时的货币政策目标的效果和一国经济稳定可持续发展的效果。这对一国金融的稳定可持续发展是如此，对一国金融危机的处置及方式的选择也是如此。

（一）美国金融危机处置方式概要

2008 年美国金融危机处置的主要参与者为美联储、联邦政府财政部、美国存款保险公司（FDIC）、证券交易委员会（SEC）和美国国会；次要参与者有联邦政府的职能部门，例如住房与城市发展部以及联邦政府的代理机构等。

美联储作为独立于联邦政府换届和政党纷争的美国货币政策的执行者，（1）采取传统激进的货币政策和非常规、非传统货币政策并行的策略，在以市场化手段处置金融危机和稳定金融市场方面起到了核心作用。（2）在美联储货币政策无法应对涉及广泛且日趋严重的金融危机之际，布什政府及时采取政府干涉手段，以财政部为主导，出台以政府直接投资和援助主要金融机构及部分大型企业的"不良资产救助计划"（TARP）。（3）奥巴马就职后，除了继续执行布什政府的援助计划外，还采取了一系列措施稳定金融和加强监管，执行大幅快速减税和扩大赤字化开支的财政政策，刺激经济增长。金融危机虽然跨度布什和奥巴马两届政府，但后上任的奥巴马政府的干预和救助计划以及大幅减税和赤字化开支的财政政策，基本保持了政府政策的延续性。(4) 美国国会参众两院通过立法形式，为处置金融危机、促进金融稳定和振兴经济、及时立法，提供了完善的法律环境。(5) 布什政府和奥巴马政府协调美国国会分别签署通过了《2008 年紧急经济稳定法案》《2008 年经济振兴法案》《2009 年经济振兴法案》《2009 年美国复苏和再投资法案》以及1929 年大萧条之后最重要的金融监管改革法案之一的《多德—弗兰克华尔街改革与消费者保护法案》等多部法案。即针对 2008 年的美国金融危机，美国采用货币政策、财政政策、监管政策、经济振兴计划及法制保障等措施，全力处置，取得了维护金融市场稳定和发展的实质效果。

(二) 美国金融危机处置策略措施

美国在金融危机发生初期采取的措施: 2007 年 2 月 27 日，作为联邦政府的代理机构及上市公司，联邦住房抵押贷款公司 (房地美，Freddie Mac) 宣布不再购买次级抵押贷款和相关的证券产品后，金融危机实质上已经正式开始。随后几个月，次级抵押债券的重要参与者——新世纪金融公司、全国金融公司、美国住宅抵押投资公司和贝尔斯登公司等相继宣布破产保护或陷入财务危机，信用评估机构标准普尔和穆迪公司不断下调次级债券的信用等级，但在 6 月 28 日和 8 月 10 日美联储的两次例行会议上，公开市场委员会的 12 名成员投票表决，仍然保持美联储基金利率为 5.25%。直到 2007 年 8 月 17 日，美联储才着手启动处置措施，当日下调美联储基金 (美联储提供给银行的过夜贷款) 基本利率 0.5%，9 月 18 日下调美联储基金利率 0.5%，由此，美联储激进的货币政策开始登台，最终将美联储基金利率由 2007 年 8 月的 5.25% 迅速降低到 2008 年底的零; 同时，美联储通过利用公开市场操作手段，阻止在整个银行储备金增加或货币增加的情况下贷款给单一公司，首先将重点集中在提供资金给银行和其他金融机构，随着金融危机的加剧，美联储提供紧急贷款给发生危机的非银行机构，同时降低美联储基金利率直到零，最后购买大量国库券及各种联邦机构发行的债券和抵押担保债券。

1. 美联储货币政策三大措施。

（1）传统货币政策一：采取激进的传统货币政策促进流动性。美联储从传统货币政策的三方面着手，即增加公开市场操作力度、大幅度降低美联储基金贴现利率和调整储备金率。

美国国会在 2008 年 10 月通过的《2008 年紧急经济稳定法案》（*Emergency Economic Stabilization Act of* 2008）不仅允许美联储支付利息给储备金存储的金融机构，而且允许美联储超越自身资产支付能力，支付利息给存储的金融机构，从而增加了流动性，稳定了金融秩序。美联储最终将基金利率降到零，促使金融机构间拆借利率大幅降低，直接促进了流动性的增加，间接增加个人消费支付能力和降低了企业经营成本，促进了消费并降低了失业率。

（2）传统货币政策二：加强使用现有的流动性工具，提高流动性。其中主要是美联储信用贷款贴现窗口（The Discount Window）和互惠额度（Central Bank Swap Lines）。

①贴现窗口由美联储直接贷款给金融机构，解决金融机构短期资金紧缺和提高流动性。最初由银行或其他金融机构派出的代表来到美联储的出纳柜台，办理申请贷款而得名；作为美联储传统货币政策的三个主要金融工具，贴现窗口是美联储提供短期流动性的备用手段。除了在 2001 年 "9·11" 事

件发生后，面对短期收紧的信用市场，为释放流动性临时启用外，在金融危机发生之前极少使用，原因有三点：一是美联储的基金利率通常高于市场金融机构之间的拆借利率。二是从美联储借款的金融机构可能被市场认为弱势机构。三是美联储贴现窗口通常作为其他银行间拆借的备用支持手段。本轮金融危机后，自 2007 年 12 月开始，贴现窗口由提供短期流动性的备用手段转化为美联储提供流动性的基本和日常工具，美联储通过贴现窗口，提供一种期限在 28~84 天，称为 TAF 的贷款（Term Auction Facility），在金融危机最严重的 2008 年底，贷款余额达到了 9 000 亿美元，这个数字接近了当时美联储的整个资产总额。

②互惠额度（Swap Lines）也翻译为"掉期额度"，于 1962 年 3 月由美联储与英国、德国等中央银行首先采纳并建立，由他国的中央银行向美联储出售一定数额的货币换取美元或美联储向他国中央银行出售美元换取他国货币，解决短期结算上的便利，从而为金融机构提供流动性。自 2007 年金融危机开始，美联储在短期内与欧洲中央银行、英国中央银行和加拿大中央银行等 14 个中央银行建立起互惠额度制度，2008 年底，采用这种方式，为各国中央银行提供的短期贷款额度达到了 5 000 亿美元。美联储使用的美元互惠额度于 2010 年 2 月过期，并停止使用。2010 年 5 月，由于美国金融市场短期出现流动性收紧的情况，美联储恢复与部分中央银行的美元互惠额度制度。2010 年 11 月，美联储宣布启动外汇互惠制度，向欧洲中央银行、加拿大、英国、日本和瑞士 5 个中央银行出售美元换取外汇，提供给需要非美元结算的金融机构，从而提高短期流动性。

（3）非传统货币政策：扩充并及时按照非传统货币政策方式（Rapid

Expansion of Nontraditional Lending Programs）提供紧急贷款，增加流动性，恢复市场信心。主要是美联储从来未采用过非传统货币政策，也很少有人知道，但在 1913 年通过的美联储法案（The Fed Reserve Act）13（3）中明确规定了庞大和多样性的非传统货币政策工具。按照这一条款，美联储拥有在非正常和紧急情况下（in Unusual and Exigent Circumstances）给予任何个人和任何机构提供减息贷款的权力。

在金融危机期间，美联储采用非传统货币政策，协调美国财政部，迅速作出决定并直接提供贷款，提升流动性，稳定金融和资本市场。下面为部分著名案例。

案例一：2008 年 3 月提供 290 亿美元贷款给摩根大通，帮助其收购因次级债危机而濒临倒闭的美国第五大投资银行——贝尔斯登。在金融危机的中期，有效地稳定了直接参与资本市场体系运作的证券机构。

案例二：2008 年 9 月 15 日，全世界第四大投资银行——雷曼兄弟宣布破产保护，成为美国历史上最大的破产案例，美联储于次日，即 2008 年 9 月 16 日宣布提供 850 亿美元贷款给面临破产的美国友邦公司（AIG），之后累计贷款增加到 1 220 亿美元，使得这家全世界最大的保险公司渡过难关，美联储采取紧急贷款、提供流动性的措施，有效地稳定了金融市场，增强了投资者的信心。代表美国经济和全球股票市场的道琼斯工业指数在稍后触底并逐步回升，至 2012 年 9 月初，基本恢复到 2007 年 2 月金融危机前的水平（道指在 2012 年 9 月 1 日收于 13 090 点）。

案例三：2008 年 10 月，提供贷款给商业票据发行者。

案例四：2008 年 10 月，提供贷款给货币型共同基金（Money Market Mutual Fund），提高资本市场证券投资机构的流动性。

自金融危机最艰难的 2007 年 8 月至 2008 年 12 月，美联储在采用激进的传统和非传统货币政策后，其资产规模增加了 100%，达到创历史的 2 万亿美元。换言之，在此期间，美联储为金融市场提供了 1 万亿美元资金，大幅提高了金融市场的流动性。

2. 财政政策五大措施。

（1）不良资产救助计划（Troubled Asset Relief Program，TRAP）。2008 年 10 月 3 日美国国会通过、布什签署了《2008 年紧急经济稳定法案》，依据该法案，为处置次债危机，布什政府开始实施预算总额达 7 000 亿美元的不良资产救助计划（TARP），内容包括通过美联储提供资金援助联邦政府抵押贷款机构——房利美和房地美；财政部设立针对银行和证券业的"资本购买计划"、保险公司美国友邦的"AIG 专项计划"以及汽车行业计划等，以购买优先股股票和权证方式，直接参股花旗银行、摩根大通、高盛公司、美国友邦（AIG）、通用汽车公司和克莱斯勒公司等。截至 2012 年 6 月 30 日，财政部购买了 709 家商业银行和投资银行的优先股和权证。国会预算办公室在 2012 年 3 月 28 日公布的布什不良资产救助计划最终动用的援助资金总额实际降低为 4 310 亿美元，低于 GDP 的 1%，同时也远低于 20 世纪 80 年代里根/老布什政府在处置经济危机时动用援助资金达到 GDP 3.2% 的记录。

比如，政府直接注资并接管两大住房抵押贷款机构。2008 年 9 月 7 日，新设立的美国住房金融局宣布接管陷入困境的住房抵押贷款两大融资机构——房利美和房地美，美国财政部同时宣布向房利美和房地美注资，联邦政府相关监管机构接管房利美和房地美的日常业务，同时任命新管理层。需要指出的是，房利美和房地美虽然为上市公司，但设立之初就为美国联邦政府的代理机构，主要目的在于为联邦政府促进住房市场发展、提供低息抵押贷款及抵押贷款证券化服务。

再比如，汽车制造业接受财政部不良资产援助计划的救助资金。2009 年 1 月 16 日，财政部首次在金融危机发生后宣布向美国三大汽车制造商之一的克莱斯勒公司的财务公司提供 15 亿美元的援助资金。2009 年 3 月 19 日，财政部宣布汽车供应商支持项目，为汽车供应商提供 50 亿美元援助资金。

（2）大幅度减税（Tax Cut）。2010 年 10 月，奥巴马政府经国会同意，出台 8 580 亿美元的减税计划。其中由三个主要部分组成：3 500 亿美元用于延期布什政府的减税政策，560 亿美元用于增加失业补助，1 200 亿美元用于减免工人工资相关的税金。其他减免计划包括 1 400 亿美元减免促进企业优化资本，800 亿美元以信用抵税方式减免在研究和发展领域，以及减免地产税、大学教育开支和儿童开支等。

（3）继续扩大赤字化开支规模（Deficit Spending）。2009 年，延续布什政府的经济刺激政策，联邦财政赤字在美国历史上首次突破 1 万亿美元，达到了 1.4 万亿美元：

2010 年，联邦政府开支 3.8 万亿美元，财政赤字 1.6 万亿美元；

2011 年，联邦政府开支 3.8 万亿美元，财政赤字 1.3 万亿美元；

2012 年，联邦政府开支 3.7 万亿美元，财政赤字 1.1 万亿美元。

（4）发行短期国库券，为美联储补充流动性。2008 年 9 月 17 日，财政部设立新的补充融资计划（Supplementary Financing Program），以发行短期系列国库券的形式，为美联储提供流动性。此外，9 月 19 日，财政部宣布为货币市场共同基金提供短期总额 500 亿美元的担保。

（5）促进就业、促进消费、促进投资。金融危机发生后，美国财政政策从三个方面着手，首先联邦预算从长远和实质性出发，促进经济的稳定和增长。在过去几年，联邦政府的财政赤字约为 GDP 的 9%，2017 年，联邦政府财政赤字仍然为 GDP 的 5%。政府持续的高额债务和财政赤字将阻碍经济的发展。为了减少和规避财政出现赤字，如果只是采取紧缩财政政策会阻止经济的复苏；只有执行相对宽松的财政政策，削减赤字，稳定经济，才能使美联储在货币政策上继续保持低利率水平，提升信心，促进家庭消费和企业成长，促进经济复苏。其次，促进经济的中长期发展，需要谨慎设计与制定税收和联邦政府预算政策。财政政策要促进就业应鼓励在提高工作技能和基础研究领域的投资，刺激私有资本的形成和发展。最后，对必要的公共基础设施进行投资，从而带动经济的发展。

3. 监管政策强化六大措施。

（1）实施新的临时证券交易规则，稳定主要金融机构股票。2008 年 7 月 15 日，美国证监会（SEC）颁布紧急交易规则，临时禁止投资者卖空部分金融机构的股票，包括房利美与房地美、主要的商业银行、证券公司或投资银行的股票。2008 年 9 月 17 日，美国证监会（SEC）再度颁布新的紧急交易规则，临时禁止投资者卖空所有金融机构的股票。2008 年 12 月，SEC 要求信用评估机构增加透明性并充分披露评估详情，同时提议反对暂停采纳公允价格的会计准则。

（2）设立住房融资监管机构。2008 年 7 月 30 日，布什签署国会通过的《2008 年住房与经济复苏法案》，该法案授权美国财政部购买政府支持企业

（GSE）债券和设立新的住房融资的监管机构——联邦住房金融局（Federal Housing Finance Agency）。

（3）美国联邦存款保险公司（FDIC）和国家信用局参与处置金融危机。2009年1月12日，美国联邦存款保险公司发布一封公开信，要求通过财政部和美联储等接受联邦政府援助资金的机构，实施对资金使用的监管程序和报告制度。这是作为储蓄安全保障最后一道防线的保险公司首次正式高调介入参与应对金融危机。2009年1月16日，美国联邦存款保险公司、财政部及美联储联合宣布提供援助资金给美国银行。国家信用管理局（National Credit Union Administration，NCUA）于2009年1月28日宣布为企业信用合作社发行的未保险的股票提供一定期限的担保。国家信用管理局监管着9 200万个在联邦信用社和州信用社的账户。这是金融危机影响扩大并延伸后，国家信用管理局首次宣布采取的处置措施。

（4）对银行业进行"压力测试"。美国财政部、联邦存款保险公司、货币监理署、储蓄监督办公室和美联储于2009年2月23日联合发表声明称，政府坚定支持银行体系，并保证银行有足够的资本和流动性以恢复经济增长。间隔一日，上述机构于2月25日宣布开始对资产规模在1 000亿美元以上的银行进行"压力测试"，以评估未来可能的损失和用于吸收损失的资源。同时，对系统重要性金融机构要求拟订"生前遗嘱"，交FED和FDIC批准，以及时应对和处置可能再次出现的金融危机。

（5）出台衍生品监管措施。美国财政部于2009年5月13日提出修改《商品交易法》和《1933年证券法》，以加强政府监管柜台交易（OTC）的衍生品市场。核心修改内容包括规范OTC衍生品清算规则，增加商品期货交易委员的监管权限等。

（6）设立金融稳定监管委员会（Financial Stability Oversight Council）。2009 年美国国会批准设立金融稳定监管委员会，旨在监管美国整个金融体系，促进和稳定金融市场，并参与处置可能发生的紧急风险和事件。

4. 一揽子经济振兴计划。

（1）布什政府一揽子经济振兴计划（2008）。2008 年 1 月，以规避衰退和振兴经济为目的，美国国会通过《2008 年经济振兴法案》，布什政府随即出台总预算为 1 520 亿美元，核心内容涉及中低收入家庭退税、减税，促进企业投资及限额使用联邦政府代理机构（房利美和房地美）的住房抵押贷款等。

（2）奥巴马政府一揽子经济振兴计划（2009）。2009 年 2 月美国国会通过《2009 年经济振兴法案》，同时批准奥巴马政府总预算为 7 870 亿美元的一揽子振兴计划，核心内容为减税、延伸失业救济金、直接支付现金给个人以及增加公共工程建设支出等。与国会通过的《2008 年经济振兴法案》及布什政府的一揽子振兴计划相比，此次预算额度从 1 520 亿美元大幅增加到 7 870 亿美元，除了减税策略外，同时还大幅增加在基础设施和公共工程上的开支。

（3）提高储蓄存款担保限额。2009 年 5 月 20 日，奥巴马签署国会通过的《2009 年帮助家庭拯救其住房法案》，美国存款保险公司依据该法案，短期将单个存款人担保金额由 10 万美元增加到 25 万美元。

（4）稳定房地产市场，出台"房主负担能力和稳定性计划"。2009 年 2 月 28 日出台"房主负担能力和稳定性计划"（The Homeowner Affordability and Stability Plan)，为房主再融资等提供 750 亿美元的资助。

（5）设立公私合营投资计划遗留资产项目（the Public – Private Investment Program for Legacy Assets）。该项目由美国财政部于 2009 年 3 月 23 日宣布设立，包括两部分内容：一是遗留贷款项目，主要是设立公私合营的投资基金，收购银行的不良贷款，财政部提供 50% 的资金；二是遗留证券项目，主要由财政部批准 5 个资产管理人，设立和募集私募股权基金，收购银行持有的不良证券（股票和债券等），财政部向每个私募股权基金出资 50%，其余 50% 由资产管理人向私人及其他投资者募集；财政部同时也准备为私募股权基金提供贷款，并将享受政府的其他优惠政策。

（6）进行医疗改革。因医疗支付能力出现问题，涉及美国 50% 的破产案例（包括个人和企业破产）；1946～1964 年出生的美国繁荣一代人口有 7 800 万人，达总人口的 25%，陆续开始退休。在此背景下，医疗改革成为奥巴马政府的主要经济政策之一。奥巴马于 2010 年 3 月签署医疗改革的两个法案《患者保护与平价医疗法案》（*Patient Protection and Affordable Care Act*）和《2010 年医疗健康与教育服务法案》（*Health Care and Education Reconciliation Act of* 2010），同时政府开始推行涉及总额达 9 400 亿美元的医疗开支。

5. 法制保障。

（1）协调国会参众两院，促进立法，保证政府经济政策的延续。2008 年 10 月 3 日，布什签署其在任的最后一部经济法案《2008 年紧急经济稳定法案》。之前以立法形式通过了多部稳定金融、振兴经济的法案。

（2）协调国会参众两院，扩大开支规模，通过新的振兴经济法案。奥巴马于 2009 年 1 月宣誓就任总统之际，美国金融危机已经有所遏制和缓和，但经济状况却依然处在严重阶段，经济增长迅速下滑，GDP 出现负增长，直到 2009 年第三季度开始正增长，失业率逐月增加，至 2009 年 10 月达到峰值 10.2%，到 2010 年 3 月，失业率开始呈现下降趋势。在此期间，奥巴马政府基本延续了布什政府处置金融危机的政策和方向，需要指出的是，奥巴马政府一则大幅减税，使联邦政府的财政收入大幅减少；二则继续以赤字化手段，扩大政府开支刺激经济；三则国防开支达到了历史的顶点，主要是为支持伊拉克和阿富汗两场战争。在此期间，奥巴马于 2009 年 2 月 17 日签署《2009 年美国复苏和再投资法案》（*American Recovery and Reinvestment Act of 2009*），法案的重点在于增加财政开支的多样性以及减税政策来振兴经济；在开支领域，包括直接现金支付、为中低收入家庭减税以及在基础建设、教育、医疗、新能源领域增加投资等，促进了经济开始正增长。

（3）以立法形式，对 1929 年大萧条后形成的监管制度进行最大的金融监管改革。2010 年 7 月 21 日，奥巴马签署《多德—弗兰克华尔街改革与消费者保护法案》。该法案为 1929 年大萧条之后，涉及金融领域最重要的法案之一，对美国金融领域在大萧条后形成的监管制度进行了最大的监管变革。该法案从金融机构监管、金融市场监管、消费者权益保护、危机处理和国际合作等方面构筑安全防线，期望以此恢复对美国金融体系的信心。

（4）完善相关法律。美国国会参众两院在 2007 年 2 月至 2011 年 4 月金融危机期间，分别与布什和奥巴马政府相互协调与配合，完成并通过了多部处置金融危机、恢复投资者信心、振兴经济和金融监管改革的法案。

以下为金融危机期间，国会通过并经布什和奥巴马分别签署实施，处置金融危机和振兴经济相关的主要法案及其内容：

（1）《2008 年经济振兴法案》（*Economic Stimulus Act of* 2008）。以规避衰退和振兴经济为目的，国会于 2008 年 1 月通过了《2008 年经济振兴法案》，布什政府依据该法案出台总预算为 1 520 亿美元的政府开支，开支内容涉及中低收入家庭退税、减税，促进企业投资及限额使用联邦政府代理机构（房利美和房地美）的住房抵押贷款等。

（2）《2008 年住房与经济复苏法案》（*Housing and Economic Recovery Act of* 2008）。2008 年 7 月 30 日，布什签署国会通过的《2008 年住房与经济复苏法案》，该法案旨在应对次债危机，制定和提供新的 30 年期住房抵押贷款，为首次购买住房者提供贷款和税收优惠等；该法案同时授权美国财政部购买政府支持企业（GSE）债券，直接注资并接管两大抵押贷款机构（房利美和房地美）；依据该法案，联邦政府设立了新的住房融资监管机构——联邦住房金融局（Federal Housing Finance Agency）。

（3）《2008 年紧急经济稳定法案》（*Emergency Economic Stabilization Act of* 2008）。该法案于 2008 年 10 月 3 日实施，为布什任期内签署的最后一部经济法案，法案内容最初由时任美国财政部部长鲍尔森提议形成。主要目的在于政府采取直接出资方式，援助因次债危机陷入困境的金融机构，稳定金融体系，促进经济发展。依据该法案，布什政府实施预算总额达 7 000 亿美元的不良资产救助计划（TARP），包括提供资金通过美联储援助联邦政府抵押贷款代理机构——房利美和房地美；财政部直接参股花旗银行、摩根大通、高盛公司、通用汽车公司、克莱斯勒公司和保险公司美国友邦（AIG）等。国会预算办公室在 2012 年 3 月 28 日公布的布什不良资产救助计划最终动用的援助资金总额实际降低为 4 310 亿美元。

(4)《2009 年经济振兴法案》（*Economic Stimulus Act of* 2009）。2009 年 2 月美国国会通过《2009 年经济振兴法案》，同时批准奥巴马政府总预算为 7 870 亿美元的一揽子振兴计划，核心内容为减税、延伸失业救济金、直接支付现金给个人以及扩大在基础设施和公共工程建设的支出等。

(5)《2009 年美国复苏和再投资法案》（*American Recovery and Reinvestment Act of* 2009）。由奥巴马于 2009 年 2 月 17 日签署，法案重点在于增加财政开支的多样性和减税来振兴经济，在开支领域包括直接现金支付、为中低收入家庭减税以及在基础建设、教育、医疗、新能源领域增加投资等。

(6)《2009 年帮助家庭拯救其住房法案》（*The Helping Families Save Their Homes Act of* 2009》和《无家可归紧急资助与迅速交易住房法案》（*The Homeless Emergency Assistance and Rapid Transition to Housing Act*）。奥巴马于 2009 年 5 月 20 日签署该两部法案，法案的核心内容在于帮助已经购置住房的家庭在无法按期归还抵押贷款或申请破产过程中，由政府给予的资助和法律保护。

(7)《多德—弗兰克华尔街改革与消费者保护法案》（*Dodd – Frank Wall Street Reform and Consumer Protection Act*）。奥巴马于 2010 年 7 月 21 日签署实施。该法案为 1929 年大萧条之后，涉及金融领域最重要的法案之一，对美国金融领域作出了大萧条之后最大的监管变革。该法案从金融机构监管、金融市场监管、消费者权益保护、危机处理和国际合作等方面构筑安全防线，期望以此恢复对美国金融体系的信心。法案内容包括：①创建金融稳定监督委员会，监管美国整个金融体系，促进和稳定金融市场，并参与处置可能发生的紧急风险和事件。②为监管者建立有序清算权,主要针对未被美国存款保险公司(FDIC)保护的金融机构出现困境和申请破产保护过程对金融稳定可能产生的负面影响。依据该法案,财政部、美国存款保险公司和美联储将联合确认这样的潜在金融机构并提供报告给司法机构复审。③关闭美国储蓄管理局(Office of Thrift Supervision),并将其权力移交给美国货币监理署(The Office of the Comptroller of the Currency,OCC)、美国存款保险公司和美联储。美国货币监理署主要发放特许经营执照与监管全国的银行和储蓄机构,以及所有外国银行在美国的分支机构。④强化对保险行业、银行、控股公司和储蓄存款机构的监管,其中包括禁止被投保的储蓄存款机构和它们的母公司,以及相关联的对冲基金和 PE 股权基金进行自营性交易。⑤加强监管衍生品交易和其他市场工具,给予商品期货交易委员会(Commodities Futures Trading Commission)对衍生品和掉期等产品交易更多的监管权力,综合监管金融市场并增加衍生品市场的透明度,允许美联储监管金融机构间的证券产品交易的支付、清算和结算等事项。⑥建立独立的消费者金融保护局(The Bureau of Consumer Financial Protection),宣传金融产品,教育与保护投资者和消费者。按照《多德—弗兰克华尔街改革与消费者保护法案》,美国金融稳定监督委员会和美国消费者金融保护局已经设立,美国储蓄管理局已经移交其权力并关闭,等等。

(8)美国参议院常设调查小组委员会。美国参议院于 2011 年 4 月 13 日公布其最终关于引发金融危机的报告,并就政府未来采取的预防金融危机措施推荐了四方面的内容:①复审各种结构性融资产品,禁止泛滥使用结构性融资工具;②限制自营交易规则例外事项,包括做市和风险对冲行为,依据

《多德—弗兰克华尔街改革与消费者保护法案》，制定严格的规则，监管自营交易和限制自营交易例外事项；③依据《多德—弗兰克华尔街改革与消费者保护法案》制定强有力的有关利益冲突限制事项；④研究银行结构融资状况，监管机构应当依据《多德—弗兰克华尔街改革与消费者保护法案》在实施对银行监管的过程中，考虑联邦政府提供保险的银行在设计、市场推广和投资结构性金融产品所带来的无法衡量和缺乏保护的信用违约掉期或系统性金融衍生工具的风险。至此，金融危机发生后，美国国会参众两院和联邦政府处置金融危机的主要政策和措施告一段落。

（三）美国金融危机处置后续举措

1. 美国借贷消费模式没有改变。

促进美国经济在第二次世界大战后成长的关键因素是消费和服务需求的增长，按照美国商务部近期公布的对 1955 ~ 2009 年 50 多年间美国经济结构的分析报告，个人消费开支（Personal Consumption Expenditures，PCE）平均每年增长 3.4%，通常年份占国民生产总值（GDP）的 70%，2010 年、2011 年和 2012 年上半年分别对 GDP 的贡献为 70.6%、71% 和 71%。美国商务部于 2012 年 8 月 29 日公布第二季度 GDP 增长 1.7%，其中消费贡献 71%，民间投资贡献 13.2%，政府消费开支和投资贡献 19.6%，而出口贡献则为 -3.8%。

（1）社保体系、信用制度、政策、人口结构、观念等因素决定，美国借贷消费模式不会改变。消费继续增长的主要原因有：

①相对完善的教育、医疗、退休等社会保障体系，解除消费者的后顾之

忧。美国政府在第二次世界大战后推行 12 年小学至高中义务教育，设置学费低廉的州立大学等教育政策，为家庭在其他消费领域的开支提供便利；以政府支持，企业和个人参与的 401k 为代表的退休计划，为退休人员的消费支出提供了经济支持；奥巴马政府的医疗改革，要求所有美国公民在 2014 年都需要有医疗保险，为解除消费者后顾之忧、提高消费信心提供了有力的保障。

②发达金融体系和资本市场环境下建立的信用制度以及对消费者提供强有力的法律保护，继续促进消费成长。发达的股票、债券和金融衍生品市场，为消费者进行投资、积累财富、提供消费资金来源以及必要的资金流动性创造了条件，长期促进了消费；依托公共信用评估机构和美国三大个人信用评估机构，商业银行及时作出评估、掌控风险和提供贷款，有力地促进了住房贷款、汽车和家庭大件商品的消费；依据针对本轮金融危机奥巴马签署实施的《多德—弗兰克华尔街改革与消费者保护法案》，建立独立的消费者金融保护局（The Bureau of Consumer Financial Protection），宣传金融产品、教育与保护投资者和消费者。这些措施是联邦政府长期执行消费者保护政策，促进经济发展的典型案例。

③政府长期持续推行的经济政策。促进消费为历届政府经济政策的重点，例如，布什政府和奥巴马政府分别施行的 2008 年和 2009 年一揽子振兴经济计划，首要内容都是减少家庭和个人的税负，刺激消费。

④人口结构因素使医疗服务保持长期增长趋势。1946～1964 年婴儿潮出生的人口有 7 800 万人，已开始陆续退休，这部分人口约占当前总人口 3.1 亿的 25%，却是美国未来 20～30 年占消费支出相当比重的医疗服务开支的

主要群体。

⑤高科技的发展继续促进消费。以苹果手机为代表的集高科技、娱乐、艺术和消费为一体的高科技产品，深受消费者喜爱，在很大程度上促进了消费支出，2012 年 8 月 27 日苹果电脑公司市值达 670 亿美元，成为全球市值最大的公司，同时也是全球最大的消费品和最大的高科技公司。医疗技术在心血管疾病治疗、外科手术设备、婴儿早期疾病的诊断和治疗，以及新生物制药领域的研究应用等方面的发展，也直接促进了医疗服务消费的增长。

⑥西方文化形成的传统消费行为、习惯和观念因素。因文化背景、宗教信仰、道德观念、生活习惯等因素长期积累产生，对消费和服务开支具有促进作用。

（2）当前及历史经济数据表明信贷消费继续保持增长趋势。

①消费者信贷余额持续增长（Consumer Credit Outstanding）。按照美联储最新的消费市场信贷信息，截至 2012 年 6 月，全美消费者信贷余额（不包括住房质押贷款）为 2.6 万亿美元，除了 2009 年和 2010 年受金融危机影响外，长期以来呈现增长趋势。

②消费服务继续保持增长趋势。1959～2009 年的 50 年中，消费开支中的消费服务增长增幅巨大，尤其是健康医疗服务、金融及保险服务的增长。按照美国商务部公布的数据，消费指数（消费产品和消费服务两大类）（Personal Consumption Expenditures，PCE）中，消费服务开支在 2010 年、2011 年和 2012 年上半年分别增长了 1.3%、1.7% 和 2.1%（过去 50 年平均增长为 3.4%），消费服务增长对 GDP 贡献的比例都保持在 47%（消费整体贡献为 70%～71%）。

③居民收入可储蓄率达到近 28 年高点，为持续消费增长提供了资金。过去 28 年，除了金融危机后，2008 年至今居民储蓄率增加外，其余 24 年均呈现下降趋势，其中在居民贷款金额和住房价格达到历史高点的 2005 年，储蓄率为 −0.5%。美国商务部最新公布的 2012 年 6 月居民储蓄存款达到 5 295 亿美元，处于历史高位。消费开支受资金来源、家庭净资产、债务以及住房价格等因素影响，在目前经济趋于稳定和住房价格走向上升通道的环境下，高储蓄势必促进消费。

2. 由政府接管的银行、证券和保险公司，在适当的时机会重新回归私有化轨道。

在历次金融和经济危机中，当市场调节失灵，金融机构无法自行补救，出现危及整个金融行业和金融市场稳定的情况下，美国政府都采取措施进行处置，主要是通过直接投资或贷款的方式，接管或援助陷入困境的金融机构，当市场恢复正常运行时，政府通常选择退出，使其重新回归私有化轨道。

（1）RTC 信贷银行清算公司案例回顾。RTC 公司是由联邦政府于 1989 年设立的资产管理公司，主要为提高金融业流动性，处置在 20 世纪 80 年代由于高利息发生的大量与房地产相关的抵押贷款性不良资产，以及防范由此引起潜在爆发的金融危机。RTC 公司采用股权合伙人的方式，以享有利益分配的权利，与私营机构合作，委托私营机构管理、控制和处理接收房地产与不良金融资产。RTC 总共为 747 家储蓄机构提供了援助，处理了 3 940 亿美元的不良资产，规避了金融风险，同时纳税人最终承担了 1 240 亿美元的损失。银行业全面恢复正常后，RTC 于 1995 年合并到美国存款保险公司，完成使命。

（2）本轮金融危机政府对金融机构采取的"国有化"政策及退出机制。依据布什签署的《2008 年紧急经济稳定法案》，2008 年 10 月 3 日，联邦政府出台了预算总额达 7 000 亿美元的"不良资产救助计划"（TARP），随即财政部采取"资本购买计划"，以直接股权投资方式对超过 700 家银行、证券公司和保险公司等金融机构进行了投资，施行金融危机期间的"国有化"政策；政府除了行使股东权益以外，在投资的同时，财政部出台了享受政府资金援助的金融机构高管人员薪酬的监管规则。伴随金融危机的处置和金融市场的稳定，财政部以市场直接出售、拍卖、获取分红等方式，开始逐步收回资金，先后全部退出了恢复稳定经营的主要大型银行和证券公司的股权，其中包括花旗银行、摩根大通、美国银行、高盛和摩根士丹利等。截至 2012 年 6 月 30 日，财政部对银行和证券公司的直接股权投资总额为 2 049 亿美元，回收 2 179 亿美元；财政部仍然持有 309 家中小和社区银行的股权或权证，但价值仅为 100 亿美元。

除了针对银行业和证券公司的"资本购买计划"外，财政部还专门对友邦保险公司设置了专项投资计划；针对次债引发的不良抵押贷款和证券化产品，设立了信用市场计划；为稳定汽车消费融资市场，设立了汽车行业专项计划。

（3）财政部金融机构援助计划总览（见表 7 - 1）。

①资本购买计划（Capital Purchase Program，CPP）。美国在 2008 年 10 月出台专门针对银行和证券业的"资本购买计划"，财政部累计出资 2 049 亿美元，购买了全国 709 家各种规模银行和证券公司的优先股及权证来援助

表 7 - 1　财政部金融机构援助计划总览

单位：亿美元、家

财政部 金融援助项目名称	总投资 援助金额	回收金额	仍持有金额 （市值）	预期收益	接受援助 金融机构 数量	财政部回收 资金并全部退出 金融机构数量
资本购买计划	2 049	2 179	100	230	709	400
友邦 AIG 专项计划	1 820	1 520	510	210	1	—
信用市场计划	220	100	120	3	—	—
汽车业融资计划	800	430	370	—	—	—
合　计	4 889	4 229	1 100	—	—	—

资料来源：美国财政部网站，截至 2012 年 6 月 30 日。

金融业。按照美国财政部给国会的月度报告，截至 2012 年 6 月 30 日，包括花旗银行、摩根大通和高盛在内的 400 家银行和证券公司已经全部归还援助资金，财政部通过出售、分红和银行回购等方式，总共收回资金 2 179 亿美元，另外仍然持有 309 家中小和社区银行总价值约 100 亿美元的股票和权证；按照财政部的估算，扣除处置银行业不良资产的成本，专门针对银行和证券业的"资本购买计划"将为美国纳税人创造 200 亿美元的收入。

②友邦保险 AIG 专项计划。是财政部为援助保险行业和全球最大保险公司美国友邦设立的专项计划。财政部累计出资 679 亿美元来购买 AIG 的股票和权证，加上美联储提供的直接贷款，AIG 总共从政府获得了 1 820 亿美元的资金援助。截至 2012 年 6 月 30 日，AIG 已经归还了总援助资金 1 520 亿美元（84%），财政部持有 AIG 的股票市值为 510 亿美元，占其 53% 的股权比例。

③信用市场计划（Credit Market Programs），主要通过财政部设立的"公私合营投资计划遗留资产项目"（the Public—Private Investment Program for

Legacy Assets）实施。美国财政部不同于直接购买银行股票的"资本购买计划"，而是设立公私合营的投资基金，收购银行的不良贷款和遗留证券项目。截至 2012 年 6 月 30 日，财政部出资 220 亿美元，回收 100 亿美元，仍然持有 120 亿美元基金。

④汽车业融资计划（Automotive Industry Financing Program，AIFP）。财政部累计为通用汽车、克莱斯勒、福特汽车公司以及相关零部件配套的汽车行业公司投资 800 亿美元，回收资金 430 亿美元，仍持有 370 亿美元，预计纳税人将承担 250 亿美元损失。

3. 美国法律变革与市场发展互动。

（1）美国政府监管的历史沿革。纵观美国储蓄机构监管历史，储蓄机构监管系统在美国复杂且重叠，监管系统的发展能够使储蓄机构和银行系统总体上安全，从而承担保护存款人和公众的利益。储蓄机构需要从联邦政府层面或州政府层面获得经营许可执照，在《多德—弗兰克华尔街改革与消费者保护法案》出台前，联邦政府储蓄监管系统有 5 大机构：

①货币监理署（The Office of the Comptroller of the Currency，OCC）；

②美国联邦储备局（Federal Reserve System，Fed）；

③美国联邦存款保险公司（Federal Deposit Insurance Corporation，FDIC）；

④美国储蓄监管局（The Office of Thrift Supervision，OTS）；

⑤国家信用社管理局（The National Credit Union Administration，NCUA）。

除了国家信用社管理局，其他四个机构在监管和责任分配上常有模糊不清之处。

美国储蓄监管体系的发展和监管法规与其建国的历史紧密相连，第一任财政部长亚历山大·汉密尔顿创建了首个联邦颁发执照的银行，之后因国会不予核准新执照而关闭。第七任总统杰克逊将国会颁发执照的第二个联邦执照银行取消，但州政府颁发执照的地区银行虽缺少基本的内部管理和任何形式的政府监管，却繁荣起来。在此期间纽约州开始扩张银行业，并施行正规的政府监管和储备金制度，直到 1861 年美国内战爆发，国会为战争筹集资金和维护金融体系的稳定而通过了《1863 年国家银行法案》，创立了目前仍发挥作用的联邦和州政府双重银行监管体系。在内战结束后一段时期，国会出台了《1913 年联储法案》，设立了执行货币政策和监管的中央银行——美联储。1929 年大萧条后，国会出台了常被称为《格拉斯—斯蒂格尔法案》的《1933 年银行法》，该法案将商业银行与投资银行分离开来。第二次世界大战后，国会通过禁止一家银行控股多家银行的《1956 年银行控股公司法案》。20 世纪 70 年代和 80 年代，在宏观经济和放松管制环境下，针对全美出现的从事存款和发放抵押贷款的大量储蓄机构发生损失，国会出台了《1989 年金融机构改革、复苏和执法法案》。1999 年国会通过了《格雷姆—里奇—比利雷法案》或称《金融服务现代化法案》，废除了《格拉斯—斯蒂格尔法案》对混业经营的限制。

（2）经济大萧条后，国会出台多部法案，政府加强金融市场管制，以 1933 年《格拉斯—斯蒂格尔法案》为代表的金融业监管法案的规范，使美国 60 多年金融体系保持稳定和发展。

在商业银行、证券和保险等金融行业混业经营环境下，商业银行的储蓄存款大量以贷款的形式流入由投资银行经营的股票市场，直接导致了 1929 年股票崩盘和经济大萧条（The 1929 Stock Market Crash and The Great Depression）。道琼斯工业指数在 1929 年 10 月 24 日、28 日和 29 日分别下跌了 11%、12.8% 和 11.7%，由此开始了历史上最严重的经济大萧条。1933 年低谷时期，经济危机致使美国 GDP 下降了 30%，失业率达到高峰时期的 25%，道琼斯工业指数在 25 年之后的 1954 年 11 月再次回到 1929 年 9 月的高点。

经济大萧条后，国会出台了一系列对商业银行和证券行业的重大法案，例如常被称为《格拉斯—斯蒂格尔法案》的《1933 年银行法》和《1933 年证券法》。《格拉斯—斯蒂格尔法案》有两大特点：一是为保护存款人在商业银行的利益，设立了美国存款保险公司（FDIC），二是将商业银行从投资银行中分离出来，独立经营；同时，禁止商业银行、投资银行或保险公司三者任何两者混为一体经营，实现了金融行业的分业经营。

（3）金融业经过长期稳定发展，以及 20 世纪八九十年代市场环境的变化，政府放松金融市场管制，1999 年实施的《格雷姆—里奇—比利雷法案》开始了金融行业至今的混业经营模式。

自 20 世纪 80 年代里根开始的政府放松管制背景下，金融服务业市场环境也发生了很大变化，消费和投资者的需求以及商业银行、证券公司和保险公司越来越多的业务往来限制了金融服务行业的发展及公司规模。政府及立法部门已经开始逐步对《格拉斯—斯蒂格尔法案》进行修正，政府于 1998 年允许花旗银行收购合并旅行者保险公司，临时豁免《格拉斯—斯蒂格尔法案》中关于银行、保险和证券混业经营的限制以及豁免《1956 年银行控股公司法案》（*The Bank Holding Company Act of* 1956）对银行控股公司的有关限制。

克林顿于 1999 年 12 月签署《格雷姆—里奇—比利雷法案》（*Gramm - Leach - Bliley Act*，GLB），即《金融服务现代化法案》（*Financial Services Modernization Act of* 1999），废除了《格拉斯—斯蒂格尔法案》对混业经营的限制，从而开始了银行、证券和保险为代表的金融行业混业经营模式。

（4）美国政府试图加强短期、中期和长期监管目标的措施。

美国政府反思金融危机产生的原因，提出加强短期监管措施、中期监管措施和长期监管措施，对银行业、证券业、期货业和保险业分别规划和提出了新的监管举措。核心内容是在高盛前董事长、时任美国财政部长的鲍尔森领导下起草的，于 2008 年 3 月提交给国会的《现代化金融监管体系蓝皮书》（*Blueprint For A Modernized Financial Regulatory Structure*），其中部分内容纳入后来出台的《多德—弗兰克华尔街改革与消费者保护法案》。

①在加强短期监管措施方面，美国国会从调整监管组织机构合作体系、建立新的联邦政府机构及强化美联储为提高市场流动性采取的措施三方面着手。首先增强里根在 1988 年建立起来、由财政部牵头、协调联邦政府主要金融监管部门的机构——总统金融工作组（the President's Working Group on Financial Markets，PWG）的工作职能和范围。具体包括：将货币监理署、美国联邦存款保险公司（FDIC）和储蓄管理局作为新协调成员，纳入由原来的财政部、美联储、证券交易委员会和商品期货交易委员会组成的 PWG；促进 PWG 减少金融市场风险、支持资本市场稳定、保护消费和投资者利益，与各机构的有效合作与交流，以及建立 PWG 向总统汇报的有效机制。其次，建立按揭委员会（the Mortgage Origination Commission，MOC）作为新的联邦政府机构，起草抵押贷款市场监管规则，监管抵押贷款市场及执行有关联邦

监管法规。最后，强化美联储为稳定金融市场，以贴现窗口作为货币工具，向非储蓄机构贷款提高市场流动性采取的措施，同时美联储与 PWG 协调，防范因向非储蓄机构贷款而对金融市场产生的负面影响。

②在加强中期监管方面，合并职责重叠的联邦监管机构，将储蓄机构监管转化为银行监管体系，使监管体系更适应以银行、保险、证券和期货等为框架的现代金融服务业。具体包括：在两年期限内将储蓄管理局合并到货币监理署，同时将储蓄机构由联邦颁发执照的监管体系转化为按照银行业颁发执照的监管体系；加强联邦对州银行业的监管，美联储与 FDIC 适当监管由州颁发执照的银行，美联储和 FDIC 对该类银行进行研究和测试，并提出监管措施；制定针对金融支付与结算系统的联邦监管规则，主要由美联储负责；将保险业由以州层面为基础的监管体系提升到联邦监管层面，设立保险管理局；对于证券与期货行业监管，明确以促进行业自律为核心原则，措施包括将商品期货交易委员会合并到证券交易委员会，颁布期货交易所和清算机构新规，以适应现代市场发展的需要和增强美国证券公司在国际市场的竞争力，以及由美国证券交易委员会向国会建议修改投资法案对投资范围的限制，从而建立全球性的投资公司。

③在加强和优化长期监管方面，强调政府要创建一个现代监管体系。具体包括：建立市场稳定监管机构（Market Stability Regulator），全面负责金融市场稳定，赋予美联储除了执行传统货币政策和为金融系统提供流动性外，更多地进行市场稳定监管的职责；创建审慎监管机构（Prudential Financial Regulator），负责监管与政府担保业务关联的金融机构，旗下设立联邦保险担保公司；创建公司监管机构（Business Conduct Regulator），负责监管所有

类型的金融公司；建立公司金融监管机构（Corporate Finance Regulator），负责监管与证券市场发行相关的所有上市公司及上市交易的证券产品、信息披露、公司治理、会计和审计事项等，美国证券交易委员会将继续在此框架下履行职责。

（5）面对本轮金融危机的起因和特点，政府实施金融监管改革，2010年出台《多德—弗兰克华尔街改革与消费者保护法案》，重新加强对金融市场的管制。

除了前面（二）美国金融危机处置策略措施5.法制保障（4）完善相关法律（7）中有涉及《多德—弗兰克华尔街改革与消费者保护法案》相关内容外，该法案还从政府监管机构设置、系统性风险防范、金融细分行业及其产品、消费者权益保护、风险防范、危机处理和国际合作等方面进行了最大的监管变革：①设立新的联邦监管机构——金融稳定监督委员会（FSOC），以监管美国整个金融体系，促进和稳定金融市场，识别和防范系统性风险，并参与处置可能发生的紧急风险和事件。②提高美联储自身的治理水平、规范审计和报告制度；赋予美联储制定对其监管金融机构符合审慎原则的监管标准。③提高金融监管标准，实施"沃尔克规则"，即将商业银行投资对冲基金和私募股权基金的规模限制在基金所有者权益的3%以内和银行一级资本的3%以内；单个金融机构不得通过收购兼并使其负债规模超过金融体系负债总额的10%；对资产证券化实现风险共担，要求销售抵押贷款支持证券等产品的机构留存至少5%的信用风险；完善公司治理和高管薪酬激励机制，要求上市公司高管薪酬每三年要经股东会表决更新，金融机构高管薪酬不与业绩相关联的激励机制挂钩。④扩充联邦存款保险公司

（FDIC）的监管权，赋予其对所有系统重要性金融机构的有序清算职责，对未被 FDIC 保护的金融机构，建立有序清算权，明确股东、债权人、管理层以及可能涉及的联邦机构等各自承担的损失和责任。⑤合并银行和储蓄监管机构，提高监管效率，规避多重监管，关闭美国储蓄管理局，并将其权力移交美联储，以及负责联邦层面存款机构监管的美国货币监理署（OCC）和负有对各州存款机构监管职责的美国存款保险公司（FDIC）。⑥成立财政部管辖的金融消费者保护局，宣传金融产品，教育与保护投资者和消费者，强化美国证券交易委员会（SEC）对证券公司、上市公司和信用评估机构的监管职能，增加其预算，在 SEC 管辖下新设立投资者律师局（Office of Investor Advocate）、投资者咨询委员会（Investor Advisory Committee）和信用评级局（Office of Credit Rating）。⑦成立财政部管辖的联邦保险局（Fed Insurance Office），在联邦层面监管保险行业原由各州自行监管为基础的保险监管体系。⑧给予商品期货交易委员会对衍生品和掉期等产品交易更多的监管权力，加强监管衍生品交易和其他市场工具，综合监管金融市场并增加衍生品市场的透明度；允许美联储监管金融机构间的证券产品交易的支付、清算和结算等事项。⑨建立私募基金备案制度，要求管理资产规模达到 150 亿美元的对冲基金在 SEC 备案。⑩加强住房抵押贷款市场监管，制定住房抵押贷款信用标准、规范贷款流程和防范抵押贷款市场系统性风险。

奥巴马政府推行的金融监管改革，遇到了国会占多数席位的共和党的质疑和挑战，同时法案自身也有许多不足及争议之处。例如，法案对于存在争议的关于是否限制金融业混业经营的问题，对以银行、证券和保险为代表的金融行业混业经营的内容并未做出裁决，仅以规范金融机构内部利益冲突的形式体现；可以预见美国金融行业依然是在混业经营下的分业（银行、证券和保险各为独立组织机构）、分业经营下的混业（同一控股母公司）的经营模式下发展。

随着《多德—弗兰克华尔街改革与消费者保护法案》的实施，政府相关监管机构的责任调整和设立新机构，弥补监管漏洞，加强对金融市场的监管，将成为未来相当一段时期影响金融市场发展的重要因素。

四、　中国应把金融发展建立在金融稳定的磐石上

2008 年国际金融危机主要源于：美国大型金融控股公司、银行、证券公司和保险公司普遍陷入困境，个别金融机构被迫倒闭或被收购，同时影响到全球主要的金融机构。

（1）在美联储长期宽松货币政策的影响下，美国商业银行和住房贷款机构执行过度放松的信贷（Easy Credit）政策，普遍疏于风险控制。

（2）美国证券公司经营的基于住房资产和银行贷款为基础的抵押债券及其相关的衍生产品种类泛滥，产品结构复杂，交易不透明；债券定价和交易价格出现泡沫。以包销债券和次级抵押债券为核心业务的华尔街重要做市商——雷曼兄弟公司和贝尔斯登公司先后倒闭，加剧了金融危机。

（3）美国混业经营的金融机构未能就次级抵押债在银行（提供贷款）、证券（贷款债券化）和保险（购买债券或为债券提供保险）之间规避和解决好利益冲突。

（4）美国次级抵押债券的主要购买者，持有债券金额与其资产规模不匹配，没有控制投资风险。次级抵押债券的主要投资者房利美和房地美以及以

美国友邦 AIG 为代表的保险公司，在 2006 年美国房地产泡沫达到顶峰后，投资者开始大量抛售次级抵押债券，其价格大幅下跌，使房利美、房地美和美国友邦 AIG 为代表的保险公司立即陷入财务危机。

（5）美国信用评估机构未准确、充分地披露次级债券的风险，给予高信用等级，促成次级抵押债券的价格泡沫。

（6）美国政府监管宽松，监管职能部门未能履行监管责任。

（7）市场自行发展和自我调节的因素等。

2008 年国际金融危机的主要教训是：

（1）宏观审慎管理缺失；（2）忽视了影子银行体系风险；（3）对系统重要性金融机构监管不足；（4）缺乏有序的风险处置与清算安排；（5）对金融消费者权益保护不力；等等。

2008 年国际金融危机的主要启示是：

（1）国家经济金融需要均衡发展；（2）宏观经济的财政政策、货币政策、汇率政策及监管政策需要合理搭配；（3）处置金融风险宜早不宜迟，需要政府大力介入；（4）对系统重要性金融机构和影子银行体系需要加强改革与监管；（5）应促进金融服务实体经济和加强金融消费者权益保护；等等。

国际金融危机可能的防范措施是：

（1）国家宏观几大经济政策联动建立危机预警机制。尤其需要构建逆周期的金融宏观审慎管理制度框架。（2）推进国家宏观经济结构性改革。短期目标是刺激经济复苏，长期目标是优化产业结构，建立健全公司治理制度。（3）稳定金融市场。加强金融监管，尤其需制定对系统重要性金融机构的有效监管措施。（4）管控国际资本流动。（5）及时有效采取应急稳定措施，建立金融危机有序处置机制；等等。

中国应把金融发展建立在金融稳定的磐石上。在规则下促竞争，在稳定中求发展。当前，中国尤其要加强金融市场自身的定位发展和法制法规的监管制度建设。

一是要更加注重把握金融服务实体经济的本质要求。金融服务实体经济是实现金融稳定的根本要求。稳健厚实的实体经济是金融稳定最深厚的根基。近年来，中国实体经济加快转型升级，为金融创新提供了广阔的天地。国际金融、科技金融、产业金融、农村金融、民生金融有效结合，促进了中国的经济社会转型升级。应紧紧抓住加快转变经济发展方式这一主线，着力解决中小微企业融资难和农村金融服务薄弱、科技产业化金融支撑不强、产业链整合和价值链提升金融服务不足、区域金融发展不平衡的问题，采取切实的措施，促进金融服务实体经济的良性发展。

二是要更加注重夯实金融稳定的法制基础。法制管根本、管长远，完善的法律法规是金融稳定的基本前提。金融改革需要在严格遵守和准确把握相关法律精神的前提下，探索开展符合中国实际的金融创新实践。目前，中国正在开展金融机构监管与规范、打击非法金融活动和建立征信等建章立制工作，它为中国金融试验提供了坚实的制度保障。

三是要更加注重完善金融监管体制。健全的监管组织形式和长效机制，是做好金融风险处置工作的基本保障。开展金融改革创新，必须注重完善国家金融监管体制，把创新置于全面、规范、合理的监管下。中国可在建立国家层面金融协调机制和辅助监管机构的基础上，建立金融稳定工作协调、信息共享和联合处置机制，对交叉性金融业务、重大金融风险事件及影响金融稳定的基础性问题实施联合管理；强化监管意识和职责，成立具有较强处置力的监管机构，加强对准金融机构、场外交易市场的监管；建立金融风险多维监测、评估和预警体系，及时发现和防范风险苗头。

四是要更加注重提高金融市场主体的自我管理能力。提高中国金融机构，尤其是系统重要性金融机构的自我管理能力，既有利于提高金融主体的创新活力，又能实现中国金融的稳定。开展金融改革创新，必须把深化金融机构改革包括实施"压力测试""生前遗嘱"等措施放在重要位置，一方面，着力推动系统重要性金融机构完善公司治理、创新经营模式、开展差异化经营，形成行业领先的竞争力和风险管理能力；着力培育有利于细化分工、增强功能的创新型金融机构，增强市场整体创新能力和抵御风险能力。另一方面，着力减少政府对金融机构的不当干预，让金融机构成为真正的市场主体，在市场竞争中发展壮大。

五是要更加注重市场化的风险应对处置机制建设。金融风险的市场化应对处置机制主要包括股东与债权人的风险共担机制、高管层承担经营失败责任制度、存款保险制度、系统重要性金融机构建立恢复和处置计划、政府援助管理和退出机制等。这些制度机制编织起一张灵活、富有弹性的风险消化吸收网，能够有效防止金融风险传染放大，它是降低风险处置成本、提高处置效率的重要保障。建立一套高效率、市场化的风险处置机制，可以迅速将金融改革创新风险消弭在萌芽状态。中国应积极探索建立政府、央行和各监管部门共同参与的适合中国实际的市场化风险应急处置机制，促进金融改革创新稳健发展。

六是要更加注重保护中小投资者利益。保护中小投资者利益是保持金融

市场健康可持续发展的基本要求，也是防范化解金融风险的关键所在。开展
金融改革创新，必须处理好促进行业发展与保护中小投资者的关系，决不能
以牺牲中小投资者利益获取短期虚假繁荣。中国应探索建立政府和监管部门
牵头参与的新金融产品和服务的投资者保护监督措施，探索建立专门的金融
消费者维权组织，加强金融行业自律，完善投诉、监督和金融纠纷仲裁等机
制，畅通金融消费者化解纠纷的渠道；开展金融行业评议活动，提高金融产
品和服务的规范性和透明度。

　　中国认真总结、深刻认识金融的脆弱性，深刻认识金融脆弱性与金融自
由化相互掣肘的关系，深刻认识金融风险、金融危机带给国家的巨大危害
性，采取措施，多管齐下，将能更加有效地防范、处置和化解金融风险。

Eight Highlights
of Finance in China

中国金融八论

八　论

国际金融体系创新与完善

——中国金融国际参与方案探讨

在一论中，我们已经论述现代金融体系包括六大方面——现代金融市场体系、现代金融组织体系、现代金融法制体系、现代金融监管体系、现代金融环境体系和现代金融基础设施。根据世界金融发展现实，此论我们只侧重从国际金融机构体系、国际金融基础设施和国际金融监督管理三方面来分析、思考、看待国际金融体系的现状、未来以及对其进行改革构建的必要性。

一、 国际金融机构体系

金融机构主要分为三类：商业机构、监管机构和政策机构。现有的国际金融机构目前更多地只能称为业务机构或业务协调机构。

1. 国际清算银行（The Bank for International Settlements，BIS）。

国际清算银行是英国、法国、德国、意大利、比利时、日本等国的中央银行与代表美国银行界利益的摩根银行、纽约和芝加哥的花旗银行组成的银团，根据海牙国际协定于 1930 年 5 月共同组建，总部设在瑞士巴塞尔。

国际清算银行最初创办的目的是为了处理第一次世界大战后德国的赔偿支付及其有关的清算等业务问题。第二次世界大战后，它成为经济合作与发展组织成员国之间的结算机构，该行的宗旨也逐渐转变为促进各国中央银行之间的合作，为国际金融业务提供便利，并接受委托或作为代理人办理国际清算业务等。国际清算银行不是政府间的金融决策机构，也非发展援助机构，它实际上是各国中央银行的银行。

国际清算银行的资金来源主要有三个方面：（1）成员国缴纳的股金。该行建立时，法定资本为 5 亿金法郎，1969 年增至 15 亿金法郎（Gold

Francs），以后几度增资。该行股份的 80% 为各国中央银行持有，其余 20% 为私人持有。（2）借款。向各成员国中央银行借款，补充其自有资金的不足。（3）吸收存款。接受各国中央银行的黄金存款和商业银行的存款。

国际清算银行的业务范围主要包括：（1）处理国际清算事务。（2）办理或代理有关银行业务。（3）定期举办中央银行行长会议，包括：①商讨国际金融合作问题；②从事货币与金融问题研究；③为各国央行提供各种金融服务；④为执行各种国际金融协定提供便利；等等。

国际清算银行开创资本为 5 亿金法郎，分为 20 万股，每股 2 500 金法郎，由六国中央银行和美国银行集团七方平均认购。1969 年 12 月国际清算银行修改了个性化章程，其宗旨改为促进各国中央银行在国际清算之间的合作，并向其提供更多的国际金融业务的便利，在国际清算业务方面充当受托人或代理人。银行资本也相应地增至 15 亿金法郎，分为 60 万股，每股 2 500 金法郎。国际清算银行 4/5 的股份掌握在各成员国中央银行手中，1/5 的股份已经由各成员国的中央银行转让给了私人，由私人持有，但私人股股东无权参加股东大会。原有的 32 名成员中有 26 个欧洲国家的中央银行，其余 6 家为加拿大、澳大利亚、日本、土耳其和南非的中央银行与代表美国利益的摩根银行。1996 年 9 月，国际清算银行决定接受中国、印度、韩国、新加坡、巴西、墨西哥、俄罗斯、沙特阿拉伯和中国香港九个国家和地区的中央银行或行使中央银行职能的机构为成员。这是国际清算银行 25 年来首次接纳新成员。国际清算银行刚建立时只有 7 个成员，现已有 45 个成员。

2. 国际货币基金组织（International Monetary Fund，IMF）。

国际货币基金组织是根据 1944 年 7 月在布雷顿森林会议签订的《国际

货币基金协定》于 1945 年 12 月 27 日在华盛顿成立的，与世界银行同时成立、并列为世界两大金融机构之一，其职责是监察货币汇率和各国贸易情况，提供技术和资金协助，确保全球金融制度运作正常。其总部设在华盛顿。

该组织宗旨是通过一个常设机构来促进国际货币合作，为国际货币问题的磋商和协作提供方法；通过国际贸易的扩大和平衡发展，把促进和保持成员国的就业、生产资源的发展、实际收入的高低水平，作为经济政策的首要目标；稳定国际汇率，在成员国之间保持有秩序的汇价安排，避免竞争性的汇价贬值；等等。

该组织的主要职能是：（1）制定成员国间的汇率政策和经常项目的支付以及货币兑换方面的规则，并进行监督；（2）对发生国际收支困难的成员国在必要时提供紧急资金融通，避免其他国家受其影响；（3）为成员国提供有关国际货币合作与协商等会议场所；（4）促进国际间的金融与货币领域的合作；（5）加快国际经济一体化的步伐；（6）维护国际间的汇率秩序；（7）协助成员国之间建立经常性的多边支付体系等。

该组织由 189 个国家参与，其最高权力机构为理事会，由各成员国派正、副理事各一名组成，一般由各国的财政部长或中央银行行长担任。每年 9 月举行一次会议，各理事会单独行使本国的投票权（各国投票权的大小由其所缴基金份额的多少决定）。该组织的资金来源于各成员认缴的份额。

1969 年，该组织创设特别提款权（Special Drawing Right，SDR）。它是国际货币基金组织创设的一种储备资产和记账单位，也称"纸黄金"（Paper Gold）。它是国际货币基金组织分配给会员国的一种使用资金的权利。即会员国在发生国际收支逆差时，可用它向国际货币基金组织指定的其他会员国换取外汇，以偿付国际收支逆差或偿还国际货币基金组织的贷款，还可与黄金、自由兑换货币一样充当国际储备。但由于其只是一种记账单位，不是真正货币，不能直接用于贸易或非贸易的支付，使用时必须先换成其他货币。因为它是国际货币基金组织原有的普通提款权以外的一种补充，所以称为特别提款权（SDR）。

2015 年 11 月 30 日，国际货币基金组织（IMF）将篮子货币的权重调整为：美元占 41.73%，欧元占 30.93%，人民币占 10.92%，日元占 8.33%，英镑占 8.09%。

2016 年 1 月 27 日，IMF 宣布 IMF 2010 年份额和治理改革方案正式生效，中国正式成为 IMF 第三大股东。中国份额占比从 3.996% 升至 6.394%，排名从第六位跃居第三位，仅次于美国和日本。

2016 年 3 月 4 日，IMF 从 2016 年 10 月 1 日起在其官方外汇储备数据库中单独列出人民币资产，以反映 IMF 成员人民币计价储备的持有情况。

该组织在发挥积极作用的同时，也存在制度缺陷。(1) IMF 的组织机构主要由美国及欧盟控制；(2) IMF 的基金份额和投票权分配中，美国对 IMF 的重大决策拥有一票否决权；(3) IMF 竭力维护美元作为主要国际储备货币的作用；(4) IMF 调节国际收支平衡能力不足，全球国际收支严重失衡。

3. 世界银行（World Bank）。

世界银行是世界银行集团的简称，由国际复兴开发银行、国际开发协会、国际金融公司、多边投资担保机构和国际投资争端解决中心五个成员机构组成，成立于 1945 年，1946 年 6 月开始营业，总部设在美国首都华盛顿，有员工 1 万多人，分布在全世界 120 多个办事处。按惯例，世界银行集团最高领导人由美国人担任，为期 5 年。

世界银行集团的五个机构是：（1）国际复兴开发银行（IBRD），1945年成立，向中等收入国家政府和信誉良好的低收入国家政府提供贷款。（2）国际金融公司（IFC），1956 年成立，是专注于私营部门的全球最大发展机构。IFC 通过投融资、动员国际金融市场资金以及为企业和政府提供咨询服务，帮助发展中国家实现可持续增长。（3）国际开发协会（IDA），1960 年成立，向最贫困国家的政府提供无息贷款（也称信贷）和赠款。（4）多边投资担保机构（MIGA），1988 年成立，目的是促进发展中国家的外国直接投资，以支持经济增长，减少贫困和改善人民生活。MIGA 通过向投资者和贷款方提供政治风险担保履行其使命。（5）国际投资争端解决中心（ICSID），1966 年成立，提供针对国际投资争端的调解和仲裁机制。但通常人们所指的"世界银行"是属狭义的"世界银行"，仅指国际复兴开发银行（IBRD）和国际开发协会（IDA）。

世界银行的宗旨是：（1）通过对生产事业的投资，协助成员国经济的复兴与建设，鼓励不发达国家对资源的开发。（2）通过担保或参加私人贷款及其他私人投资的方式，促进私人对外投资。当成员国不能在合理条件下获得私人资本时，可运用该行自有资本或筹集的资金来补充私人投资的不足。（3）鼓励国际投资，协助成员国提高生产能力，促进成员国国际贸易的平衡发展和国际收支状况的改善。（4）在提供贷款保证时，应配合其他国际贷款。

世界银行的主要业务包括：（1）提供金融产品与服务；（2）创新型知

识分享；（3）贷款；（4）非贷援助；（5）多方合作；（6）协调立场；等等。

世界银行的主要资金来源包括：（1）各成员国缴纳的股金；（2）向国际金融市场借款；（3）发行债券和收取贷款利息。

世界银行按股份公司的原则建立。成立初期，世界银行法定资本 100 亿美元，全部资本为 10 万股，每股 10 万美元。凡是会员国均要认购银行的股份，认购额由申请国与世界银行协商并经世界银行董事会批准。一般来说，一国认购股份的多少根据该国的经济实力，同时参照该国在国际货币基金组织缴纳的份额大小而定。

世界银行的重要事项由会员国投票决定，投票权的大小与会员国认购的股本成正比。世界银行每一会员国拥有 250 票基本投票权，每认购 10 万美元的股本即增加一票。美国认购的股份最多，有投票权 226 178 票，占总投票数的 17.37%，对世界银行事务与重要贷款项目的决定起着重要作用。

2010 年，世界银行第二阶段投票权改革完成后，IBRD 前 6 大股东国分别为美国（15.85%）、日本（6.84%）、中国（4.42%）、德国（4.00%）、法国（3.75%）和英国（3.75%）。中国在世界银行的投票权从 2.77% 提高到 4.42%，成为世界银行第三大股东国。

世界银行与 IMF 的关系是：世界银行的成员国必须是 IMF 的成员国，但 IMF 的成员国不一定都参加世界银行。世界银行与国际货币基金组织两者起着相互配合的作用。国际货币基金组织主要负责国际货币事务方面的问题，其主要任务是向成员国提供解决国际收支暂时不平衡的短期外汇资金，以消除外汇管制，促进汇率稳定和国际贸易的扩大。世界银行则主要负责经济的复兴和发展，向各成员国提供发展经济的中长期贷款；等等。

世界银行在国际上经常受到批评，质疑其行为上主要受一些国家（尤其是美国）的影响，从而制定的政策往往趋向这些国家的利益。

4. 区域性国际金融机构还包括美洲开发银行、欧洲投资银行、亚洲开发银行、欧洲复兴开发银行、非洲开发银行、加勒比开发银行及阿拉伯货币基金组织等。

（1）美洲开发银行（Inter‑American Development Bank，IADB），也叫泛美开发银行，成立于1959年12月30日，是世界上成立最早和最大的区域性多边开发银行，总行设在华盛顿。其宗旨是"集中各成员国的力量，对拉丁美洲国家的经济、社会发展计划提供资金和技术援助"，并协助它们"单独地和集体地为加速经济发展和社会进步作出贡献"。该行是美洲国家组织的专门机构，其他地区的国家也可加入，但非拉美国家不能利用该行资金，只可参加该行组织的项目投标。

（2）亚洲开发银行（Asian Development Bank，ADB）简称亚行，创建于1966年11月24日，总部设在菲律宾首都马尼拉。其宗旨是通过发展援助和帮助亚太地区发展中成员消除贫困，促进亚太地区的经济和社会发展。亚行对发展中成员的援助主要采取四种形式：贷款、股本投资、技术援助、联合融资担保，以实现"没有贫困的亚太地区"这一终极目标。亚行主要通过开展政策对话、提供贷款、担保、技术援助和赠款等方式支持其成员在基础设施、能源、环保、教育和卫生等领域的发展。

（3）非洲开发银行（African Development Bank，AFDB），是1964年成立的区域性国际开发银行，总部设在科特迪瓦的经济中心阿比让，是非洲最大的地区性政府间开发金融机构。其宗旨是促进非洲地区成员的经济发展和社会进步。

（4）阿拉伯货币基金组织（Arab Monetary Fund，AMF），于1977年4月成立，总部设在阿拉伯联合酋长国首都阿布扎比，是阿拉伯伊斯兰国家平衡国际收支，促进阿拉伯经济一体化的区域性国际金融机构。其宗旨是向阿拉伯联盟成员国中国际收支有困难的国家提供援助；给财政上有赤字的国家提供优惠贷款；使所有成员国获得经济和社会的均衡发展；增加阿拉伯国家的财源，实现阿拉伯国家的经济一体化……

5. 亚洲基础设施投资银行（Asian Infrastructure Investment Bank，AIIB）。

亚洲基础设施投资银行，简称亚投行，是一个政府间性质的亚洲区域多边开发机构，重点支持基础设施建设。成立宗旨是为了促进亚洲区域建设互联互通和经济一体化的进程，并且加强中国及其他亚洲国家和地区的合作，是首个由中国倡议设立的多边金融机构。总部设在北京，法定资本1 000亿美元。2015年12月25日，亚洲基础设施投资银行正式成立。2016年1月16日至18日，亚投行开业仪式暨理事会和董事会成立大会在北京举行。

亚洲基础设施投资银行的主要职能是：（1）推动区域内发展领域的公共和私营资本投资，尤其是基础设施和其他生产性领域的发展；（2）利用其可支配资金为本区域发展事业提供融资支持，包括有效支持本区域整体经济和谐发展的项目和规划，并特别关注本区域欠发达成员的需求；（3）鼓励私营资本参与投资有利于区域经济发展，尤其是基础设施和其他生产性领域发展的项目、企业和活动，并在无法以合理条件获取私营资本融资时，对私营投资进行补充；（4）为强化这些职能开展的其他活动和提供的其他服务。

亚洲基础设施投资银行的治理结构是：理事会、董事会、管理层三层。

理事会是最高决策机构，每个成员在亚投行有正副理事各一名。董事会有 12
名董事，其中域内 9 名，域外 3 名。管理层由行长和 5 位副行长组成。

（1）在中国层面，亚投行的建立使中国进入"新时代"。

中国已成为世界第三大对外投资国，中国对外投资 2012 年同比增长
17.6%，创下了 878 亿美元的新高。而且，经过 30 多年的发展和积累，中
国在基础设施装备制造方面已经形成完整的产业链，同时在公路、桥梁、隧
道、铁路等方面的工程建造能力在世界上也已经是首屈一指。中国基础设施
建设的相关产业期望更快地走向国际。但亚洲经济体之间难以利用各自所具
备的高额资本存量优势，缺乏有效的多边合作机制，缺乏把资本转化为基础
设施建设的投资。

（2）在亚洲层面，亚投行的建立是由于亚洲基础设施落后。

亚洲经济占全球经济总量的 1/3，是当今世界最具经济活力和增长潜力
的地区，拥有全球六成人口。但因建设资金有限，一些国家铁路、公路、桥
梁、港口、机场和通讯等基础建设严重不足，这在一定程度上限制了该区域
的经济发展。

（3）在全球层面，亚投行的建立使新兴大国异军突起。

21 世纪以来，由于国际金融危机的冲击，发达国家的经济长期陷入低
迷，以新兴大国为代表的发展中国家则率先摆脱危机影响，不仅成为全球经
济的新引擎，而且成为全球治理的重要主体。为了更好地发挥新兴国家在世
界经济和全球金融治理中的作用，改革原有不合理的国际金融机制顺理成章
地提上了日程。

6. 金砖国家开发银行（New Development Bank）。

金砖国家开发银行，又名金砖银行（BRICS），2012 年提出建立，于 2015 年 7 月 21 日开业。总部设在中国上海。

2008 年国际金融危机以来，美国金融政策变动导致国际金融市场资金的波动，对新兴市场国家的币值稳定造成很大影响。中国货币波动较小，但是印度、俄罗斯、巴西等国都经历了货币巨幅贬值，导致通货膨胀。而靠 IMF 救助存在不及时和力度不够的问题，金砖国家为避免在下一轮金融危机中受到货币不稳定的影响，计划构筑一个共同的金融安全网。一旦出现货币不稳定，可以借助这个资金池兑换一部分外汇来应急。

以中国为主的金砖国家提出建立金砖国家开发银行和应急储备安排两方面机制。

（1）金砖国家开发银行初始资本为 1 000 亿美元。由 5 个创始成员国平均出资。

（2）应急储备基金是由中国提出的一个倡议，主要是为了解决金砖国家短期金融危机，是一种救助机制，不是盈利机制。储备基金为 1 000 亿美元，用于金砖国家应对金融突发事件，其中中国提供 410 亿美元，俄罗斯、巴西和印度分别提供 180 亿美元，南非提供其余的 50 亿美元。

金砖国家开发银行设立的宗旨是，主要资助金砖国家以及其他发展中国家的基础设施建设。巴西、南非、俄罗斯、印度的基础设施缺口很大，在国家财政力所不逮时，需要共同的资金合作。金砖国家开发银行不只面向 5 个金砖国家，而是面向全部发展中国家。作为金砖成员国，将会获得优先贷款权。

金砖国家开发银行拓展了中国和金砖国家再合作的新空间。作为金融合作方面的一个具体体现，金砖国家开发银行建立后，将不断拓展金砖国家合作的新空间。同时，它也代表着金砖国家在国际金融合作方面迈开了新的步伐。

　　至此，回看历史，国际金融机构体系展现出一条清晰的时间表与结构图：（1）现有国际金融机构体系基本上还传承着第二次世界大战之后确立和成立的架构；（2）美国在其中起着重要的主导作用；（3）除了欧洲复兴开发银行成立于1991年，亚洲基础设施投资银行和金砖国家开发银行成立于2015年外，其他基本上属第二次世界大战后的产物。一方面，这些国际金融机构在世界经济和区域经济发展中继续发挥着积极作用；另一方面，这些国际金融机构被少数国家掌控主导并继续延续，致使大多数发展中国家的经济需求与建议呼声往往得不到应有的重视、满足与回应。世界各国改革、完善国际金融机构体系呼声日兴。

二、　国际金融基础设施

　　为什么要分析"国际金融基础设施"？是因为它既是国际金融体系有效运行的必要条件，又是实现国际金融安全交易、风险对冲和信息获取的关键因素。

　　国际金融市场交易分为交易所（场内）交易和OTC（场外）交易两种。无论哪种交易完成后，相关交易流程都被传递到交易后台（Post – trade）基础设施，即金融市场基础设施，因此分析金融基础设施具有重要性。

　　狭义的国际金融基础设施主要指国际间以中央银行为主体的支付清算体系；广义的国际金融基础设施还包括确保国际金融市场有效运行的法律程

序、会计与审计体系、信用评级以及相应的金融标准及交易规则等。其中，最主要的框架包括重要性支付系统、托管系统、清算系统、交易对手和交易信息库等。

（一）支付清算体系（场内）

支付清算体系（Payment & Clearing System），也称支付系统（Payment System），是指由提供支付清算服务的中介机构和实现支付指令传递及货币资金清算的专业技术手段共同组成，用以实现债权债务清偿及资金转移的一种金融安排。国际支付清算体系需要五方面基本要素：（1）付款人；（2）付款人的开户行；（3）票据交换所；（4）收款人的开户行；（5）收款人。国际清算银行支付与结算委员会（The Committee on Payment & Settlement Systems，CPSS），秘书处设在国际清算银行。国际清算或货币跨国支付总原则是：跨国流动票据，包括支付进口国货币、支付出口国货币和支付第三国货币，其出票人和收款人可以是全球任何地方的个人或企业，但是票据的付款人或担当付款的人必须是所附货币清算中心的银行。将外币账户开设在该种币种的发行和清算中心，将能顺利地完成跨国的货币收付。现实中国际支付清算体系的种类，按经营者身份划分可界定为三类：（1）中央银行拥有并经营；（2）私营清算机构拥有并经营；（3）各银行拥有并运行的行内支付系统。按支付系统的服务对象及单笔业务支付金额划分可界定为两类：（1）大额支付系统；（2）小额支付系统。按支付系统服务的区域范围划分也可界定为两类：（1）境内支付系统；（2）国际性支付系统。

到目前为止，美元是国际金融体系中最主要的货币支付结算单位。美国的支付清算体系主要有：

1. 资金电划系统（FEDWIRE）。归属于美联储所有，是美国境内美元收付系统，既是一个实时的、全额的、贷记的资金转账系统，又包括一个独立的电子簿记式的政府证券转账系统。（1）FEDWIRE 资金转账主要用于银行间隔夜拆借、银行间结算业务、公司之间付款以及证券交易结算等；（2）FEDWIRE 支付信息通过连接 12 个联邦储备银行跨区的通信网络和联邦储备银行辖区内连接联储银行和其他金融机构的当地通信网络来传递。来自金融机构的支付信息被传送到当地联储银行的主机系统上进行处理。（3）FEDWIRE 资金转账系统 70% 以上的用户（占业务量的 99%）以电子方式与联储相连接。

2. 清算所银行同业支付系统（Clearing House Interbank Payment System, CHIPS），于 1970 年建立，是一个由纽约清算协会（NYCHA）拥有并运行的全球最大的私营支付清算系统之一，主要进行跨国美元交易的清算。其处理全球 95% 左右的国际美元交易，每天平均交易量超过 34 万笔，金额约 1.9 万亿美元。（1）清算用户。目前共 19 个，在联邦储备银行设有储备账户，能直接使用该系统实现资金转移。（2）非清算用户。不能直接利用该系统进行清算，必须通过某个清算用户作为代理行，在该行建立账户实现资金清算。（3）参加 CHIPS 的单位可以是纽约的商业银行、国际条例公司、投资公司和外国银行在纽约的分支机构。（4）CHIPS 参与者需向 CHIPCo 董事会提交财务情况方面的文件，接受 CHIPCo 的信用评估。作为最大的私人运作支付系统，其必须处理支付清算风险问题，包括信用风险（到期一方不能履行承诺的支付义务）、操作风险（给资金接收方的支付指令可能被颠倒）、流动性风险（由于缺乏流动性到期支付指令不能执行），风险涉及国际清算，美联储要求 CHIPS 和其他私人批发转账系统保证清算的顺利进行。

另外，在国际上，主要国家和地区的国际支付清算系统有：

1. 欧洲跨国大批量自动实时快速清算系统（Trans European Automated Realtime Gross Settlement Express Transfer，TARGET），是欧元实施后欧洲支付系统一体化的体现，于 1999 年 1 月 1 日正式启用。该系统连接各成员国中央银行的大批量实时清算系统，按法兰克福时间每日运行 11 个小时（早 7 点至晚 6 点）。

当然，欧盟共同体除了 TARGET 系统以外，欧元区内各商业银行至少还有五个其他清算渠道与区内及全球各往来银行进行资金的支付清算划拨。

2. 中国人民币跨境支付系统（Cross - broder Interbank Payment System，CIPS），于 2015 年 10 月 8 日正式启用。它是在整合了现有人民币跨境支付结算渠道和资源的基础上，为提高跨境清算效率和提高交易的安全性而构建的满足各主要时区的人民币业务发展需要的现代化支付体系。中国人民币已成为全球第四大支付货币和第二大贸易融资货币，建设独立的人民币跨境支付系统，完善人民币全球清算服务体系成为客观必然。CIPS 分两期建设，一期主要采用实时全额结算方式，为跨境贸易、跨境投融资和其他跨境人民币业务提供清算、结算服务；二期将采用更为节约流动性的混合结算方式，提高人民币跨境和离岸资金的清算、结算效率；从而安全、稳定、高效地支持各个方面人民币跨境使用的需求，包括人民币跨境贸易和投资的清算、境内金融市场的跨境货币资金清算以及人民币与其他币种的同步收付业务。首批参与者共有 19 家银行机构，同步上线的间接参与者还包括位于亚洲、欧洲、大洋洲、非洲等地区的 38 家境内银行和 138 家境外银行。

3. 瑞士跨行清算系统（SIC），是对存放在瑞士国民银行的资金每日 24 小时执行最终的、不可取消的、以瑞士法郎为单位的跨行支付。它是瑞士唯一的、以电子方式执行银行间支付的系统，是一个所有的支付都逐笔在参与者的账户上进行结算的全额系统，也是一个没有金额限制的支付清算系统，该系统于 1987 年开始启动运行。

4. 英镑清算系统（Clearing House Automated Payment System，CHAPS），是英国 11 家清算银行加上英格兰银行共 12 家交换银行集中进行票据交换，其他商业银行则通过其往来的交换银行交换票据的支付清算系统。非交换银行须在交换银行开立账户，以便划拨差额，而交换银行之间交换的最后差额则通过它们在英格兰银行的账户划拨。该系统不设中央管理机构，各交换银行必须按一致通过的协议办事，各交换银行在规定的营业时间内必须保证通道畅通，付款电传一旦发生并经通道认收后，即使马上被证实这一付款指令是错误的，发报行也要在当天向对方交换银行付款。

5. 日本银行金融网络系统（BOJ–NET），于 1988 年 10 月开始运行，是一个用于包括日本银行在内的、金融机构间的电子资金转账的联机系统，由日本银行负责管理。金融机构要想成为日本银行网络资金转账服务的直接使用者，就必须在日本银行开设账户。系统的参与者包括银行、证券公司和代办短期贷款的经纪人，以及在日本的外国银行和证券公司等。该系统处理金融机构间涉及银行间资金市场和证券的资金转账、同一金融机构内的资金转账、由私营清算系统产生的头寸结算和金融机构与日本银行之间的资金转账（包括国库资金转账）。

6. 香港自动支付清算系统（Clearing House Automated Transfer System，CHATS），以中银集团等 13 家银行为其会员，运用该系统调拨港币，快捷方便。

（二）中央交易对手和交易信息库（场外）

中央交易对手（Central Counter Parties，CCP），相当于为场外金融衍生产品建立一个集中清算机制（Central Counterparty Clearing），包括双边清算体系和中央交易对手体系。

交易信息库，也称交易数据库（TR），为监管者、市场参与者和公众提供信息，据此提高场外衍生产品市场的透明度。

目前此类国际性机构主要有：

1. 环球银行金融电讯协会（Society for Worldwide International Financial Telecommunications，SWIFT），是一个国际银行间的非营利合作组织，1973年成立。总部设在比利时的布鲁塞尔，先后在荷兰阿姆斯特丹、美国纽约和中国香港分别设立交换中心（Swifting Center），并为各参加国开设集线中心（National Concentration），为国际金融业务提供快捷、准确、优良的服务。

目前全球大多数银行已使用 SWIFT 系统。SWIFT 的使用为银行的结算提供了安全、可靠、快捷、标准化、自动化的通讯业务，从而大大提高了银行的结算速度。从 1987 年开始，非银行金融机构，包括经纪人、投资公司、证券公司和证券交易所等开始使用 SWIFT。截至 2010 年，该网络已遍布全球 206 个国家和地区的 8 000 多家金融机构，为金融行业提供安全报文传输服务与相关接口软件，支援 80 多个国家和地区的实时支付清算系统。

SWIFT 提供的服务包括：（1）接入服务；（2）金融信息传递服务；（3）交易处理服务（即通过 SWIFTNET 向外汇交易所、货币市场和金融衍生工具认证机构提供交易处理服务）；（4）分析服务和提供分析工具。具体来说，SWIFT 提供全世界金融数据传输、文件传输、直通处理 STP（Straight Throuth Process），撮合、清算和净额交付服务，操作信息服务，软件服务，认证技术服务，客户培训和 24 小时技术支持，等等。

SWIFT 自投入运行以来，以其高效、可靠、低廉和完善的服务，在促进世界贸易的发展，加速全球范围内的货币流通和国际金融结算，促进国际金融业务的现代化和规范化方面发挥了积极的作用。

2. 国际支付结算体系委员会（Committee on Payment and Settlement Systems，CPSS），秘书处设在国际清算银行（BIS）。[①]

CPSS 通过向成员中央银行提供交流平台，使各中央银行能够就其国内的支付、清算及结算系统以及跨境多币种结算机制的发展问题共同进行研究和探讨。CPSS 致力于支付结算体系的发展与改革工作，推动建立稳健、高效的支付结算系统，以加强全球金融市场的基础设施。

CPSS 不定期发布专业研究报告，内容涉及大额资金转账系统、证券结算系统、外汇交易结算安排、衍生产品清算安排和零售支付工具等，并先后出版了《重要支付系统核心原则》《证券结算系统建议》《中央对手建议》《中央银行对支付结算系统的监督》《国家支付体系发展指南》等纲领性文件，受到各国中央银行和监管当局的高度重视，并作为支付结算系统和证券

---

① 2013 年 9 月后 CPSS 更名为 CPMI（国际支付和市场基础设施委员会）。

交易结算系统监管的主要参考，推动了全球众多国家和地区的支付结算体系的发展进程。

目前 CPSS 正在集中研究场外市场尤其是衍生金融工具交易市场引入中央对手机制以及建立集中清算、数据保存、处理、监测机制等工作，它对未来国际支付结算体系的走向将产生重要影响。

当然，2008 年国际金融危机前，中央对手方和交易数据库制度普遍被忽视，特别是金融衍生产品交易的信息披露十分不充分。危机后国际社会高度重视对场外衍生品市场、中央对手方和交易数据库的规则、制度以及新的支付系统服务（比如 DVP – Delivery Versus Payment）等的重建问题。G20 "金融稳定理事会"（FSB）于 2010 年 4 月开始着手建立场外衍生品交易信息库和中央交易对手，要求 CPSS 和 IOSCO（国际证监会组织）联合设立金融市场基础设施标准评审指导委员会，专门指导研究有关金融市场基础设施的国际标准，包括推动跨境交易的替代合规、扩大集中清算和强制报告的范围、提高中央对手方的抗风险能力和增强交易数据的可利用性等制度。2012 年 4 月 16 日，CPSS 和 IOSCO 正式发布了三个文件，《金融市场基础设施原则》（以下简称 PFMI 报告）、为新标准制定的《评估方法》咨询报告和《披露框架》咨询报告，尤其对重要支付系统、中央证券存管、证券结算系统、中央对手方和交易数据库五类金融市场基础设施在国际标准原则性上提出了要求，并作出了新的规定。与此同时，欧美等主要发达经济体也对场外衍生品市场的 CCP（对应集中清算）和 TR（对应数据报告）等基础设施制定或调整了国内法律和监管规则。金融市场基础设施的设计和运作方式对金融稳定产生了重要影响。

（三）信用评级、金融业标准等

1. 世界三大信用评级机构。

信用评级机构是依法设立的从事信用评级业务的社会中介机构，即金融市场上一个重要的服务性中介机构，它是由专门的经济、法律、财务专家组成的对证券发行人和证券信用（也包括国际债券和地方债券等）进行等级评定的组织。国际上公认的最具权威性的专业信用评级机构只有三家，分别是美国标准普尔公司、穆迪投资服务公司（以下简称穆迪）和惠誉国际信用评级有限公司（以下简称惠誉国际）。

（1）惠誉国际（Fitch）。

惠誉国际是唯一的欧资国际评级机构，规模较其他两家稍小，总部设在纽约和伦敦。在全球拥有50多家分支机构和合资公司，拥有2 000多名专业评级人员，为超过80个国家和地区的客户提供服务。

惠誉国际业务范围包括金融机构、企业、国家、地方政府和结构融资评级。迄今为止惠誉国际已完成1 600多家银行及其他金融机构评级，1 000多家企业评级及1 400个地方政府评级以及全球78%的结构融资和70个国家的主权评级。

惠誉的长期评级是用来衡量一个主体偿付外币或本币债务的能力。惠誉的长期信用评级分为投资级和投机级，其中投资级包括AAA级、AA级、A级和BBB级，投机级则包括BB级、B级、CCC级、CC级、C级、RD级和D级。以上信用级别由高到低排列，AAA等级最高，表示最低的信贷风险；D为最低级别，表明一个实体或国家主权已对所有金融债务违约。

惠誉的短期信用评级大多针对到期日在 13 个月以内的债务。短期评级更强调的是发债方定期偿付债务所需的流动性。短期信用评级从高到低分为 F1 级、F2 级、F3 级、B 级、C 级、RD 级和 D 级。

惠誉采用"＋"或"－"用于主要评级等级内的微调，但这在长期评级中仅适用于 AA 至 CCC 六个等级，而在短期评级中只有 F1 一个等级适用。惠誉还对信用评级给予展望，展望分为"正面"（评级可能被调高）、"稳定"（评级不变）和"负面"（评级可能被下调），用来表明某一评级在一两年内可能变动的方向。

（2）标准普尔公司（Standard & Poor's）。

标准普尔公司总部位于美国纽约。在 100 多个国家为大约 32 万亿美元的债务证券提供评级，在世界范围内提供 79 个主要的指数系列。标准普尔全球 1200 指数涉及 31 个市场的证券，约涵盖了全球资本市场份额的 70%。目前标准普尔在 23 个国家拥有大约 8 500 名雇员，主营业务包括提供信用评级、指数服务、投资研究、风险评估和数据服务等。

标普的长期评级主要分为投资级和投机级两大类。投资级的评级具有信誉高和投资价值高的特点，投机级的评级则信用程度较低，违约风险逐级加大。投资级包括 AAA 级、AA 级、A 级和 BBB 级，投机级则分为 BB 级、B级、CCC 级、CC 级、C 级和 D 级。信用级别由高到低排列，AAA 级具有最高信用等级；D 级最低，视为对条款的违约。从 AA 级至 CCC 级，每个级别都可通过添加"＋"或"－"来显示信用高低程度。此外，标普还对信用评级给予展望，包括"正面"（评级可能被上调）、"负面"（评级可能被下调）、"稳定"（评级不变）、"观望"（评级可能被下调或上调）和"无意义"。

标普的短期评级共设六个级别，依次为 A－1 级、A－2 级、A－3 级、B 级、C 级和 D 级。其中 A－1 级表示发债方偿债能力较强，此评级可另加"＋"号表示偿债能力极强。标普还会发布信用观察以显示其对评级短期走向的判断。信用观察分为"正面"（评级可能被上调）、"负面"（评级可能被下调）和"观察"（评级可能被上调或下调）。

（3）穆迪（Moody）。

穆迪主要是指穆迪的投资等级或穆迪的投资服务公司，总部位于纽约曼哈顿。穆迪在全球有 800 名分析专家，1 700 多名助理分析员，在 26 个国家和地区设有分支机构，员工约 4 500 人。

穆迪的业务范围主要涉及国家主权信用、美国公共金融信用、银行业信用、公司金融信用、保险业信用、基金以及结构性金融工具信用评级等几个方面。它的业务和评级与标准普尔大同小异。

穆迪长期评级针对一年期以上的债务，评估发债方的偿债能力，预测其发生违约的可能性及财产损失概率。而短期评级一般针对一年期以下的债务。

穆迪长期评级共分九个级别：Aaa 级、Aa 级、A 级、Baa 级、Ba 级、B 级、Caa 级、Ca 级和 C 级。其中 Aaa 级债务的信用质量最高，信用风险最低；C 级债务为最低债券等级，收回本金及利息的机会微乎其微。在 Aa 级到 Caa 级的六个级别中，还可以添加数字 1、2 或 3 进一步显示各类债务在同类评级中的排位，1 为最高，3 则最低。通常认为，从 Aaa 级到 Baa3 级属于投资级，Ba1 级以下则为投机级。

穆迪的短期评级依据发债方的短期债务偿付能力从高到低分为 P－1 级、P－2 级、P－3 级和 NP 级四个等级。对于短期内评级可能发生变动的被评级对象，穆迪将其列入信用观察名单。被审查对象的评级确定后，将从名单中被去除。

此外，穆迪还对信用评级给予展望评价，以显示其对有关评级的中期走势的看法。展望分为"正面"（评级可能被上调）、"负面"（评级可能被下调）、"稳定"（评级不变）以及"发展中"（评级随着事件的变化而变化）。

2. 国际四大会计师事务所。

国际四大会计师事务所是指：普华永道（PWC）、毕马威（KPMG）、德勤（DTT）和安永（EY）这四家事务所。

（1）普华永道（PWC）。

普华永道是普华国际会计公司（Price Waterhouse）和永道国际会计公司（Coopers & Lybrand）于 1998 年 7 月 1 日合并而成。现全球共有合伙人 8 979 人、专业人员 42 954 人，办事机构 1 183 个，总部位于英国伦敦。

普华永道致力于与客户合作，提出解决方案，协助客户应付营商环境变化带来的挑战。主要国际客户有：埃克森、IBM、日本电报电话公司、强生公司、美国电报电话公司、英国电信、戴尔电脑、福特汽车、雪佛莱、康柏电脑和诺基亚等。

（2）毕马威（KPMG）。

毕马威在全球共有合伙人 6 561 人、专业人员 59 663 人，办事机构 844 个，总部位于荷兰阿姆斯特丹。

毕马威致力于提供审计、税务和咨询等专业服务。主要国际客户有：美国通用电气、壳牌公司、辉瑞制药、雀巢公司、奔驰公司、百事可乐、花旗银行等。

（3）德勤（DTT）。

德勤通常指的是"德勤全球"（Deloitte Touche Tohmatsu）的下属实体，或者这家瑞士组织遍布全球的分支机构和会员。在全球共有合伙人 5 145 人、专业人员 52 520 人，办事机构 695 个。总部位于美国纽约。

德勤致力于为客户提供专家服务和咨询，主要业务集中在审计、税务规划、咨询和财务顾问四个领域。主要国际客户有：微软公司（Microsoft）、美国通用汽车公司（General Motors）、沃德芬公司（Vodafone）、克莱斯勒公司（Chrysler）等。

（4）安永（EY）。

安永会计师事务所（Ernst & Young）的前身是 1903 年成立于美国克利夫兰的恩斯特·恩斯特（1979 年后合并为恩斯特·惠尼）会计师事务所和 1906 年成立于美国纽约的阿瑟·杨会计师事务所。全球共有合伙人 6 000 人、专业人员 57 000 人，办事机构 674 个。总部位于英国伦敦。

安永在金融服务业的主要国际客户有：3i、英华杰、怡安、荷兰国际集团、荷兰合作银行、派杰、CIBC、宏利金融、恩曼集团、VTB、多伦多道明银行、瑞士联合银行、美国银行、太阳信托银行、地区金融公司、尤拉—普诚、澳大利亚国民银行、柏克布朗、钥匙银行、持久再保险公司、丘博保险、文艺复兴资本、塞浦路斯银行、第一资本等。

3. 金融业标准。

金融业标准（Financial Standards）是国际金融行业须共同遵守的统一规

范和通用语言，是能对金融业务活动做出明确界定并作为衡量相关金融行为的参照系。比如会计准则、巴塞尔协议Ⅲ、风险管理标准、统计标准等。

金融业标准目前主要集中在"金融部门评估规划"（Financial Sector Assessment Program FSAP）中，由国际货币基金组织和世界银行于 1999 年 5 月联合推出。其涵盖了金融业五个主要方面的准则：（1）巴塞尔银行监管委员会（BCBS）发布的《有效银行监管核心原则》；（2）国际证监会组织（IOSCO）发布的《证券监管目标与原则》；（3）国际保险监督官协会（IAIS）发布的《保险核心原则与方法》；（4）国际支付结算体系委员会（CPSS）发布的《重要支付系统核心原则》；以及后来的（5）IOSCO 和 CPSS 联合发布的《证券清算体系建议》。

……

可见，金融基础设施（Financial Infrastructure）作为金融运行的硬件设施和制度安排，既包括以各国央行为主体的场内支付清算体系，也包括以中央交易方和交易数据库为主要制度的场外衍生品交易市场支付清算体系，还包括与此相连的公司治理、信用准则、会计审计、法律环境和投资者保护、金融监管、反洗钱等金融安全网系列，它们共同组成金融基础设施整体，对一国和国际经济发展、社会稳定、金融安全发挥着重要作用。世界各国金融领域正面、反面的事例都告诉人们，金融基础设施的健全完善与国家经济发展、技术进步和金融体系的变迁息息相关。金融基础设施越健全，其越能促进规模更大、效率更高的产业资本和金融资本的融合、积累、集聚和流动，促进一国经济稳定协调增长；反之，则容易酿成金融危机产生的条件和土壤。

三、 国际金融监管协调

综上分析，不难看出当前国际金融机构体系和国际金融基础设施体系的现状。

一方面，金融国际化发展日益强劲；另一方面，金融国际化发展对国际金融监管带来了挑战。(1) 金融商业机构和金融业务国际化与金融监管国别化矛盾加深，监管面临真空；(2) 由于金融基础设施的不足，监管者与被监管机构信息不对称，有效监管难度增大；(3) 国际金融业务创新，包括金融衍生产品涌现，不断突破监管框架，监管面临新对象；(4) 金融机构跨国界集团化和金融业务跨行业综合化，与国际金融监管分散化之间矛盾增大；等等。

与此同时，国际金融发展与金融监管国别化的矛盾，促使各国因金融监管差异出现两种可能：一是监管竞争，即各国为吸引金融资源而进行放松管制的竞争。二是监管套利，即各被监管的金融机构利用各国监管制度之间的差异获取利益。它们都从不同角度直接影响着国际金融监管的有效性。国际金融发展与国际金融风险并存，加强国际金融监管协调，具有客观必然性。

（一） 国际金融监管协调组织

1. 对成员国没有法律约束力的国际监管组织。

（1） 巴塞尔银行监管委员会 （Basel Committee on Banking Supervision, BCBS），简称巴塞尔委员会。巴塞尔银行监管委员会原称银行法规与监管事务委员会，是由美国、英国、法国、德国、意大利、日本、荷兰、加拿大、比利时、瑞典 10 大工业国的中央银行于 1974 年底共同建立的，作为国际清算银行的一个正式机构，以各国中央银行官员和银行监管当局为代表，总部设在瑞士的巴塞尔。每年定期集会 4 次，并拥有近 30 个技术机构，执行每年集会所订目标或计划。

一方面，巴塞尔委员会制定了一些协议、监管标准与指导原则，如《关于统一国际银行资本衡量和资本标准的协议》《有效银行监管核心原则》等（统称为巴塞尔协议），是为了完善与补充单个国家对商业银行监管体制的不足，减轻银行倒闭的风险与代价，是对国际商业银行联合监管的最主要形式，它对稳定国际金融秩序起到了积极作用。

另一方面，巴塞尔委员会本身不具有法定跨国监管的权力，所作结论或监管标准与指导原则在法律上也没有强制效力，仅供参考。因此，在"国外银行业务无法避免监管"与"适当监管"原则下，消弭世界各国监管范围差异是巴塞尔委员会追求的运作目标。

（2）国际证监会组织（International Organization of Securities Commissions，IOSCO），也称证券委员会国际组织，是国际间各证券暨期货管理机构所组成的国际合作组织。总部设在西班牙马德里市，正式成立于 1983 年，其前身是成立于 1974 年的证监会美洲协会。现有 193 个会员机构，其中包括 110 个正式会员（Ordinary Member）、11 个联席会员（Associate Member）和 72 个附属会员（Affiliate Member）。

其组织的宗旨是：通过交流信息，促进全球证券市场的健康发展；各成员组织协同制定共同的准则，建立国际证券业的有效监管机制，以保证证券市场的公正有效；并共同遏制跨国不法交易，促进交易安全。

IOSCO 每年召开一次大会，以协调推动相关准则有效实施，并促进全球证券市场稳健发展。

（3）国际保险监督官协会（International Association of Insurance Supervisors，IAIS），又称国际保险监管者协会，是保险业监管的重要国际组织，成立于 1994 年，原总部设在华盛顿，1998 年迁往巴塞尔国际清算银行，现有成员包括 180 个国家的保险监管组织。

IAIS 负责更新国际保险准则，提供保险培训，支持保险监管，为监管人员安排联会等。其中，IAIS 每年举办会议，与会的监管人员、企业代表与其他专家们共同探讨保险业发展与保险法规等相关议题。包括：研究制定偿付能力与会计核算标准；加强监管信息交流，在国际论坛发挥积极作用；推动并监控保险监管国际规则的执行；加强与其他国际金融和监管机构的联系与交流。

上述 BCBS、IOSCO、IAIS 就是被世界公认的"三大国际金融监管协调组织"，它们作为对成员国没有法律约束力的国际监管组织，对国际金融秩序稳定发展起到了积极作用，其合作与推动主要靠其"君子协议"来进行。

2. 以国际法或区域法为基础，对成员国具有法律约束力的监管组织。

（1）欧盟金融监管体系（ESFS）。欧洲议会在 2010 年 9 月通过欧盟金融改革法案，决定建立包括宏观审慎监管——欧盟系统风险理事会（ESRB）和微观审慎监管——监管联合委员会（ESAs）等一系列新的欧洲金融监管框架，它对欧盟各国形成金融监管法律约束力。目前，为欧盟提供并制定金融监管指令的机构有：欧洲中央银行（ECB）、欧盟银行局（EBA）、欧洲证券及市场管理局（ESMA）、欧盟保险委员会和欧洲保险及职业养老金管理局

（EIOPA）。它以区域法律为基础，推动欧盟跨国界实施金融监管。

（2）金融稳定理事会（Financial Stability Board，FSB）。其前身为金融稳定论坛（FSF），是七个发达国家（G7）为促进金融体系稳定而成立的合作组织。在中国等新兴市场国家对全球经济增长与金融稳定影响日益显著的背景下，2009 年 4 月 2 日在伦敦举行的 20 国集团（G20）金融峰会决定，将 FSB 成员扩展至包括中国在内的所有 G20 成员国，并将其更名为 FSB。到目前为止，FSB 成员包括 G20 所有成员国和西班牙欧盟委员会（EC）、国际清算银行（BIS）、欧洲中央银行（ECB）、欧洲委员会、国际货币基金组织（IMF）、经济合作与发展组织（OECD）、世界银行（WB）、巴塞尔银行监管委员会（BCBS）、国际会计准则理事会（IASB）、国际证券会组织（IOSCO）、国际保险监督官协会（IAIS）、国际支付结算体系委员会（CPSS）、全球金融系统委员会（CGFS）和联合论坛（SSB）等。秘书处设在巴塞尔国际清算银行。

FSB 的任务是制定和实施促进国际金融稳定的监管政策和其他政策，解决金融脆弱性问题。其中，（1）关于金融监管。FSB 设计一套机制，确保国际上各种监管标准不会出现竞相攀比谁更宽松的情况。FSB 在 2013 年 9 月于美国匹兹堡举行的 G20 领导人峰会上报告了此项工作的进展。（2）关于银行资本充足性。巴塞尔银行监管委员会于 2009 年底提出一整套强化银行资本充足性和流动性的规定。FSB 推动该项规定于 2010 年下半年生效。（3）关于证券化。国际证监会组织（IOSCO）于 2009 年 9 月公布证券化与信用违约互换产品监督方法的最终稿，并促成有效实施。此外，还涉及金融机构治理结构、薪酬与资本、薪酬结构和与风险的协调性、信息披露和系统重要性金融机构监管等事宜。FSB 以新章程和工作程序指引文件，正式组建成协会类法人机构，为重点解决全球金融脆弱性问题，推动国际金融改革，加强国际金融监管与协调作出积极努力，成为国际金融监管改革的实体机构和重要推动者。

（二）国际金融监管协调形式

根据国际金融发展的实际进程来看，现阶段国际金融监管协调主要存在四种形式。

1. 双边谅解备忘录。它指两国就金融监管某一领域的问题进行探讨，并取得共识，通过签订协议来明确双方在这一领域的责任和义务。目前，两国之间的监管协调绝大部分是通过此种形式来实现的。

2. 多边论坛。它指一般就某一监管问题进行会谈，并签署监管声明或文件。这些文件一般不具法律效力。

3. 以统一监管标准为基础的协调。比如巴塞尔协议，它以各国或国际监管组织通过彼此的协调或交流为依据，制定统一的监管标准，各成员国遵照执行。

4. 统一监管。它指由一个统一的监管机构来负责跨国金融监管。当然，目前国际金融监管体系中还没有完善此类型的监管模式。欧盟的金融监管体系只能说是在某些方面具备了统一监管的雏形。

（三）国际金融监管协调内容

1. 建立监管信息共享机制。目前国际上的金融信息交流机制主要还是双边合作交流和多边合作交流两种形式。FSB 正尝试着将此机制向纵深方面深化。

2. 加强跨国金融机构监管。其最典型的还是巴塞尔协议，从 1975 年开始，就提出了商业银行国外机构监管原则；1996 年，又进一步提出了《跨境银行监管》等原则……从而加强了跨国金融机构监管。

3. 实施跨国金融机构并表监管。这里仍然指的是巴塞尔委员会，于 1979 年 3 月就提出并表监管，即指母银行和母国监管当局对整个银行各地所从事的总体经营业务进行监管。它不仅包含了会计并表的监管，而且包含了并表监管所关注的信息，远远超出会计报表的范围，已成为一种国际监管协调机制。

4. 建立国际统一监管标准。这主要是三大国际金融监管协调组织 BCBS、IOSCO、IAIS 在各自提出自身领域的监管标准中得以体现。即 BCBS 发布的《有效银行监管核心原则》、IOSCO 发布的《证券监管目标与原则》和 IAIS 发布的《保险核心原则与方法》，包括 CPSS 发布的《重要支付系统核心原则》，等等。它们作为金融行业共同遵守的统一规范和通用语言，对金融业务活动作出明确界定。值得一提且尤为成功的当属巴塞尔（Basel）银行资本标准。

5. 强化金融集团监管。这里主要指金融业混业经营的问题，引申出系统重要性金融机构，尤其是以金融集团化的方式产生和发展起来的。在混业经营方式下，如何在国际金融领域实施混业监管，或有效强化金融集团监管，BCBS、IOSCO、IAIS 三大组织早于 1993 年就成立了一个"三方小组"，着手解决"多元化金融集团监管"的问题。

6. 实施区域性金融监管一体化。这里主要还是指欧盟在 2008 年国际金融危机后，全力推动欧洲共同体实施金融宏观审慎监管与金融微观审慎监管的有效结合，尝试区域金融监管一体化。它也为 FSB 下一步尝试实施国际金融监管深化发展作出了示范。

总而言之，当前世界各国国际金融监管协调的主要内容大致就体现在上述六个方面。

（四）国际金融监管协调展望

一方面，国际金融监管确实存在不少障碍。正如上述分析所示：（1）双边监管协调，缺乏一种稳定保障机制。谅解备忘录，要么流于形式，要么只是零散信息交流。（2）多边监管协调，往往流于理念探讨，没有法律约束力。（3）欧盟实施了部分统一监管，但监管实质权力仍然分散在各国监管当局手中。（4）国际三大金融监管协调组织监管标准难以适应各国发展水平不一的需要。各国差异，既包括发展差异、理念差异、利益差异，又包括法制差异、监管差异和标准差异，它们使国际金融统一监管存在障碍。

另一方面，正如 G20 FSB 正在发挥越来越大的作用一样。（1）现代金融国际监管协调和实施强化统一监管的趋势越来越强；（2）信息技术、机构体系、标准规则的统一化趋势也在不断提升；国际金融市场技术、组织、制度、监管的统一化趋势客观要求国际金融监管协调必须强有力推进。

它进一步说明，当前的国际金融监管协调问题，一方面存在国际金融监管失效和监管空白的问题，即金融国际化、一体化发展，客观要求或实践提出：（1）金融活动"游戏规则"的全球一体化；（2）市场参与者的全球一体化；（3）金融工具的全球一体化；（4）金融市场的全球一体化；（5）交易币种的多样化；（6）利率的趋同化；（7）金融风险的全球化；等等。在国际金融监管协调中的统一监管、法制实施、监管主体、危机处置等，既不能失效，又不能空白。另一方面，在寻求继续推进各国金融国际化和一体化的进程中，国际金融稳定性和国际金融监管有效性的问题需要世界各国共同探讨，寻求改革创新的完善方案。

四、 中国应积极参与国际金融体系构建

综上所述，现代金融体系或现代国际金融体系包括六大方面：现代金融市场体系、现代金融组织体系、现代金融法制体系、现代金融监管体系、现代金融环境体系、现代金融基础设施体系。现代金融体系结构与现代金融体系要素的配套和健全，将是现代国际金融体系改革和完善的方向。

从上述国际金融发展的现状分析可见：（1）国际金融机构，当前主要的仍然是三个——国际货币基金组织（IMF）、世界银行（WB）和国际清算银行（BIS）；（2）国际支付清算机构，当前主要的是两个——国际清算银行（BIS），包括国际支付结算体系委员会（CPSS）和环球银行金融电讯协会（SWIFT）；（3）国际信用评级机构，全球主要的是三个 ——惠誉国际（Fitch）、标准普尔（Standard & Poor's）和穆迪（Moody）；（4）国际金融监管协调机构，属"3+1"，即巴塞尔银行监管委员会（BCBS）、国际证监会组织（IOSCO）、国际保险监督官协会（IAIS）和2009年G20成立的金融稳定理事会（FSB）；（5）国际金融监管协调方式，当前主要的还是两个——双边协调和多边协调，当然2009年也开始出现了具有一定法定强制效应的机构，如G20 FSB；（6）国际金融监管协调内容，当前主要的仍然集中在金

融信息、金融机构、金融并表和金融标准等事项上。探讨国际金融体系的创新与完善，摆到了世界各国金融稳定、有效监管、防范风险的议事日程上。

根据国际金融监管协调与合作的现实来分析：从协调合作的地域范围来看，有全球性的、有区域性的；从协调合作的具体内容来看，有综合性的、有专门化的；从协调合作的途径来看，有协议性的、有规则性的、有制度性的；从协调合作的频率来看，有经常性的、有临时性的；从协调合作的主体来看，有机构间的协调合作、有政府间的协调合作；等等。

因此，中国应积极参与并在强化金融服务实体经济、构建现代金融体系和国际金融新秩序上推进国际金融体系的改革、创新与发展。

（一）构建全球经济发展新引擎

1948 年，拉格纳·纳克斯把贸易比做 20 世纪经济增长的引擎，借以说明进口替代工业化战略的合理性。2012～2014 年金融危机爆发期间，全球贸易年增长不到 4%，于是，又有世界银行官员提出如何"重启"全球贸易引擎的问题。我们认为，世界各国经济发展从要素驱动阶段到投资驱动阶段再到创新驱动阶段的转化过程中，很多国家尤其是那些石油、天然气、矿产、农产品等自然资源丰富的经济体，运用资源要素、土地要素、劳动要素等"有形要素"驱动经济增长发展到了极致并呈现出不可持续性。那么在 21 世纪现代市场体系和现代金融体系的构建中，全球经济的投资、创新、规则新引擎，将对全球实体经济发展、国际金融治理与国际金融体系构建起到重要作用。

1. 构建全球投资新引擎。投资驱动型增长，能引导世界各国市场深化、资本增加，带来技术革新和岗位就业，具有长期可持续性。

（1）推动新型工业化。它涉及三个方面：①扶持和引导对传统产业的改造提升。世界各国通过扶持和引导企业技术改造盘活巨大存量资产，优化提升产业质量和效益，能拉动需求，推动经济增长。②扶持和培植战略性新兴产业和高技术产业发展。作为增量资产，世界各国应着重扶持和培育企业核心技术和关键技术的研发创新与成果转化及产业化，培植优势产业和主导产业，构建完善的产业链和现代化服务网络。③世界各国借助于市场竞争，推动企业兼并收购、整合重组，提升企业核心竞争力。它是实现有效投资、新旧动力转换的重要手段之一。

（2）加快农业现代化。①世界各国农业现代化内涵，既包括土地经营规模扩大化，又包括"农民的现代化"。应引导和培育农民摆脱愚昧和落后，成为"有文化、有技术、会经营"的新式农民。②组织方式——世界各国不管是大农场，还是小规模家庭经营，都应扶持农民合作组织或众多分散的农户与市场对接，实现产前、产中、产后服务一条龙，购买生产资料、开展农产品储存加工运输以及销售农产品作业一条龙。③适度规模经营。④适度城镇化。⑤推进农业技术教育职业化。世界各国农业现代化能为工业化和城市化创造稳定的社会环境，降低社会成本，繁荣各国经济。

（3）推进新型城镇化。发达国家城镇人口一般占80%以上。随着世界各国城乡一体化的进程和以城市为中心的城镇体系的形成，以人为核心的新型城镇化的规划与建设，"海绵城市""海绵社区"地下管廊、防洪排涝设施建设，城乡一体化水、电、路、气基础设施建设，城乡基本公共服务教育、医疗、文化、体育等设施建设，以及发展休闲旅游、商贸物流、信息产业、交通运输等，将为世界各国提供新的增长潜力。

（4）推进基础设施现代化。它包括能源基础设施、交通基础设施、环保基础设施、信息基础设施和农田水利设施等建设的现代化。该投资回旋空间大、潜力足，能有效推动世界各国经济增长。

（5）加大科技项目投入。例如美国的 NNMI 计划（National Networks of Manufacturing Innovation），首期投入 10 亿美元，10 年内建立 45 个 IMI（Institutions for Manufacturing Innovation）；英国 KTP 计划（Knowledge Transfer Partnership）；以及基于信息物理系统（CPS）智能制造的德国工业 4.0 战略。它们能整合人才、企业、机构创新资源，引领产业研发方向，促进产业提升发展。世界各国对大数据、云计算、物联网，对 NBIC 即纳米技术、生物技术、信息技术和人工智能等的投入，将能开拓新的经济增长点。

（6）提升金融配套能力。它既强调金融服务实体经济，又推进金融、科技、产业三融合。世界各国投资新引擎离不开各国现代金融体系的建设和金融体系的改革、创新与发展。

2. 构建全球创新新引擎。世界各国在竞争中历史地形成的协调合作并治理全球经济金融秩序的公共机制或公共产品，需要改革、创新与完善。

（1）推进思想性公共产品理念创新。①现代市场体系或现代金融体系是由六个方面组成的完整系统。一些国家过分强调市场要素与市场组织的竞争而忽视法制监管体系的建设和市场信用体系等环境基础设施的健全，将导致市场"三公"原则的偏离。②世界各国政府应对产业资源配置、社会公共产品提供和城市资源开发进行调节，鼓励竞争。国家政府在全球经济金融增长中应发挥出重要的调节作用。

（2）推进物质性公共产品技术创新。当前科技发展最典型的是用信息化融合工业化、城镇化、农业现代化及基础设施现代化。用中国语言即"互联网＋"。所以，当一个国家、一个城市向民众、向社会提供的公共交通、城管、教育、医疗、文化、商务、政务、环保、能源和治安配置融合了智能化的时候，"有形要素"与"无形要素"结合而成的智能城市的安全、高效、便捷和绿色、和谐将不仅造福民众，还将推动世界各国加快工业化转轨、城市化转型和国际化提升，能促进新兴国家崛起。

（3）推进组织性公共产品管理创新。一个世界如同一个国家或一座城市。传统的城市建设和组织框架如摊大饼，即使该城市有了一环、二环、三环、四环甚至五环道路，仍然还易公路堵塞、交通不畅、空气污染、红绿灯失效，效率低下。现代城市发展要求组团式的布局，其与网络发展要求重塑空间秩序、全球供应链发展容易"抹掉国界"一样，城市组团式架构能有效解决传统摊大饼或一个中心城市管理带来的系列问题。世界经济金融秩序的组织管理如城市架构一样，需要从摊大饼一个中心模式向组团式多元化布局改革创新发展，并配以相应的新规则和必要的"基础设施"投资。

（4）推进制度性公共产品规则创新。一国建设有概念规划、城乡规划和土地规划"三位一体"，其形成的战略规划、布局定位、实施标准、政策评估、法制保障等产生了既系列严谨又层次细分的实施作用。全球经济治理有联合国宪章、经合组织和世贸组织等规章机制，在此基础上，全球金融治理需要世界各国财政、货币、汇率、监管等相关政策的改革配套，以形成全球经济金融治理格局共商、共建、共享和可持续增长。

3. 构建全球规则新引擎。中国倡导构建创新（Innovative）、活力（In-

vigorated）、联动（Interconnected）、包容（Inclusive）的"四 I"世界经济，需要完善全球经济金融治理体系。

（1）国际社会安全秩序规则——和平、稳定。这点已被世界各国一致认可。应加强国际安全合作，捍卫联合国宪章宗旨和原则，构建和营造和平稳定、公正合理的国际社会安全秩序。

（2）国际金融经济竞争规则——公平、效率。它是世界各国产业金融资源配置中企业竞争的基本准则。比如 G20（中国杭州 2016）确定的"促进贸易和投资开放"的指导原则和"促进竞争并改善商业环境"的指导原则，其强化公平的市场竞争和对市场的有效监督，加强法治，打击犯罪等，无不体现出各国经济金融发展中所必须遵循的公平与效率规则。

（3）国际体系共同治理规则——合作、共赢。它是世界各国政府间协调合作所需要遵循的基本准则。新型城镇化，智能城市开发，以能源、交通、环保、信息、水利等为主体的基础设施现代化的投资，将是世界各国经济金融增长的新引擎，它能带来资本扩大、就业增加、技术革新、市场深化、经济可持续增长和社会受益、环境改善、国力提升……但由于各国发展进程、政策举措和制度安排不一，世界各国政府应该更多地共同提升全球经济金融治理体系和共同创新金融增长方式的协调合作，其基本原则是合作共赢。构建以合作共赢为核心的创新型、开放型、联动型和包容型的世界经济金融新体系，将能持续创新增长方式，造福于世界各国。

（二）构建国际金融体系（秩序）新引擎

有了全球实体经济的投资新引擎和创新新引擎，并由此形成了国际社会安全秩序规则、国际金融经济竞争规则和国际体系治理共同规则，那么，推动国际金融体系和国际金融秩序改革、创新、提升与发展，就摆到了世界各国的议事日程上。现实中世界各国确实有两种思路：一是另起炉灶，推倒重来，重新构建一个国际金融体系和一套国际金融秩序；二是改革创新，从传统的世界经济金融管理的摊大饼模式、一个中心模式转向组团式布局、多元化结构的改革创新发展上来。我们认为，探讨国际金融体系和国际金融秩序的新构建应摒弃"另起炉灶"的思路。世界各国应在现实国际金融机构体系、国际金融基础设施、国际金融监管协调的基础上，围绕全球金融稳定、有效监管、防范风险等基本目标，推动改革与创新、健全与发展。

1. 推进国际金融理念创新。

综合世界各国的实践和国际金融的发展，我们认为它至少包括三大理念的重新强调或三大理念的更加明晰：一是要坚持金融服务实体经济的本质要求。否则金融脱离实体经济，就真正成了无源之水、无本之木，金融脆弱性、金融风险、金融危机就易接踵而至，连续不断。二是要按现代金融体系的六大方面来构建国际金融体系。这就需要世界各国不仅要共同构建国际金融市场体系、组织体系，还要共同构建国际金融法制体系、国际金融监管体系，更要共同完善与提升国际金融的环境体系和国际金融的基础设施。三是要牢固树立"大金融"的概念。即世界各国的货币政策应该有效地与财政政策、汇率政策、监管政策衔接起来协调互动，同时与产业政策衔接起来协调互动。此举不仅有利于货币政策目标、货币政策工具运用和货币政策效果的实现，而且有利于一国经济金融的稳定协调和可持续发展。一国如此，世界各国在经济金融领域的协调合作上也应该如此。

2. 推进国际金融制度创新。

（1）货币汇率制度。①SDR 的深化改革——著名经济学家特里芬教授提出，在国际金融体系的健全和发展进程中，可思考将国际货币基金组织（IMF）改造成为真正的全球中央银行；将成员国缴纳款转变为储备资产货币，并作为世界各国国家通货。同时，以成员国多数投票制来确定国际货币基金组织的贷款权限。这里，特里芬教授弦外之音的一个核心议题是：现行世界货币汇率制度应剔除或克服美元"一枝独大"的状况。值此，我们暂且不去评论特里芬教授见解的可行性问题，但的确可以引领我们思考国际货币体系问题，其创新可以采取三个步骤：一是可以建议用 SDR 取代美元的"一枝独大"，确立多元国际储备货币的体系；二是在 SDR 内的核心储备货币之间采用固定汇率制，以稳定国际货币体系；三是以 SDR 为核心，确立国际货币体系中共同参照的货币发行原则。SDR 深化改革的三步骤能比较客观地推动国际货币体系和国际货币汇率制度改革。②六国央行长期互换协定改革。2013 年 10 月 31 日，美联储、欧洲央行、瑞士央行、英国央行、加拿大央行、日本央行全球六大央行同时宣布：他们将把现有的临时性双边流动性互换协议转换成长期协议，任何当事央行都可在自己司法辖区内为另外 5 种货币中的任何一种提供流动性。可以说，2013 年 10 月 31 日的六国央行举动，它实质提出了国际货币体系以美元为单边的现状应改革、应改变的问题，同时它又揭示出，未来国际货币体系的基本架构是：世界各国主要央行间建立一个长期、多边、多币、稳定的货币互换网络。它是一个值得人们结合国际货币体系客观实际去认真思考探研以推动国际货币体系创新发展的一个问题。③罗伯特·蒙代尔"货币稳定三岛"改革——著名经济学家蒙代尔教授提出改革国际货币体系的四条建议：一是欧元区不仅要实现金融上的融合，还要实现政治上的融合；二是稳定美元欧元汇率，将欧元与美元的汇率固定在 1∶1.2 至 1∶1.4 之间；三是随着人民币逐步可兑换，将人民币逐步纳入美元欧元固定汇率机制中，创建美元、欧元、人民币三位一体的货币区（即蒙代尔教授著名的"货币稳定三岛"假说或"货币稳定三岛"构想）；四是最终创立世界货币：INTOR（注 INT ＝ International，OR 表示法文含义的黄金，法文含义的黄金即"OR"，INTOR 是将二者融合形成一个独创的新的单词，作为一个新创建的世界货币单位名称来表述）[①]。从蒙代尔"货币稳定三岛"的构想中可以获悉，INTOR 并不是指一种统一发行的世界货币，而是指多种货币组合的一个稳定机制，或指一种货币联盟。即"货币稳定三岛"指美元、欧元、人民币三种主要的货币按照固定的汇率组成一个"世界货币"——INTOR，其按照一定比例组合统一与黄金挂钩，其他币种则根据"INTOR"制定自己的汇率空间。至此，罗伯特·蒙代尔"货币稳定三岛"构想的深化和进一步改革创新，就是构建一个以多元本位货币为基础的世界新一代国际货币体系，它有利于国际金融体系的稳健运行。

（2）金融监管制度。国际金融监管制度改革创新，这里主要指的是国际金融的功能监管与行为监管应严格分开；国际金融的宏观审慎监管与微观审慎监管应有效结合，从而把国际金融监管制度奠定在金融发展稳定性和金融监管有效性以及有效防范和处置金融风险、金融危机的基础上。国际金融的功能监管，主要是指对银行业、保险业等"间接融资"属性业务的监管；国

---

① 罗伯特·蒙代尔教授 2012 年 5 月 14 日在中国重庆大学关于"国际经济走势与中国经济未来发展"的演讲。

际金融的行为监管，主要是指对证券业、资本市场、投资银行等"直接融资"属性业务的监管。国际金融的宏观审慎监管与微观审慎监管，主要区别在于世界各国央行在确定了货币政策的"锚"——货币政策的基本准则放在以控制货币总量为目标或以控制价格水平（通胀或通缩水平）为目标或以控制汇率波动为目标之后，央行采取的一系列不同于银行业、保险业等监管部门的分析、应对、处置宏观整体金融市场、资产、信贷总量、系统性金融风险等的措施，它作为一国金融宏观审慎监管与以单一结构、个体风险、侧重个体资本充足率、流动性、不良贷款率等为分析、督查、处置对象的微观审慎监管的有效结合，提高了一国金融监管的有效性。而这些都已在本书的第二论中作过详细阐述，它对国际金融监管制度的改革创新、健全发展有实质性的借鉴和促进作用。

（3）国际金融标准。根据我们在此论中的现实分析，国际金融标准的改革创新应主要着眼在国际金融基础设施标准的统一制定与提升、国际金融披露评估标准的统一制定与提升，以及国际金融法制规则标准的统一制定与提升和完善上（这里不再详尽论述），它应形成国际金融标准新引擎、国际金融规则新引擎，在全球金融体系治理中发挥出积极作用。可以说，国际金融标准的改革创新、货币汇率制度的改革创新和金融监管制度的改革创新一道，形成了国际金融制度创新的三大重要切入点或三大重要制度创新，它们共同推动着国际金融制度改革创新的深化发展。

3. 推进国际金融组织创新。

第一，应促进多边国际金融机构的崛起。比如 2015 年创建的亚洲基础设施投资银行（AIIB）和金砖国家新开发银行（NDB），就是很好的例证。

现有的以 20 世纪第二次世界大战后遗留下来的国际金融机构体系，显然更多地体现为单边化作用以及难以适应和满足世界各国新兴发展的经济金融体的需求。

第二，应促进三大国际金融监管组织法律约束力的提升。正如前面已经分析过的一样，不管是巴塞尔银行监管委员会（BCBS）发布的有关有效银行监管核心原则等系列文件，还是国际证监会组织（IOSCO）发布的证券监管目标与原则等系列文件，或是国际保险监督官协会（IAIS）发布的保险核心原则与方法等系列文件，它们都在各自金融业务领域发挥过积极作用。如今，只要在国际金融体系改革创新中将此类靠君子协议来推动合作的非法律约束力的国际监管组织赋予更多一点或提升更强一点的法律约束力，将能更加有效地推动金融稳定协调，防范金融风险和金融危机的产生和蔓延。

第三，应促进 G20 金融稳定理事会（FSB）更好地发挥作用。现国际金融体系监督管理协调合作大概的关系见图 8 - 1。

可见，（1）G20 金融稳定理事会 FSB 有世界各国最强阵容的国家政权和国家央行所支撑；（2）G20 金融稳定理事会 FSB 居于国际金融体系系列机构组织的核心地位；（3）G20 金融稳定理事会 FSB 具有以国际法为基础的对成员国具有法律约束力的监管组织。只要促使 G20 金融稳定理事会 FSB 在国际金融体系的构建中坚持改革创新，不断完善组织机制职能，不断健全国际金融监管规则和标准，不断强化其法制执行力，国际金融体系将会更加健康、稳健地成长。

促进多边国际金融机构崛起，促进 BCBS、IOSCO 和 IAIS 三大国际金融监管组织提升法律约束力和促进 FSB 发挥出更大的作用，将成为推进国际金

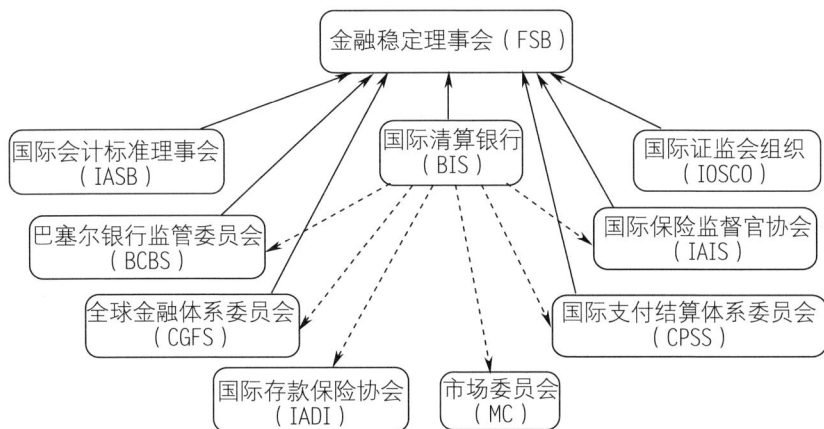

图 8 - 1　金融稳定理事会、国际清算银行、国际标准制定机构

融组织创新的三大举措。

4. 推进国际金融技术创新。

（1）推进"人工智能＋区块链"技术创新——构建世界法定数字货币。目前国际货币体系中，美元"一币独大"，中国人民币作为世界储备货币不足1％；由美元主导的世界货币体系是否动摇，取决于未来美元、欧元、人民币的发展方向和实力对比。它有三种可能：①超主权的单一货币出现；②SDR 共同成为国际货币；③全球标准的新型数字货币取代主权货币成为超主权货币。其一，由于现实国际上没有一个"世界政府"在推动，超主权的单一货币出现的可能性几乎不存在；其二，SDR 共同成为国际货币，但由于主权货币国家的全球利益所在，致使 SDR 共同成为国际货币概率很小；其三，"人工智能＋区块链"形成或构建世界法定数字货币，只要技术完备、各国央行不断推进法定数字货币的运行（当然也包括在世界各类型私人数字货币的竞争和迫使下，比如说比特币的产生、蔓延与扩大造成的市场威胁及对现行国际货币体系的冲击），其产生颠覆性影响的可能性是存在的。因此，推进国际金融技术创新，构建世界法定数字货币，将是一个方向。

（2）完善国际支付清算体系（场内）。这里包含了两层意思：一是指现实场内国际支付清算体系技术应在世界各国内和世界各国间不断改革创新，不断提升完善，以使其更加快速、便捷、有效和更加规范、标准、稳定；二是指随着世界各国移动货币的出现，其覆盖率越来越高、区域差别越来越小，移动货币作为法定数字货币的电子化形式之一，客户通过手机界面，在银行体系外的网络完成存取款操作，这种借助于信息和通信技术以及非银行物理网络的金融支付创新，发展到一定范围、一定程度、一定规模，将对各国支付清算体系形成挑战。移动货币也需要场内支付清算体系的支撑与完善。

（3）构建国际中央交易对手和交易信息库（交易数据库）设施（场外）。它不仅包括了国际金融衍生产品交易的交易报告制度、集中清算要求，以及数据保存、处理、监测等机制的完善，而且还包括了该项基础设施的构建、建设与强化，以及相关规则制度的配套健全问题。

"人工智能＋区块链"构建世界法定数字货币、完善国际支付清算体系（场内）、构建国际中央对手方和交易数据库设施（场外），成了推进国际金融技术创新三大技术改革的提升方向。

有人提出，世界经贸的协调合作——有个 WTO（世界贸易组织），世界卫生的协调合作——有个 WHO（世界卫生组织）……那么世界金融体系和国际金融秩序的改革创新协调合作——能否也组建个 WFO（世界金融组织），以实现一个长期、多边、多币、稳定的国际金融体系建设目标？！此思

路是否可行暂且不论，只要中国积极参与和世界各国坚持不懈地推进国际金
融理念创新、坚持不懈地推进国际金融制度创新、坚持不懈地推进国际金融
组织创新和坚持不懈地推进国际金融技术创新，金融服务实体经济、包含六
大方面的现代国际金融体系和国际金融秩序建设就一定会更加稳定、健全与
完善。

Eight Highlights
of Finance in China

中国金融八论

主要参考文献

［1］黄达．金融学［M］．北京：中国人民大学出版社，2013.

［2］陈云贤．超前引领［M］．北京：北京大学出版社，2011.

［3］陈云贤，邱建伟．政府超前引领［M］．北京：北京大学出版社，2013.

［4］陈云贤，顾文静．中观经济学［M］．北京：北京大学出版社，2015.

［5］陈云贤，顾文静．区域政府竞争［M］．北京：北京大学出版社，2017.

［6］陈云贤．中国金融改革发展探索［M］．北京：中国金融出版社，2017.

［7］陈云贤．美国金融体系考察研究［M］．北京：中国金融出版社，2001.

［8］陈云贤. 美国金融危机处置与监管演变［M］. 北京：中国金融出版社，2013.

［9］陈云贤. 证券投资论［M］. 北京：北京大学出版社，1991.

［10］陈云贤. 投资银行论［M］. 北京：北京大学出版社，1995.

［11］陈云贤. 风险收益对应论［M］. 北京：北京大学出版社，1998.

［12］陈云贤. 财政金融理论与实践探索［M］. 北京：中国金融出版社，1999.

［13］陈云贤. 风险收益论：投资银行管理轴心［N］. 证券市场导报，2001 - 04.

［14］陈云贤等. 证券业资本监管研究［M］. 北京：中国金融出版社，2011.

［15］陈云贤等. 投资银行风险收益对应运营论［M］. 北京：中国金融出版社，2012.

［16］陈云贤等. 证券公司风险管理与经济资本计量研究［M］. 北京：中国金融出版社，2013.

［17］陈云贤. 经营城市——把城市作为一种资源来管理［N］. 佛山日报，2004 - 04.

［18］厉以宁，林毅夫，郑永年等. 读懂"一带一路"［M］. 北京：中信出版集团，2017.

［19］中国人民银行条法司. 中华人民共和国商业银行法.［M］. 北京：法律出版社，2003.

［20］习近平. 关于服务实体经济防控金融风险深化金融改革的若干意

见. 全国金融工作会议，北京，2017.

［21］国际清算银行. 世界主要离岸金融中心存贷款比较.

［22］章鲁生. 瑞典将成为首个无现金国家［J］. 科学大观园，2015
（5）：6 – 7.

［23］王信，郭冬生. 印度废钞的影响及启示［J］. 中国金融，2018
（2）：79 – 80.

［24］马梅，朱晓明，周金黄. 支付革命：互联网时代的第三方支付
［J］. 中国科技信息，2014（1）：178.

［25］区块链技术将占据全球金融业核心. 世界经济论坛，2016.

［26］"超越虚拟货币，区块链如何改变金融"圆桌论坛. 博鳌观察金
融创新峰会，2016.

［27］顾彦. 比特币勒索病毒来袭［J］. 中国战略新兴产业，2017
（21）：91.

［28］加强"关键信息基础设施"安保，习近平在4月19日网络安全和
信息化工作座谈会上的讲话，2016.

［29］2017年5月"一带一路"国际会议.

［30］2017年9月金砖国家厦门会议.

［31］Ron Chernow. 亚历山大·汉密尔顿［J］. Head of Zeus 出版社，
2016.

［32］亚当·斯密著. 樊冰译. 道德情操论［M］. 太原：山西经济出版
社，2010.

［33］亚当·斯密著. 郭大力，王亚南译. 国富论［M］. 北京：商务印

书馆，1972.

［34］凯恩斯著. 张军，贾晓屹译. 和约的经济后果［M］. 北京：华夏出版社，2008.

［35］凯恩斯著. 陆梦龙译. 就业、利息和货币通论［M］. 北京：中国社会科学出版社，2009.

［36］卡尔·马克思著. 中共中央编译局译. 资本论［M］. 北京：人民出版社，2004.

［37］［英］达霖·格里姆赛等. 济邦咨询公司译. PPP 革命［M］. 北京：中国人民大学出版社，2016.

［38］现代金融监管架构蓝图（美国财政部 2008 年）.

［39］《中国金融》杂志.

［40］《国际货币评论 IMI》杂志.

［41］《证券市场周刊》.

［42］《中国能源》杂志.

［43］美国 Global Trends 2030 *Alternative Worlds*. Global Trends 2030：Alternative Worlds. Accessed June 15, 2013. http：//www. dni. gov/files/documents/GlobalTrends_2030. pdf. National Intelligence Council.

［44］美国 1933 年《格拉斯—斯蒂格尔法案》，Public Law 73－66，73d Congress，H. R. 5661. Banking Act of 1933（*Glass－Steagall Act*），June 16，1933. https：//fraser. stlouisfed. org/title/991，accessed on April 5，2018.

［45］美国 1999 年《格雷姆—里奇—比利雷法案》，Public Law 106－102，106th Congress，S. 900. Financial Services Modernization Act of 1999

（*Gramm – Leach – Bliley Act*），November 12，1999. https：//fraser. stlouisfed. org/title/1050，accessed on April 5，2018.

［46］美国 2010 年《多德—弗兰克华尔街改革与消费者保护法案》，Public Law 111 – 203，111th Congress，H. R. 4173. *Dodd – Frank Wall Street Reform and Consumer Protection Act*，July 21，2010. https：//fraser. stlouisfed. org/title/1031，accessed on April 5，2018.

［47］英国 1998 年《英格兰银行法案》，*Bank of England Act* 1998（c. 11），1998. http：//www. legislation. gov. uk/ukpga/1998/11/contents，accessed on April 5，2018.

［48］英国 2000 年《金融服务和市场法案》，*Financial Services and Markets Act* 2000（c. 8），2000，http：//www. legislation. gov. uk/ukpga/2000/8/contents，accessed on April 5，2018.

［49］英国 2012 年《金融服务法案》，*Financial Services Act* 2012（c. 12），2012，http：//www. legislation. gov. uk/ukpga/2012/21/contents，accessed on April 5，2018.

［50］欧盟 2010 年《金融监管改革法案》，The High – Level Group on *Financial Supervision in the EU*，2009，http：//ec. europa. eu/internal _ market/finances/docs/de _ larosiere _ report _ en. pdf，accessed on April 8，2018.

［51］《2008 年紧急经济稳定法案》（布什政府），Public Law 110 – 343，110th Congress，H. R. 1424. *Emergency Economic Stabilization Act of* 2008，October 3，2008. https：//fraser. stlouisfed. org/title/1036，accessed on April 5，2018.

［52］《2008 年经济振兴法案》（布什政府），Public Law 110 - 185，H. R. 5140. *Economic Stimulus Act of* 2008，February13，2008. https：//fraser. stlouisfed. org/title/5032，accessed on April 5，2018.

［53］《2009 年美国复苏与再投资法案》，Public Law 111 - 5，H. R. 1. *American Recovery and Reinvestment Act of* 2009，February 17，2009.

［54］BCBS《有效银行监管核心原则》，*Core principles for effective banking supervision*，from https：//www. bis. org/bcbs/basel3. html，accessed on April 5，2018.

［55］IOSCO《证券监管目标与原则》，*Objectives and Principles of Securities Regulation*，from http：//www. iosco. org，accessed on April 5，2018.

［56］IAIS《保险核心原则与方法》，*Insurance Core Principles and Methodology*，from http：//www. iosco. org，accessed on April 5，2018.

［57］IMF、WB《金融部门评估规划. FSAP》，*Financial Sector Assessment Program*，from https：//www. imf. org/en/About/Factsheets/Sheets/2016/08/01/16/14/Financial - Sector - Assessment - Program，accessed on April.

［58］G20（FSB）年度报告，Implementation and Effects of the G20 Financial Regulatory Reforms：Third Annual Report，2017，from http：//www. fsb. org/2017/07/implementation - and - effects - of - the - g20 - financial - regulatory - reforms - third - annual - report/，accessed on April 5，2018.

［59］IMF《官方外汇储备货币构成》，IMF - *Currency Composition of Official Foreign Exchange Reserves*（COFER），from http：//www. imf. org/external/np/sta/cofer/eng/index. html, accessed on April 5, 2018.

［60］《巴塞尔协议Ⅲ》，Basel Ⅲ: international regulatory framework for banks, from https: //www. bis. org/bcbs/basel3. html, accessed on April 5, 2018. Statistics, Bank for International Settelements, https: //www. bis. org/ statistics/bankstats. html, accessed on April 5, 2018.

［61］《联合国宪章》，*Charter of the United Nations*, 1945, from http: // www. un. org/en/charter – united – nations/index. html, accessed on April 5, 2018.

［62］《世界关贸总协定》，*General Agreement on Tariffs and Trade*, 1947 – 1994, from http: //gatt. stanford. edu/page/home, accessed on April 5, 2018.

［63］《京都议定书》，*The Kyoto Protocol*, 1997, from http: //unfccc. int/kyoto _ protocol/items/2830. php, accessed on April 5, 2018.

［64］EUETS. EU Emissions Trading System (EU ETS), from https: // www. bsigroup. com/en – GB/eu – ets – emissions – verification/, accessed on April 5, 2018.

［65］ETG. The UK Emissions Trading Group, from http: //www. etg. uk. com, accessed on April 5, 2018.

［66］CCX. The Chicago Climate Exchange, from https: //www. theice. com/products, accessed on April 5, 2018.

［67］NSW. The National Trust of Australia, from https: //www. national-trust. org. au, accessed on April 5, 2018.

［68］《巴黎协定》，*The Paris Agreement*, 2016, from http: //unfccc.

int/resource/docs/2015/cop21/eng/l09r01. pdf, accessed on April 5, 2018.

［69］《英格兰央行开发出数字加密货币》, A Bitcoin – Style Currency for Central Banks, 2016, MIT Technology Review, from https：//www. technology-review. com/s/600980/a – bitcoin – style – currency – for – central – banks, accessed on April 5, 2018.

中国金融八论

后 记

《中国金融八论》至少研究六七年了。

2011 年,作为广东省政府副省长,我开始分抓这一毗邻港澳、金融资产占全国十分之一左右、领先于北京和上海等地,后又陆续超越中国香港、中国台湾、新加坡、韩国等的广东金融工作,身居改革开放前沿,结合广东金融实践,时而向国家提出某些建议。2012 年和 2014 年,我有幸参加了在美国耶鲁大学和加拿大多伦多大学的国际金融培训,一方面进一步研究了国际金融的相关课题,另一方面也积极思考中国金融的改革发展,于是形成《中国金融八论》,谨此呈献给广大金融工作者。

感谢伟大的中国共产党,感谢伟大的祖国,感谢改革开放伟大的新时代!

陈云贤
2018 年 5 月 28 日
于羊城·广州